教育部人文社科重点研究基地重大项目（16JJD630014）

高等学校学科创新引智计划（B17050）

博士生导师学术文库

A Library of Academics by
Ph.D. Supervisors

机关事业单位工作人员养老保险精算报告

—— · ——

杨再贵 著

光明日报出版社

图书在版编目（CIP）数据

机关事业单位工作人员养老保险精算报告 / 杨再贵
著 . -- 北京：光明日报出版社，2021.4
（博士生导师学术文库）
ISBN 978 - 7 - 5194 - 5874 - 4

Ⅰ . ①机… Ⅱ . ①杨… Ⅲ . ①行政事业单位—养老保
险—保险精算—研究报告—中国 Ⅳ . ①F842.67

中国版本图书馆 CIP 数据核字（2021）第 056871 号

机关事业单位工作人员养老保险精算报告
JIGUAN SHIYE DANWEI GONGZUO RENYUAN YANGLAO BAOXIAN JINGSUAN BAOGAO

著　　者：杨再贵

责任编辑：杨　茹　　　　　　　责任校对：阮书平
封面设计：一站出版网　　　　　责任印制：曹　诤

出版发行：光明日报出版社
地　　址：北京市西城区永安路 106 号，100050
电　　话：010 - 63169890（咨询），010 - 63131930（邮购）
传　　真：010 - 63131930
网　　址：http：//book. gmw. cn
E - mail：yangru@ gmw. cn
法律顾问：北京德恒律师事务所龚柳方律师

印　　刷：三河市华东印刷有限公司
装　　订：三河市华东印刷有限公司
本书如有破损、缺页、装订错误，请与本社联系调换，电话：010 - 63131930

开　　本：170mm×240mm
字　　数：323 千字　　　　　　　印　　张：18
版　　次：2021 年 4 月第 1 版　　印　　次：2021 年 4 月第 1 次印刷
书　　号：ISBN 978 - 7 - 5194 - 5874 - 4
定　　价：95.00 元

序

《国务院关于机关事业单位工作人员养老保险制度改革的决定》(国发〔2015〕2号)发布施行,标志着机关事业单位工作人员养老保险制度拉开了改革的序幕。与之配套的文件——《国务院办公厅关于印发机关事业单位职业年金办法的通知》(国办发〔2015〕18号)、《人力资源社会保障部、财政部关于贯彻落实〈国务院关于机关事业单位工作人员养老保险制度改革的决定〉的通知》(人社部发〔2015〕28号),都提供了机关事业单位工作人员养老保险制度改革的有关实施办法。2016年1月1日,"全面二孩"政策施行。2019年4月《国务院办公厅关于印发降低社会保险费率综合方案的通知》(国办发〔2019〕13号)发布。本书将根据现有的机关事业单位工作人员养老保险制度,对其2020—2095年的收支结余做精算测评。

相较于已有文献,本书有以下几点不同。一、所测算的机关事业单位养老保险包括基本养老保险和职业年金两部分,而关于基本养老保险的统计年鉴通常不包括职业年金。二、预测的收入中不包含机关事业单位养老保险制度以外的财政补贴等收入,只算制度以内的收入、支出和结余(初始累计结余除外);而年鉴中的收入通常包括制度以外的财政补贴。三、将中央机关、中国人民银行和中国农业发展银行合并测算,且与31个省份并列展示,因为《中国人力资源和社会保障年鉴—2019》分别列出了中央机关、31个省份、中国人民银行和中国农业发展银行等系统的参保人数等基础数据。四、未将全国作为整体来测算,是将31个省份、中央机关和农发行等各部分测算结果汇总得到全国的结果。一般说来,测算范围越小,参数校准越符合实际,在其他条件一致的情况下结果越准确。

本书包括九章,将展现2020—2095年31个省份中央机关和农发行以及全国的机关事业单位养老保险收支结余的精算。第一章陈述精算思路和精算模型。第二章校准精算基础,设置低、中、高精算情景参数。第三章到第八章分别展示六个地理大区的机关事业单位养老保险精算报告。第九章汇总全国机关事业单位养老保险的收支结余,对精算结果进行比较和总结。

若在现行机关事业单位养老保险制度下运行,在中情景下,则全国机关事业单位养老保险的收入和支出均会逐年增长,支出的增速一直快于收入的增速,在无制度外财政补贴等收入的情况下,机关事业单位养老保险当年结余会在 2052 年出现负数,支付缺口会逐年增加。东、中、西部地区的省份平均结余变为负数的年度分别为 2037 年、2054 年和 2065 年。大部分省份的机关事业单位养老保险在预测前期有较多结余,但会逐渐转为负数并持续滑向更大的负值。更多结果详见各章。

精算思路、方法、基础等有所不同,精算结果就可能大不相同。因此,本着我们团队一贯的做法,让读者不仅能看到精算结果,而且能看到结果的来龙去脉。本书可让读者清楚地看到精算目标、精算思路及方法、精算模型、精算基础和精算结果。将这些都展现出来,不仅让读者看清测算思路、计算方法和评估依据,而且便于广大读者发现书中不足,及时提出宝贵意见。

本书既可作为研究社会养老保险的精算资料,又可作为完善中国社会养老保险制度的参考资料,也可充当研究生和高年级本科生有关社保精算课程的教学用书。由于学海无涯,作者水平有限,书中难免还有失误、遗漏之处,恳请广大读者提出建设性意见。

杨再贵

社保精算研究中心

中国精算研究院

中央财经大学

2020 年 10 月

目　录
CONTENTS

第一章　机关事业单位养老保险的精算思路和精算模型 …………………… **1**

第一节　收支结余的精算思路与方法　1

第二节　各年收支结余的精算模型　3

第二章　机关事业单位养老保险的精算基础与情景设置 …………………… **10**

第一节　机关事业单位的参保人数　10

第二节　经济社会类参数与养老保险类参数　16

第三节　低、中、高情景参数设置　19

第三章　华北地区机关事业单位养老保险的精算报告 …………………… **21**

第一节　北京市机关事业单位养老保险的精算　21

第二节　天津市机关事业单位养老保险的精算　29

第三节　河北省机关事业单位养老保险的精算　36

第四节　山西省机关事业单位养老保险的精算　43

第五节　内蒙古自治区机关事业单位养老保险的精算　50

第四章　东北地区机关事业单位养老保险的精算报告 …………………… **58**

第一节　辽宁省机关事业单位养老保险的精算　58

第二节　吉林省机关事业单位养老保险的精算　65

第三节　黑龙江省机关事业单位养老保险的精算　72

第五章　华东地区机关事业单位养老保险的精算报告 …………………… **79**

第一节　上海市机关事业单位养老保险的精算　79

第二节　江苏省机关事业单位养老保险的精算　86

第三节　浙江省机关事业单位养老保险的精算　93

第四节　安徽省机关事业单位养老保险的精算　100

第五节　福建省机关事业单位养老保险的精算　107

第六节　江西省机关事业单位养老保险的精算　114

第七节　山东省机关事业单位养老保险的精算　121

第六章　中南地区机关事业单位养老保险的精算报告 …………………… **129**

第一节　河南省机关事业单位养老保险的精算　129

第二节　湖北省机关事业单位养老保险的精算　136

第三节　湖南省机关事业单位养老保险的精算　143

第四节　广东省机关事业单位养老保险的精算　150

第五节　广西壮族自治区机关事业单位养老保险的精算　157

第六节　海南省机关事业单位养老保险的精算　164

第七章　西南地区机关事业单位养老保险的精算报告 …………………… **172**

第一节　重庆市机关事业单位养老保险的精算　172

第二节　四川省机关事业单位养老保险的精算　179

第三节　贵州省机关事业单位养老保险的精算　186

第四节　云南省机关事业单位养老保险的精算　193

第五节　西藏自治区机关事业单位养老保险的精算　200

第八章　西北地区机关事业单位养老保险的精算报告 …………………… **208**

第一节　陕西省机关事业单位养老保险的精算　208

第二节　甘肃省机关事业单位养老保险的精算　215

第三节　青海省机关事业单位养老保险的精算　222

第四节　宁夏回族自治区机关事业单位养老保险的精算　229

第五节　新疆维吾尔自治区机关事业单位养老保险的精算　236

第九章　全国机关事业单位养老保险的精算报告 ……………………… **243**

第一节　中央机关和农发行等机关事业单位养老保险的精算　243

第二节　全国机关事业单位养老保险的收支结余　250

第三节　东、中、西部地区收支结余的比较　261

第四节　31 个省份结余的横向比较　267

参考文献 ……………………………………………………… **270**

后　记 ………………………………………………………… **274**

第一章

机关事业单位养老保险的精算思路和精算模型

第一节 收支结余的精算思路与方法

一、精算思路

《国务院关于机关事业单位工作人员养老保险制度改革的决定》(国发〔2015〕2 号)规定了不同人群的养老金构成不同;《人力资源社会保障部、财政部关于贯彻落实〈国务院关于机关事业单位工作人员养老保险制度改革的决定〉的通知》(人社部发〔2015〕28 号)规定了不同人群的养老金计发办法不同。据此将参保人分为"老人""过渡期中人""过渡后中人"和"新人"。"老人"是指国发〔2015〕2 号文件实施前已退休的参保人员,按国家规定的原待遇标准发放基本养老金,即按老办法计发养老金。"过渡期中人"是指该文件实施前参加工作、在人社部发〔2015〕28 号文件规定的十年过渡期内退休的参保人员。人社部发〔2015〕28 号文件规定,"过渡期中人"退休时按新老计发办法对比原则确定其退休当年的养老金。"过渡后中人"是指国发〔2015〕2 号文件实施前参加工作、在人社部发〔2015〕28 号文件规定的十年过渡期结束后退休的参保人员。退休时按新办法计发养老金,包括基本养老金和职业年金待遇,基本养老金又包括基础养老金、过渡养老金和个人账户养老金。"新人"是指国发〔2015〕2 号文件实施后入职参保的人员。退休时采用新办法计发养老金,包括基本养老金和职业年金待遇。其中基本养老金只有基础养老金和个人账户养老金,无过渡养老金。

预测机关事业单位养老保险 2020—2095 年间各年的收支结余,包括测算该养老保险制度以内各年的收入、支出和结余。其中,结余包括当年结余和累计结余。而累计结余是该养老保险制度以内的、无额外财政补贴的累计结余。

（一）当年缴费收入

机关事业单位工作人员养老保险包括基本养老保险和职业年金。因此，当年缴费收入包括基本养老保险缴费收入和职业年金缴费收入。

基本养老保险当年缴费收入是当年全体在职参保人员及其单位的缴费之和。职业年金当年缴费收入也是当年全体在职参保人员及其单位的缴费之和。

（二）当年养老金支出

当年养老金支出是对当年全体退休参保人员支付的养老金之和。由于各年的退休人员中存在的人群——"老人""过渡期中人""过渡后中人"和"新人"不同，而且按人社部发〔2015〕28 号规定，对各人群计算养老金待遇的办法不同，因此，要先计算退休人员中各人群的当年养老金支出，再对其求和。

（三）个人账户余额返还

个人账户余额返还是指参保人在缴费期死亡或在个人账户养老金计发月数内死亡时，政府退还其法定继承人的个人账户余额。包括基本养老保险个人账户余额返还和职业年金个人账户余额返还，涉及对参保在职人员死亡的余额返还和对参保退休人员在计发月数内死亡的余额返还。

（四）当年结余和累计结余

当年结余＝当年缴费收入－当年养老金支出－个人账户余额返还。

若上年累计结余为正，则当年累计结余＝上年累计结余×（1＋投资收益率）＋当年结余。若上年累计结余为负，则当年累计结余＝上年累计结余＋当年结余。

二、精算方法

用精算技术建立模型进行计算。为形象而全面地考虑测算时点所有参保人一生关于养老保险收支的情况，以年度为横轴、年龄为纵轴建立养老金测算的平行四边形框架，如图 1.1 所示。在以往的研究（如，杨再贵，2016；杨再贵和石晨曦，2016；杨再贵和廖朴，2019；等等）中，该框架的纵轴上年龄是从下往上由低到高列示的。而统计年鉴中的年龄都是从上往下由低到高列示的。在测算实践中，经常要用统计年鉴的数据或者与之比对。为方便对照思考，现将该框架的纵轴方向翻转一下，让年龄从上往下由低到高排列。

以测算时点 t 与退休年龄 r 的交点为原点。设入职参保年龄为 e，终极年龄为 ω。那么，过点 (t,e) 和点 $(t-r+e,r)$ 的斜线为入职线，过原点 (t,r) 平行于入职线的斜线为退休线，过点 (t,ω) 平行于入职线的斜线为最后去世线。三条斜线与过点(t,e)和点(t,ω)平行于横轴的水平线围成两个平行四边形。入职线与退休线隔出的期间为参保人的工作期,即缴费期;退休线与去世线隔出的期间为退休期,即养老金领取期。

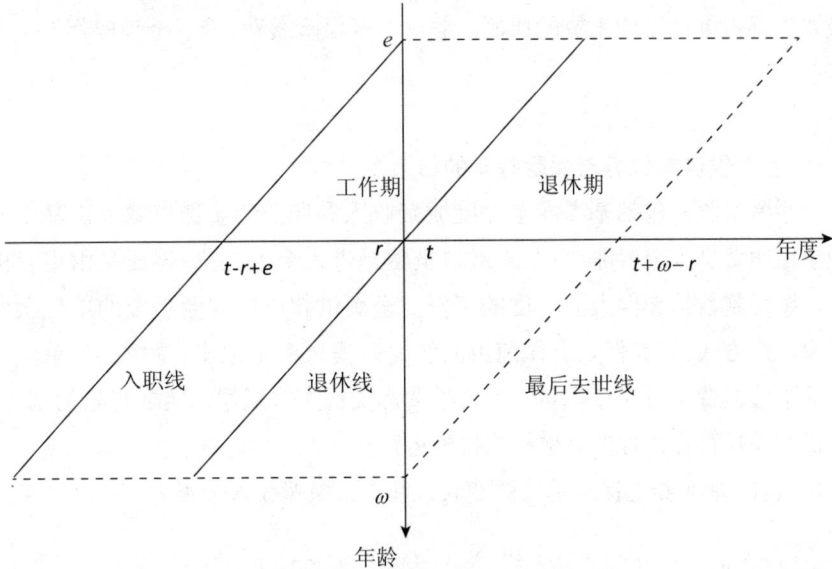

图 1.1　养老金测算的平行四边形框架

第二节　各年收支结余的精算模型

因男女职工退休年龄不同,故男女"老人""过渡期中人""过渡后中人"和"新人"在退休人员中开始出现和完全消失的年度就不同。因财政全额供款单位与差额供款单位在职业年金基金管理方式上的差异,造成了职业年金待遇的计算方法不同。因此,下面区分全额供款单位与差额供款单位建立精算模型。

根据机关事业单位工作人员平均受教育时间较长和现行退休年龄的实际,设机关事业单位男女职工平均入职年龄 e 均为 23 岁,退休年龄 r 为男 60 岁、女 55 岁,终极年龄 ω 为 100 岁。机关事业单位基本养老保险单位缴费率为 q、个人缴费率为 c,职业年金单位缴费率为 u、个人缴费率为 τ。a 为财政全额供款单位参保人数占同年龄机关事业单位参保人数的比例(简称全额单位参保人数占比),$L_{t,x}$ 为 t 年 x 岁的参保缴费人数,$B_{t,x}$ 为 t 年 x 岁参保人领取的基础养老金。b 为同年度相邻年龄退休人员基础养老金随年龄增长率。j_t、i_t、ρ_t 分别为 t 年的记账利率、实账积累基金的投资收益率、养老金增长率。$S_{t,x}$ 为 t 年 x 岁参保人的工资,$\bar{S}_t$ 为 t 年城镇单位就业人员加权平均工资,g_t 为 t 年度工资增长率,s 为工龄工资增长率。d 为缴费工资占统计平均工资的比例。假设养老保险缴费、养老金领取都发生在每年年初。

一、全额供款单位养老保险各年的结余

当年缴费收入包括基本养老保险缴费收入和职业年金缴费收入。基本养老保险单位缴费进入统筹账户;个人缴费虽然是进入个人账户,但还是由主管机关管理。缴费基数是参保人上年度的工资。全额供款单位职业年金的单位缴费每年采取记账方式,到参保人退休前由同级财政拨付资金记实;差额供款单位职业年金的单位缴费实行实账积累。个人缴费都实行实账积累。实账积累的基金,由主管机关委托符合条件的金融机构投资运营。

2015 年,基本养老保险单位缴费收入和个人缴费收入分别为

$$\sum_{x=e}^{r-1}(\alpha L_{2015,\,x} \cdot qdS_{2014,\,x-1}) \text{ 和 } \sum_{x=e}^{r-1}(\alpha L_{2015,\,x} \cdot cdS_{2014,\,x-1})$$

职业年金单位缴费收入和个人缴费收入分别为

$$\sum_{x=e}^{r-1}(\alpha L_{2015,\,x} \cdot udS_{2014,\,x-1}) \text{ 和 } \sum_{x=e}^{r-1}(\alpha L_{2015,\,x} \cdot \tau dS_{2014,\,x-1})$$

故,2015 年的养老保险缴费收入为

$$C_{2015} = \alpha d(q + c + u + \tau)\sum_{x=e}^{r-1}(L_{2015,\,x}S_{2014,\,x-1})$$

同理,t 年的养老保险缴费收入为

$$C_t = \alpha d(q + c + u + \tau)\sum_{x=e}^{r-1}L_{t,x}S_{t-1,x-1}$$

2015 年退休人员中只有"老人",所以养老金支出为

$$E_{2015} = \sum_{x=r}^{\omega}(\alpha L_{2015,\,x} \cdot P_{2015,\,x}^{O})$$

其中,老办法下的养老金 $P_{2015,\,x}^{O} = (1 + b)^{x-r}P_{2015,\,r}^{O}$。设 R 为养老金替代率,则 2015 年新退休者的养老金 $P_{2015,r}^{O} = RS_{2014,r-1} = R(1 + s)^{r-1-e}S_{2014,e}$。

以后各年的退休人员中存在的"老人""过渡期中人""过渡后中人"和"新人"不同,对其养老金支出不同,所以各年养老金支出的模型就不同。下面以女性参保人为例构建各年养老金支出的精算模型。男性的可以此类推。

（一）2016 年养老金支出

虽然国发〔2015〕2 号文件发布于 2015 年 1 月，当年官方公布机关事业单位应有近 4000 万工作人员、1700 万退休人员参保。但《中国劳动统计年鉴—2017》公布的 2016 年末参保的在职人员和退休人员合计才 3666.2 万人。说明有不少地区的机关事业单位还没参保。所以，假设过渡期十年为 2016—2025 年。2016 年的退休人员中有"老人"和"过渡期中人"。

"老人"，年龄 $x \in [r+1, \omega]$ 岁。对其养老金支出为 $OE_{2016} =$ $\sum\limits_{x=r+1}^{\omega} (\alpha L_{2016, x} \cdot P^O_{2016, x})$，其中，老办法下的养老金等于上年养老金递增一年，$P^O_{2016, x} = (1 + \rho_{2015}) P^O_{2015, x-1}$。

"过渡期中人"，年龄 $x = r$ 岁。按新老计发办法对比原则确定其退休当年的养老金。老办法下的养老金为

$$P^O_{2016, r} = RS_{2015, r-1} = R(1+s)^{r-1-e} S_{2015, e}$$

新办法下"过渡期中人"的养老金包括基础养老金、过渡养老金、个人账户养老金和职业年金待遇。设 $T_{t,x}$、$I_{t,x}$ 和 $A_{t,x}$ 分别为 t 年 x 岁参保人退休当年应得的过渡养老金、个人账户养老金和职业年金待遇，f 表示全额单位，则新办法下 2016 年 r 岁"过渡期中人"应得的养老金为

$$P^N_{2016, r} = B_{2016, r} + T_{2016, r} + I_{2016, r} + A^f_{2016, r}$$

设 ε 为过渡系数，根据人社部发〔2015〕28 号文件对"中人"基础养老金和过渡养老金的规定，得到 r 岁"过渡期中人"2016 年应得的基础养老金和过渡养老金分别为

$$B_{2016, r} = \frac{\bar{S}_{2015}}{2}\left(1 + \frac{(r-1-e) + dS_{2014, r-2}/(\bar{S}_{2014})}{r-e}\right) \cdot (r-e)\% ,$$

$$T_{2016, r} = \bar{S}_{2015} \cdot (r-1-e)\varepsilon$$

根据个人账户养老金计发月数表，55 岁和 60 岁退休对应的个人账户计发月数分别为 170 和 139。设 m 为计发月数，则根据国发〔2015〕2 号文件和《机关事业单位职业年金办法》的规定，得到 2016 年 r 岁"过渡期中人"退休后只要生存每年应得的个人账户养老金和职业年金待遇分别为

$$I_{2016, r} = \frac{12}{m} cdS_{2014, r-2}(1 + j_{2015}) ,$$

$$A^f_{2016, r} = \frac{12}{m} dS_{2014, r-2}[u(1 + j_{2015}) + \tau(1 + i_{2015})]$$

根据人社部发〔2015〕28 号文件规定的十年过渡期养老金计发办法，若新办

法养老金低于老办法养老金(简写为 $P^N < P^O$),则 2016 年 r 岁"过渡期中人"应得的养老金为老办法养老金 $TMP^O_{2016,\,r} = P^O_{2016,\,r}$ 。若新办法养老金高于老办法养老金(简写为 $P^N > P^O$),则"过渡期中人"应得的养老金等于老办法养老金加上新办法养老金高于老办法养老金的超出额按比例增发部分:

$$TMP^N_{2016,\,r} = P^O_{2016,\,r} + 10\%\,(P^N_{2016,\,r} - P^O_{2016,\,r}) = 0.9P^O_{2016,\,r} + 0.1\,(B+T)_{2016,r} + 0.1\,(I+A^f)_{2016,r}$$

其中,令 $(B+T)_{2016,\,r} = B_{2016,r} + T_{2016,r}$ 、$(I+A^f)_{2016,\,r} = I_{2016,r} + A^f_{2016,r}$ 以简化符号。以此类推,$(OE+TME)_{2016} = OE_{2016} + TME_{2016}$ 等。

因此,2016 年 r 岁"过渡期中人"应得的养老金为 $TMP_{2016,\,r} = \max(TMP^O_{2016,\,r}, TMP^N_{2016,\,r})$ 。对"过渡期中人"的养老金支出为 $TME_{2016} = \alpha L_{2016,\,r} TMP_{2016,\,r}$ 。所以,2016 年的养老金支出为

$$E_{2016} = (OE+TME)_{2016}$$

(二)2015 年后 $y \in [1,10]$ 年的养老金支出

将 2016 年的情况推广到过渡期十年,即 2015 年后 $y \in [1,10]$ 年。退休人员中有"老人"和"过渡期中人"。"老人",年龄 $x \in [r+y, \omega]$ 岁,对其养老金支出为

$$OE_{2015+y} = \sum_{x=r+y}^{\omega} (\alpha L_{2015+y,\,x} \cdot P^O_{2015+y,\,x}),$$ 其中 $P^O_{2015+y,\,x} = (1+\rho_{2014+y})P^O_{2014+y,\,x-1}$ 。

"过渡期中人",年龄 $x \in [r, r+y-1]$ 岁,老办法下应得的养老金分别为

$$P^O_{2015+y,\,r} = P^O_{2015-y-1,\,r}(1+g_{2013+y})\,/\,(1+s)\,,\cdots,$$

$$P^O_{2015+y,\,r+y-1} = (1+\rho_{2014+y})P^O_{2014+y,\,r+y-2}$$

新办法下应得的养老金为 $P^N_{2015+y,\,x} = B_{2015+y,\,x} + T_{2015+y,\,x} + I_{2015+y,\,x} + A^f_{2015+y,\,x}$ 。其中,基础养老金分别为

$$B_{2015+y,\,r} = \frac{\bar{S}_{2014+y}}{2}\left[2 + \frac{y}{r-e}\left(\frac{dS_{2014,\,r-y-1}}{\bar{S}_{2014}} - 1\right)\right] \cdot (r-e)\%\,,\cdots,$$

$$B_{2015+y,\,r+y-1} = (1+\rho_{2014+y})B_{2014+y,\,r+y-2}$$

过渡养老金分别为

$$T_{2015+y,\,r} = \bar{S}_{2014+y} \cdot (r-y-e)\varepsilon\,,\cdots,\ T_{2015+y,\,r+y-1} = (1+\rho_{2014+y})T_{2014+y,\,r+y-2}$$

个人账户养老金分别为

$$I_{2015+y,\,r} = \frac{12}{m}\ \frac{cdS_{2014,\,r-y-1}}{1+g_{2013}}\sum_{n=0}^{y-1}\left[\prod_{k=0}^{n}(1+g_{2013+k})\prod_{h=n}^{y-1}(1+j_{2015+h})\right],\ \cdots,$$

$$I_{2015+y,\,r+y-1} = I_{2015+1,\,r}$$

职业年金待遇分别为

$$A^f_{2015+y,\,r} = \frac{12}{m}\frac{dS_{2014,\,r-y-1}}{1+g_{2013}} \cdot \sum_{n=0}^{y-1}\left\{\prod_{k=0}^{n}(1+g_{2013+k}) \cdot \left[u\prod_{h=n}^{y-1}(1+j_{2015+h}) + \right.\right.$$

$$\left.\left.\tau\prod_{h=n}^{y-1}(1+i_{2015+h})\right]\right\},\cdots,A^f_{2015+y,\,r+y-1} = A^f_{2015+1,\,r}$$

若 $P^N < P^O$，则"过渡期中人"应得的养老金为老办法养老金 $TMP^O_{2015+y,\,x} = P^O_{2015+y,\,x}$。若 $P^N > P^O$，则"过渡期中人"应得的养老金为

$$TMP^N_{2015+y,x} = \left\{\left[1 - 0.1(y-x+r)\right]P^O_{2015+y-x+r,r} + 0.1(y - x + r)\right.$$

$$\left.(B+T)_{2015+y-x+r,r}\right\}\frac{\prod_{k=0}^{x-r}(1+\rho_{2015+y-k})}{1+\rho_{2015+y}} + 0.1(y-x+r)(I+A^f)_{2015+y-x+r,r}$$

因此"过渡期中人"应得的养老金为 $TMP_{2015+y,x} = \max(TMP^O_{2015+y,x},$ $TMP^N_{2015+y,x})$。对"过渡期中人"的养老金支出为 $TME_{2015+y} = \sum_{x=r}^{r+y-1}\alpha L_{2015+y,x}TMP_{2015+y,x}$。所以，2015 年后 $y\in[1,10]$ 年的养老金支出为

$$E_{2015+y} = (OE + TME)_{2015+y}$$

(三) 2015 年后 $y\in[11,32]$ 年的养老金支出

$y = 11$ 年，退休人员中开始出现"过渡后中人"。$y = 32$ 年，"过渡后中人"全都退休。$y\in[11,32]$ 年间，退休人员中有"老人""过渡期中人"和"过渡后中人"。

对"老人"的养老金支出为 $OE_{2015+y} = \sum_{x=r+y}^{\varpi}(\alpha L_{2015+y,x}.P^O_{2015+y,x})$，与 $y\in[1,10]$ 年的算式相同。

"过渡期中人"，年龄 $x\in[r+y-10,r+y-1]$ 岁，养老金基于过渡期所定待遇按养老金增长率逐年递增。若 $P^N < P^O$，则"过渡期中人"应得的养老金为 $TMP^O_{2015+y,\,x} = P^O_{2015+y,\,x}$。若 $P^N > P^O$，则

$$TMP^N_{2015+y,x} = \left\{\left[1 - 0.1(y-x+r)\right]P^O_{2015+y-x+r,r} + 0.1(y - x + r)\right.$$

$$\left.(B+T)_{2015+y-x+r,r}\right\}\frac{\prod_{k=0}^{x-r}(1+\rho_{2015+y-k})}{1+\rho_{2015+y}} + 0.1(y-x+r)(I+A^f)_{2015+y-x+r,r}$$

因此，"过渡期中人"应得的养老金为 $TMP_{2015+y,x} = \max(TMP^O_{2015+y,x},TMP^N_{2015+y,x})$。对"过渡期中人"的养老金支出为 $TME_{2015+y} = \sum_{x=r+y-10}^{r+y-1}\alpha L_{2015+y,x}TMP_{2015+y,x}$。

"过渡后中人"，年龄 $x\in[r,r+y-11]$ 岁，对他们应按新办法计发养老金：

$$P^N_{2015+y,x} = (B+T)_{2015+y-x+r,r} \cdot \prod_{k=0}^{x-r} (1+\rho_{2015+y-k})/(1+\rho_{2015+y}) +$$
$$(I+A^f)_{2015+y-x+r,r}$$

因此,对"过渡后中人"的养老金支出为 $PME_{2015+y} = \sum_{x=r}^{r+y-11} \alpha L_{2015+y,\ x} \cdot P^N_{2015+y,\ x}$。
2015 年后 $y \in [11,32]$ 年的养老金支出为

$$E_{2015+y} = (OE + TME + PME)_{2015+y}$$

类似地,以后各年养老金支出的算式以此类推。

(四)各年的个人账户余额返还

基本养老保险个人账户余额返还和职业年金个人账户余额返还均包括对参保在职人员死亡和退休人员在计发月数内死亡时的余额返还。其中,x 岁在职参保人死亡时的基本养老保险个人账户余额和职业年金个人账户余额分别为

$$WI^f_{2015+y,x} = cdS_{2014+y,x-1} \sum_{k=1}^{\min(y+1,x-e+1)} \left[\frac{1+g_{2014+y}}{1+j_{2015+y}} \prod_{n=1}^{k} \frac{1+j_{2016+y-n}}{1+g_{2015+y-n}} \right]$$

$$WA^f_{2015+y,x} = dS_{2014+y,x-1} \sum_{k=1}^{\min(y+1,x-e+1)} \left[u\frac{1+g_{2014+y}}{1+j_{2015+y}} \prod_{n=1}^{k} \frac{1+j_{2016+y-n}}{1+g_{2015+y-n}} + \right.$$
$$\left. \tau \frac{1+g_{2014+y}}{1+i_{2015+y}} \prod_{n=1}^{k} \frac{1+i_{2016+y-n}}{1+g_{2015+y-n}} \right]$$

由前文的模型可总结出 x 岁退休人员的个人账户养老金和职业年金待遇。那么,基本养老保险个人账户余额返还和职业年金个人账户余额返还分别为

$$I^D_{2015+y} = \sum_{x=e}^{r-1} WI^f_{2015+y,x} \cdot \alpha D_{2015+y,x} + \sum_{x=r}^{\min(r+y-1,\ r+[m/12]-1)} \left(\frac{m}{12} - x + r - 1 \right) \cdot I_{2015+y,x} \cdot$$
$$\alpha D_{2015+y,x}$$

$$A^D_{2015+y} = \sum_{x=e}^{r-1} WA^f_{2015+y,x} \cdot \alpha D_{2015+y,x} + \sum_{x=r}^{\min(r+y-1,\ r+[m/12]-1)} \left(\frac{m}{12} - x + r - 1 \right) \cdot$$
$$A^f_{2015+y,x} \alpha D_{2015+y,x}$$

其中,$D_{2015+y,x}$ 表示 2015 年后第 y 年 x 岁参保人员的死亡人数。

二、差额供款单位养老保险各年的结余

差额供款单位与全额供款单位有三点不同。一是基本养老保险缴费,差额单位自己须负担一部分,政府只负担缴费的剩余部分。二是职业年金的单位缴费和个人缴费都是实账积累,按投资收益率计息。三是差额单位人数占比为 $1-\alpha$。

基本养老保险缴费,无论来自差额单位还是政府,都属于缴费收入,与差额单位自负缴费比例无关。因此,缴费收入算式与全额单位的相同。

而差额单位职业年金待遇的算式跟全额单位的有所不同。以 p 表示差额单位，则退休"中人"（含"过渡期中人"和"过渡后中人"）的职业年金待遇为

$$A_{2015+y,\ r}^{P} = \frac{12}{m} \frac{(u+\tau)dS_{2014,\ r-y-1}}{1+g_{2013}} \cdot \sum_{n=0}^{y-1} \Big[\prod_{k=0}^{n}(1+g_{2013+k}) \cdot \prod_{h=n}^{y-1}(1+i_{2015+h}) \Big]$$

类似地，可得退休"新人"的职业年金待遇算式。差额单位在职人员死亡时的职业年金个人账户余额的算式跟全额单位的也类似修订。

因此，在适用于全额单位的各算式中，只要用$(1-\alpha)$替换对应的α、用$A_{2015+y,\ r}^{P}$、$WA_{2015+y,\ x}^{P}$通式替换对应的$A_{2015+y,\ r}^{f}$、$WA_{2015+y,\ x}^{f}$通式，就可得到适用于差额单位的各算式。

第二章

机关事业单位养老保险的精算基础与情景设置

第一节　机关事业单位的参保人数

一、各省份及全国城镇人口结构预测

（一）测算思路

基于队列要素法原理，并参考胡英（2003）、卢向虎和王永刚（2006）和刘学良（2014）等的人口结构预测方法，可进一步完善人口预测模型。我国城、乡人口预测模型分别为为

$$
\begin{cases}
R_{t,0}^{i} = \sum_{x=15}^{49} R_{t,x}^{F,\ i} \cdot FR_{t,x}^{i} - NM_{t,x}^{i}, & x = 0 \\
R_{t,x}^{i} = R_{t-1,x-1}^{i} \cdot (1 - q_{t,x}^{i}) - NM_{t,x}^{i}, & x \geqslant 1
\end{cases} \tag{1}
$$

$$
\begin{cases}
U_{t,0}^{i} = \sum_{x=15}^{49} U_{t,x}^{F,\ i} \cdot FR_{t,x}^{i} + NM_{t,x}^{i}, & x = 0 \\
U_{t,x}^{i} = U_{t-1,x-1}^{i} \cdot (1 - q_{t,x}^{i}) + NM_{t,x}^{i}, & x \geqslant 1
\end{cases} \tag{2}
$$

其中，$R_{t,x}^{i}$ 为 i 省份 t 年 x 岁的农村人口数，$R_{t,x}^{F,\ i}$ 为 t 年 x 岁育龄妇女人数，$FR_{t,x}^{i}$ 为 i 省份 t 年 x 岁育龄妇女的生育率，$NM_{t,x}^{i}$ 为 i 省份 t 年由农村向城镇净迁移的 x 岁人数，$q_{t,x}^{i}$ 为 i 少份 t 年 x 岁人在一年内死亡的概率。

$\sum_{x=15}^{49} R_{t,x}^{F,\ i} \cdot FR_{t,x}^{i}$ 为 i 省份 t 年农村的新生婴儿数，其中的男性婴儿数为 $\dfrac{SRB_{t}^{i}}{100 + SRB_{t}^{i}} \cdot \sum_{x=15}^{49} R_{t,x}^{F,\ i} \cdot FR_{t,x}^{i}$，$SRB_{t}^{i}$ 为 i 省份 t 年的出生性别比——新生儿中男婴数与女婴数的比例（女婴为100）。农村新生人口 $R_{t,0}^{i}$ 等于农村育龄妇女所生男婴

和女婴的人数减去农村向城镇净迁移的婴儿数。t 年 x 岁的农村非新生($x \geqslant 1$ 岁)人口等于 $t-1$ 年 $x-1$ 岁的人数 $R_{t-1,x-1}^{i}$ 乘以其过一年生存的概率后减去当年由农村向城镇净迁移的该年龄人数。

类似地，$U_{t,x}^{i}$ 为 i 省份 t 年 x 岁的城镇人口数。城镇新生人口 $U_{t,0}^{i}$ 等于城镇的新生婴儿数（其中男婴数为 $\dfrac{SRB_{t}^{i}}{100 + SRB_{t}^{i}} \cdot \sum\limits_{x=15}^{49} U_{t,x}^{F,\,i} \cdot FR_{t,x}^{i}$）加上由农村向城镇净迁移的新生婴儿数。$t$ 年 x 岁的城镇非新生($x \geqslant 1$ 岁)人口等于 $t-1$ 年 $x-1$ 岁的人数乘以其过一年生存的概率后加上当年由农村向城镇净迁移的该年龄人数。由 31 个省份的城镇分年龄性别人口数进行汇总得到 t 年全国城镇人口结构。

(二)省际迁移人口

参考发达国家城镇化过程的经验,王金营和戈艳霞(2016)认为,我国城镇化率上限值为 80%。《中国统计年鉴—2019》显示 2018 年全国城镇人口比重为 59.58%,故城镇化将持续。受此影响,在持续城镇化进程阶段,农村向城镇迁移的人数远大于城镇向农村迁移的人数,即农村向城镇的净迁移人数始终为正。

农村向城镇的人口迁移又可以分为两种,本省农村人口向本省的城镇迁移以及向外省的城镇迁移。设本省农村人口向本省城镇与向外省城镇迁移的比例 ψ 为 4∶1。受地区的经济实力及其发展潜力的影响,一些大城市,如北京、天津、上海、重庆,以及广东、浙江、江苏等沿海经济发达的省份,对人口的吸引力明显高于其他省份。因此,本省农村向外省城镇迁移的人口在这种引力下主要流向这些经济发达省份,使得北京、天津、上海、重庆、广东等经济发达省份的城镇化率的上限将高于全国的 80%,设其为 90%。

在北京、天津、上海、重庆、广东等经济发达省份的城镇化率达到上限后,由于向外省城镇迁移的主要吸引力的消失,本省农村人口将主要向本省城镇迁移。因此,为简化处理,在这些经济发达省份达到城镇化率上限后,不再考虑本省农村人口向外省城镇的迁移。

将北京、天津、上海、重庆、广东、江苏、浙江这七个城镇化率上限为 90% 的经济发达省份记为 A 类省份;将其余 24 个城镇化率上限为 80% 的省份记为 B 类省份。基于以上的省际人口迁移模式,设 t_{AB} 为 A 类省份中最后一个省份达到城镇化率上限 90% 的年份。在 $t \leqslant t_{AB}$ 阶段,农村向 A 类某省份城镇迁移的人数等于该省份农村向本省城镇迁移的人数与各 B 类省份的农村向该 A 类省份城镇迁移的人数之和;B 类某省份城镇净迁入人口始终等于本省农村向本省城镇净迁移人数。因此,此阶段从农村到城镇的迁移模型为

$$\begin{cases} NM_{t,x}^{A_i} = R_{t,x}^{A_i} \cdot pro_{t,x}^i + \upsilon^{A_i} \cdot \sum_{B_i=1}^{24} \frac{1}{\psi+1} \cdot R_{t,x}^{B_i} \cdot pro_{t,x}^i \\ NM_{t,x}^{B_i} = \frac{\psi}{\psi+1} \cdot R_{t,x}^{B_i} \cdot pro_{t,x}^i \end{cases} \tag{3}$$

其中, $NM_{t,x}^{A_i}$、$NM_{t,x}^{B_i}$ 分别为 A 类和 B 类的 i 省份净迁移人口, $R_{t,x}^{A_i}$、$R_{t,x}^{B_i}$ 分别为 A 类和 B 类的 i 省份农村人口, $pro_{t,x}^i$ 为 i 省份 t 年 x 岁的农村人口向城镇迁移的概率, υ^{A_i} 为 B 类省份农村向外省城镇净迁移总人数分流至 i 省份的比例。设 B 类省份农村向外省城镇净迁移总人数平均分流至 A 类各省份, 则 $\upsilon^{A_i}=1/$ (上年度 A 类省份中未达城镇化率上限的省份数)。

所有 A 类省份都达到城镇化率上限之后, A 类省份城镇与农村人口相互迁移规模相近, 故此后 A 类省份城镇净迁入人口近似为 0。B 类省份的农村不再向外省城镇迁移, 则其净迁移人口等于本省农村向城镇净迁移的所有人数 $R_{t,x}^{B_i} \cdot pro_{t,x}^i$。

分别估计相关参数, 代入 MATLAB 程序, 可得 31 个省份未来各年的城镇分年龄性别人数, 各年分别汇总各省份数据可得未来各年全国城镇分年龄性别人数。

(三)参数估计

1. 各省份起始人口分布

首先, 根据《中国统计年鉴—2019》的表 2 - 8 分地区人口的城乡构成可知 2018 年各省份的城镇人口总数及农村人口总数。其次, 根据各省份最近的人口抽样数据(如《2015 年北京市 1% 人口抽样调查资料》), 或者 2010 年人口普查资料(如《安徽省 2010 年人口普查资料》), 得到各省份最近的按城市、镇和农村划分的分年龄性别的抽样人口数。将城市和镇的分年龄性别的抽样人口数对应相加得到城镇分年龄性别的抽样人口数。最后, 将上述 2018 年各省份的城镇人口和农村人口分别按各省份城镇分年龄性别人口比例和农村分年龄性别人口比例按年龄性别进行分配, 可得 2018 年各省份城镇和农村分年龄性别的人数, 分别作为起始人口分布。

2. 各省份育龄妇女分年龄生育率

各省份的育龄妇女分年龄生育率 $FR_{t,x}$ 可由 $TFR_t \cdot h_{t,x}$ 估计, 其中 TFR_t 为 t 年的总和生育率, $h_{t,x}$ 为标准化生育系数。首先, 估计各省份的总和生育率。由于各省份的人口调查为每隔五年(如 2010 年、2015 年等)进行抽样, 所得省份总和生育率数据年份较少。而《中国人口和就业统计年鉴》每年对全国进行人口抽样调查, 所得全国层次的总和生育率数据较丰富, 故可建立各省份总和生育率与全国总和生育率的比例关系。若得到全国未来各年总和生育率, 以及某省份的总和生育率占全国总和生育率的比例, 便可得该省份未来各年的总和生育率。其次, 估计标

准化生育系数 $h_{t,x}$。由 2001 年以来的《中国人口和就业统计年鉴》可得 2000—2018 年育龄妇女分年龄生育率 $FR_{t,x}$，对各年份所有育龄妇女分年龄生育率求和，得到对应年份的总和生育率 TFR_t，则各年度分年龄的标准化生育系数 $h_{t,x}$ 通过 $FR_{t,x}/TFR_t$ 算出，取各年分年龄的均值作为预测期间分年龄的标准化生育系数。最后，根据各省份未来各年的总和生育率及标准化生育系数算得各省份未来各年育龄妇女分年龄生育率。

3. 各省份的新生儿性别比及生命表

各省份的新生儿性别比的估计思路类似于上述各省份总和生育率的估计，根据 2000 年和 2010 年全国人口普查公布的数据可算出各省份的新生儿性别比与全国新生儿性别比之间的比例。全国未来各年的新生儿性别比同样来自 PADIS - INT 软件。

根据 2000 年全国人口普查、2010 年全国人口普查公布的数据，算得北京市新生儿出生性别比与全国新生儿出生性别比的平均值为 0.9404。设其在预测期间每年保持不变，因此得到 2019—2095 年北京市新生儿出生性别比。

参考《中国企业职工基本养老保险精算报告》，各省份在预测期各年的生命表均采用"远东"生命表，具体可由 PADIS - INT 软件输出。

4. 农村人口向城镇迁移的概率

首先，根据《中国统计年鉴—2019》可知 2017 年和 2018 年全国农村人口总数及 2018 年的全国粗出生率、粗死亡率和自然增长率，用 2017 年末和 2018 年末农村总人数的均值乘以 2018 年的自然增长率可得 2018 年的农村自然增长人数。将 2017 年农村人口总数加上 2018 年农村自然增长人数减去 2018 年农村人口总数，可得 2018 年农村向城镇迁移的人数为 14772883 人。分年龄性别乡城迁移人口比重采用如下方式估计。参考孟向京和姜凯迪（2018）计算 2000—2010 年乡城人口分年龄转移结构的思路，先算出封闭人口自然增长下的城镇分年龄性别人口数，再用统计年鉴公布的实际城镇分年龄性别人口数减去封闭人口自然增长下的城镇分年龄性别人口数，得到乡城迁移的分年龄性别人口数。由《中国人口和就业统计年鉴—2019》得 2018 年全国城镇分年龄性别抽样人口数及全国城镇总人数。由于该年人口抽样统计的开口年龄组为 95$^+$，故参考杨再贵（2018）方法将其拆分为 95～100 岁，得到 2018 年 0～100 岁的全国城镇分年龄性别抽样人口数。将 2018 年全国城镇总人数按该分年龄性别抽样人口数之间的比例进行分配，可得 2018 年全国城镇分年龄性别人口数。用估计 2018 年全国城镇分年龄性别人口数的方法估计出 2005—2017 年全国城镇分年龄性别人口数。用 2006—2018 各年的城镇分年龄性别人口数减去以 2005—2017 各年的城镇分年龄性别人口数为起点估计的各年自然增长下城镇分年龄性别人口数,得到2006—2018各年乡城迁移的分年龄性别人口数。取这13年各年龄性别的乡城迁移人口比重的均值作为预测期各年对应年龄性别的乡城迁移人口比重。将2018年农村向城镇迁移总人数按上述各年龄性别的乡城迁移人口比重进行分配,可得2018年农村向城镇的分年龄性别迁移人口。

其次,根据《中国统计年鉴—2018》可知2017年全国城镇人口总数及全国农村人口总数。根据《中国人口和就业统计年鉴—2018》可得2017年人口变动情况抽样调查数据中的全国农村分年龄性别的人口数。再用上述方法将其中95$^+$开口年龄组拆分为95~100岁,得到2017年0~100岁的全国农村分年龄性别抽样人口数。将上述所得的2017年全国农村人口总数按2017年全国农村分年龄性别人口所占比例进行分配,可得2017年全国农村分年龄性别人口数。

最后,将上述2018年全国农村向城镇的分年龄性别净迁移人口数分别除以2017年农村分年龄性别人数,得到全国农村向城镇的分年龄性别的人口迁移概率。由于省份数据的匮乏,难以估计各省份的农村向城镇分年龄性别的人口迁移概率,故假设省份的农村向城镇分年龄性别的人口迁移概率与全国的一致,并假设人口迁移概率在预测期各年不变。

得到上述参数后代入MATLAB程序,可得31个省份未来各年城镇人口结构,汇总可得未来各年全国城镇人口结构。

二、全国机关事业单位参保人数

同样地,基于队列要素法原理预测全国机关事业单位参保人数。t年全国机关事业单位参保人员分年龄性别人口结构由新入职($x = e$岁)参保人口及其他年龄($x \geq e + 1$岁)人口两部分组成。每年新入职的参保人数等于上述计算所得的未来各年全国城镇人口结构中对应新入职者年龄($x = e$岁)的人口数乘以劳动参与率、养老保险覆盖率和机关事业单位参保职工占城镇参保职工比例。每年参保人员的其他年龄人口结构可由上年度参保人员的分年龄性别人口数乘以对应的生存概率得到。

由《中国劳动统计年鉴—2019》的表9-6历年全国机关事业单位城镇职工基本养老保险情况可知,2018年全国机关事业单位参保职工人数及退休人数分别为3601.4万人和1817.2万人。假设全国机关事业单位的参保职工人数与退休人数的分年龄性别结构分别与上述已得的2018年城镇实际分年龄性别人口结构一致,可得2018年全国机关事业单位参保人员(职工和退休人员)的分年龄性别人数,如表2.1所示。以此为机关事业单位参保人员的起始分布。

估计出全国机关事业单位各年参保人员结构后,用全额供款单位参保人数占机关事业单位总参保人数的比例 α 乘以机关事业单位参保人员结构,可得全额供款单位参保人员结构,自然可得差额供款单位参保人员结构。

表 2.1　2018 年全国机关事业单位养老保险分年龄性别参保人数(人)

年龄	男	女	年龄	男	女	年龄	男	女
23	456865	408740	49	597614	581942	75	186660	207847
24	456865	420727	50	653048	636850	76	181572	196076
25	475693	443942	51	519433	510369	77	167599	186736
26	492593	457742	52	571008	557500	78	152411	173902
27	528672	493353	53	569078	554225	79	127731	150892
28	643692	618197	54	549079	542589	80	125225	155980
29	649189	633810	55	636149	806024	81	107151	139957
30	596386	585509	56	521479	668346	82	104341	126667
31	624278	615507	57	270154	357904	83	82091	113682
32	560950	560014	58	329506	420099	84	71611	100772
33	481132	478149	59	301497	377800	85	70320	90824
34	476395	471542	60	503708	487913	86	47310	68801
35	471834	464174	61	551474	540311	87	39185	57790
36	541946	529783	62	502645	506974	88	35616	50880
37	482360	468559	63	517529	518213	89	25516	37818
38	446105	432481	64	513580	522693	90	18605	35084
39	485459	465636	65	470902	487077	91	11999	24756
40	473354	457800	66	457613	472877	92	8505	18909
41	442889	425288	67	380914	399291	93	6911	14580
42	503469	483588	68	378256	389115	94	4480	10404
43	514053	495750	69	360790	364739	95	4025	8126
44	554693	536040	70	303227	315985	96	2202	5544
45	581767	558903	71	286065	297912	97	1443	3873

续表

年龄	男	女	年龄	男	女	年龄	男	女
46	598666	575686	72	255309	273383	98	911	2582
47	610361	585042	73	226680	245437	99	532	1747
48	658603	638254	74	212479	226984	100	759	2810

第二节　经济社会类参数与养老保险类参数

一、经济社会类参数

（一）新入职者工资

由薪酬网①发布的《2018 年全国地区毕业生薪酬调查报告》可知本科生学历在国有企业、外商独资企业、外商合资企业和民营企业的起薪分别为 4457、5706、5115 和 4150 元/月,起薪月平均工资为 4857 元/月,作为全国机关事业单位新入职者工资。

（二）缴费工资占统计平均工资的比例

工资成分中有些计入了统计工资而没纳入缴费工资,故统计年鉴里的平均工资不同于缴费工资。根据《2017 年度人力资源和社会保障事业发展统计公报》可知,2017 年全国城镇职工基本养老保险的征缴收入为 33403 亿元,②参保职工 29268 万人。按缴费率 28% 计算,得年度人均缴费工资为 40760 元。由《中国人口和就业统计年鉴—2017》可知,2016 年城镇在岗职工平均工资为 68993 元,用缴费工资 40760 元除以 2016 年城镇在岗职工平均工资得到 2017 年城镇职工缴费工资占统计平均工资的比例约为 59.08%。假设预测期间机关事业单位工作人员的缴费工资占统计平均工资的比例与此相同。

（三）工龄工资增长率

参考《中国企业职工基本养老保险精算报告》第一章第三节中关于企业职工

---

① 见薪酬网:http://info.xinchou.com/。

② 用《2017 年度人力资源和社会保障事业发展统计公报》是因为 2018 年及以后的该公报没公布征缴收入。

基本养老保险的工龄工资增长率的估计方法,得到机关事业单位养老保险的工龄工资增长率 s 的估计值约为 1.53%。

（四）工资增长率

世界银行(World Bank,2014)预测中国 GDP 实际增长率在 2020—2025 年为 5.7%,2026—2030 年为 4.8%,以后各年保持不变。至于 2014—2019 年的 GDP 实际增长率根据统计年鉴数据可得。根据以往经验,一般假设工资增长率高出 GDP 增长率 0 至 1 个百分点,本文均取 0.2 个百分点。

（五）投资收益率

由全国社保基金理事会发布的《基本养老保险基金受托运营年度报告》可知,2017 年和 2018 年的基金投资收益率分别为 5.23% 和 2.56%,其均值约为 3.90%,以此为预测期内基金投资收益率。

（六）劳动参与率

根据国家统计局公布的数据,自 2002 年以来失业率维持在 4% 至 4.3% 之间。计算年失业率的平均值,约为 4.01%。因而劳动参与率约为 100% – 4.01% = 95.99%。

二、养老保险类参数

（一）缴费率和缴费基数

2019 年国务院办公厅发布《降低社会保险费率综合方案》,规定城镇职工基本养老保险单位缴费率可降至 16%,同时调整平均工资的计算口径,改用城镇非私营单位就业人员平均工资和城镇私营单位就业人员平均工资加权计算的就业人员平均工资。国发〔2015〕2 号文件规定,机关事业单位养老保险个人缴费率为 8%。《国务院办公厅关于印发机关事业单位职业年金办法的通知》(国办发〔2015〕18 号)规定机关事业单位职业年金单位缴费率为 8%,职业年金个人缴费率为 4%。缴费基数方面,以参保人上年度工资为基数,新入职者以起薪月工资为月缴费基数。

（二）养老金替代率和养老金增长率

由《中国人力资源和社会保障年鉴—2018》可知,2004—2017 年机关单位和事业单位的职工人数和职工平均工资,以及退休人员的养老金待遇水平。以各年机关单位和事业单位职工数为权重算得 2004—2017 年机关事业单位职工各年的加权平均工资;类似地,算出 2005—2017 年退休人员各年的加权平均养老金待遇水平。用 2005 年退休人员加权平均养老金待遇水平除以 2004 加权平均工资可得 2005 年的养老金替代率。由《中国人力资源和社会保障年鉴—2019》可知,2018 年机关事业单位退休人员的养老金待遇水平,用该养老待遇水平除以 2017 年职工加权平均工资可得 2018 年的养老金替代率。中间各年以此类推,于是得到 2005—2018 年的养老金替代率,范围处于 [63.32%,88.64%],14 年的均值为 71.43%"。以此为预测期各年机关事业单位养老金替代率。养老金随工资的增长率通常为平均工资增长率的 40% 至 80%,设其为 60%。

（三）记账利率

由人力资源和社会保障部办公厅、财政部办公厅公布的 2015—2018 年职工养老保险个人账户记账利率分别为 5.00%、8.31%、7.12%、8.29% 和 7.61%,可知其平均值为 7.83%。以此为预测期间的个人账户记账利率。

（四）养老金随年龄增长率

参考《中国企业职工基本养老保险精算报告》第一章第三节中关于企业职工基本养老保险的养老金随年龄增长率的估计方法,得到机关事业单位养老保险的养老金随年龄增长率 b 的估计值约为 1.01%。

（五）养老保险覆盖率

根据《中国人力资源和社会保障年鉴—2019》的表 5-6 分地区城镇职工基本养老保险情况,可知全国 2018 年城镇职工基本养老保险参保职工年末人数及其中的企业职工基本养老保险参保职工年末人数,由此可得全国 2018 年机关事业单位基本养老保险参保职工年末人数。由该年鉴的表 2-2 可知全国 2018 年的机关事业单位在岗职工年末人数。用机关事业单位的全国参保职工年末人数除以在岗职工年末人数,得全国 2018 年机关事业单位基本养老保险参保率约为 80.84%。以此为全国 2018 年机关事业单位养老保险覆盖率,以后每年增加一个百分点,直至达到 100%。

（六）机关事业单位参保职工占城镇参保职工比例

根据《中国人力资源和社会保障年鉴—2019》可得 2018 全国城镇职工基本养老保险参保职工人数和机关事业单位参保职工人数。据此算得机关事业单位参保职工占城镇参保职工比例约为 12.00%。设其在预测期间保持不变。

（七）全额单位参保人数占比

参考杨再贵和许鼎（2017）的办法,用《中国人力资源和社会保障年鉴—2019》公布的历年分机关和事业单位人数,计算出全额供款单位参保人数占机关事业单位总参保人数的比例,取其平均值42.78%为全额单位参保人数的基准值。

（八）基金累计结余

由《中国人力资源和社会保障年鉴—2019》公布的数据,可得2018年机关事业单位养老保险基金累计结余约为3140.0亿元。

第三节　低、中、高情景参数设置

一、低中高情景参数

为找到未来76年机关事业单位养老保险收支结余测算结果的区间范围,同时也考察由几个因素构成的一组因素变化对机关事业单位养老保险收支结余的影响方向和程度,设置一组参数的低、中、高情景。这方法类似于OASDI信托基金董事会（2019）对美国年老、遗属和失能保险（OASDI）基金在低成本、中成本和高成本假设下所做的测评。上文所述各参数校准值均为全国的"中"情景下的基准值,是指目前情况下的最优估计值。

分别对基本养老保险单位缴费率、养老金替代率、养老金增长率、记账利率、过渡系数等五个参数在其基准值的附近取值,得到其"低"情景与"高"情景参数设置,如表2.2所示。其中,"低"情景表示乐观情景,有利于增加结余;"高"情景表示悲观情景,不利于增加结余。机关事业单位基本养老保险单位缴费率在基准值上下浮动2个百分点;养老金替代率取上述计算所得范围的最低值63.32%及最高值88.64%;养老金增长率取为工资增长率的40%和80%;记账利率用人力资源和社会保障部办公厅、财政部办公厅公布的2015—2018年期间的最低值5.00%和最高值8.31%;过渡系数取两端值1%和1.4%。各省份的低中高情景参数设置与此相同,不再赘述。

表2.2　低、中、高情景参数设置

参数假设	低	中	高
基本养老保险单位缴费率	18.00%	16.00%	14.00%
养老金替代率	63.32%	71.43%	88.64%
养老金增长率	40.00%	60.00%	80.00%

参数假设	低	中	高
记账利率	5.00%	7.83%	8.31%
过渡系数	1.00%	1.20%	1.40%

二、省份与全国参数取值的异同

省份的某些参数在以下两种情况下取值与全国的相同。(1)根据有关文件的规定得到的取值,如机关事业单位基本养老保险单位缴费率为16%、个人缴费率为8%,职业年金单位缴费率为8%、个人缴费率为4%,记账利率为7.83%。(2)因省份缺少数据使某些参数无法估计,故假设省份参数与全国的取值相同,如全额供款单位参保人数占比取为42.78%。工龄工资增长率、养老金随年龄增长率、养老金替代率、养老金增长率和过渡系数等参数的取值也与全国的一致。对取值相同的参数以后章节不再赘述。

部分省份的某些参数与全国的取值相同,其他省份的不同。各省份公布数据的翔实程度不同,对有些省份能估计出某些参数的值,对有些省份则不能。因此,假设不能估计其参数值的省份与全国的对应参数取值相同。如缴费工资占统计平均工资的比例、新入职者工资和工资增长率等。

各省份的某些参数各不相同,与全国的也不同,是根据各省份的统计数据分别估计的。如劳动参与率、养老保险覆盖率和机关事业单位参保职工占城镇参保职工比例等。

基本养老保险单位缴费率、养老金替代率、养老金增长率、记账利率和过渡系数等参数的低、中、高情景参数设置与全国的相同,以后章节也不再赘述。

第三章

华北地区机关事业单位养老保险的精算报告

第一节　北京市机关事业单位养老保险的精算

一、北京市机关事业单位参保人数

北京市未来各年的城镇分年龄性别人数已由第二章第一节估计得到。在此基础上,进一步估计北京市机关事业单位分年龄性别参保人数,估计方法与全国的相同。

由《中国人力资源和社会保障年鉴—2019》里的分地区城镇职工基本养老保险情况表,可知2018年各省份参加城镇职工基本养老保险的职工年末人数和其中参加企业职工基本养老保险的职工年末人数。用前者减去后者得到各省份2018年机关事业单位养老保险的参保职工年末人数。第二章第一节陈述的2018年全国机关事业单位养老保险参保退休人数为1817.2万人,减去《中国人力资源和社会保障年鉴—2019》表5–6各地区城镇职工基本养老保险情况(2018年)公布的中央机关、中国人民银行和中国农业发展银行的参保退休人数之和33.25万人,得到省份汇总的全国参保退休人数1783.98万人。类似地,可得省份汇总的全国参保职工数3553.07万人。假设机关事业单位各省份养老保险参保退休人数占省份汇总的全国参保退休人数的比例与各省份2018年机关事业单位养老保险参保职工人数占省份汇总的全国参保职工数的比例相同,用该比例乘以省份汇总的全国参保离退休人数,得到2018年各省份机关事业单位养老保险的参保退休人数。假设北京市机关事业单位养老保险参保职工人数与退休人数的分年龄性别分布与2018年北京市城镇分年龄性别人数分布一致,可得2018年北京市机关事业单位养老保险参保人员的分年龄性别人数。以此为北京市机关事业单位养老保险参保人员起始分布。

对于北京市机关事业单位养老保险各年新入职的参保人员,用上文预测所得的北京市未来各年城镇人口中的新入职者年龄对应的人口数乘以劳动参与率、养老保险覆盖率和机关事业单位参保职工占城镇参保职工比例得到。

用全额供款单位参保人数占比 α 乘以北京市机关事业单位养老保险分年龄性别参保人数,可得北京市全额供款单位基本养老保险分年龄性别参保人数,自然可得北京市差额供款单位基本养老保险分年龄性别参保人数。

二、北京市经济类参数

(一)新入职者工资

由薪酬网发布的《2018 年北京地区毕业生薪酬调查报告》,可知本科学历在国有企业、外商独资企业、外商合资企业和民营企业的起薪分别为 5015、6176、5722 和 4378 元/月,起薪月平均工资为 5322.8 元/月。以此为北京市机关事业单位新入职者工资。

(二)工资增长率

北京市 2014—2019 年 GDP 实际增长率分别为 7.30%、6.90%、6.70%、6.70%、6.60% 和 6.1%。2020—2095 年的 GDP 实际增长率同全国的水平一致,其中 2020—2025 年为 5.7%,2026—2030 年为 4.8%,以后各年保持不变。根据以往经验,一般假设工资增长率高出 GDP 增长率 0 至 1 个百分点,此处取 0.2 个百分点。

(三)劳动参与率

根据《中国人口和就业统计年鉴—2019》表 1–18 可知 2000—2018 年北京市城镇登记失业率,其平均值为 1.44%。因而北京市城镇人口劳动参与率约为 98.56%。设其在预测期维持不变。

三、北京市养老保险类参数

(一)养老保险覆盖率

根据《中国人力资源和社会保障年鉴—2019》可知,北京市 2018 年城镇职工基本养老保险参保职工人数为 1392.2 万人。由该年鉴的分地区城镇非私营单位在岗职工年末人数表和分地区城镇私营个体就业人员年末人数表,得到北京市 2018 年城镇非私营单位在岗职工年末人数和城镇私营个体就业人员年末人数分别为 762.1 万人和 750.3 万人,则北京市城镇就业人数共计 1512.4 万人。因此,北京市城镇职工基本养老保险参保率为 92.1%。机关事业单位养老保险覆盖率一般高于企业职工的覆盖率,故机关事业单位养老保险覆盖率也略高于城镇职工(含企业职工和机关事业单位职工)基本养老保险覆盖率。所以,假设北京市2018年机关事业单位养老保险覆盖率为93%,以后每年增加1个百分点,直至达到100%。

（二）机关事业单位参保职工占城镇参保职工比例

根据《中国人力资源和社会保障年鉴—2019》分地区城镇职工基本养老保险情况表,可知2018年各省份的城镇职工基本养老保险参保职工人数和其中的企业职工基本养老保险参保职工人数,可算得各省份机关事业单位参保职工占城镇参保职工的比例。其中,北京市的该比例为4.28%。

（三）缴费工资占统计平均工资比例

由于北京市人力资源社会保障部门公布的用于估计该参数的有关数据不充分,因此,假设北京市的缴费工资占统计平均工资比例与全国水平59.08%相同。

四、北京市机关事业单位养老保险收支结余

（一）中情景下收支结余精算结果

将上述估计的参数基准值代入根据第一章陈述的精算模型所编程序进行计算,得到中情景下北京市机关事业单位养老保险各年的收入、支出和结余,如表3.1所示。可见,在中情景下,北京市机关事业单位养老保险的收入和支出均会随年份推移而逐年增长,并且支出的增速一直快于收入的增速。机关事业单位养老保险的结余在2020年已出现负数,以后年份的支付缺口会持续上升,并在预测期末达到最大,为负804亿元。

表3.1　中情景下北京市机关事业单位养老保险2020—2095年收支结余(百亿元①)

年度	收入	支出	结余	年度	收入	支出	结余
2020	1.07	2.45	−1.38	2058	1.59	8.40	−6.80
2021	1.10	2.58	−1.48	2059	1.61	8.45	−6.84
2022	1.15	2.69	−1.54	2060	1.63	8.49	−6.85
2023	1.19	2.79	−1.60	2061	1.67	8.48	−6.81
2024	1.24	2.88	−1.64	2062	1.71	8.45	−6.74

① 为方便阅读,此处用该单位。

续表

年度	收入	支出	结余	年度	收入	支出	结余
2025	1.29	2.99	−1.71	2063	1.76	8.44	−6.68
2026	1.31	3.12	−1.81	2064	1.80	8.42	−6.62
2027	1.35	3.23	−1.88	2065	1.83	8.42	−6.59
2028	1.39	3.34	−1.95	2066	1.88	8.40	−6.52
2029	1.43	3.44	−2.02	2067	1.91	8.41	−6.49
2030	1.47	3.54	−2.07	2068	1.95	8.42	−6.48
2031	1.51	3.67	−2.16	2069	1.98	8.46	−6.49
2032	1.54	3.77	−2.23	2070	1.98	8.56	−6.58
2033	1.57	3.89	−2.32	2071	1.99	8.66	−6.67
2034	1.60	4.01	−2.41	2072	1.99	8.77	−6.78
2035	1.63	4.13	−2.50	2073	2.01	8.84	−6.82
2036	1.66	4.27	−2.61	2074	2.02	8.92	−6.90
2037	1.68	4.41	−2.73	2075	2.02	9.05	−7.04
2038	1.71	4.55	−2.84	2076	2.01	9.17	−7.16
2039	1.74	4.71	−2.97	2077	1.99	9.36	−7.37
2040	1.75	4.90	−3.15	2078	2.00	9.43	−7.43
2041	1.75	5.10	−3.34	2079	2.00	9.50	−7.50
2042	1.76	5.30	−3.54	2080	2.00	9.58	−7.58
2043	1.76	5.51	−3.75	2081	2.01	9.66	−7.65
2044	1.75	5.74	−3.99	2082	2.01	9.73	−7.72
2045	1.72	6.04	−4.32	2083	2.02	9.81	−7.79
2046	1.69	6.31	−4.62	2084	2.02	9.89	−7.86
2047	1.68	6.55	−4.88	2085	2.03	9.95	−7.91
2048	1.66	6.79	−5.13	2086	2.05	9.99	−7.94
2049	1.65	7.01	−5.36	2087	2.07	10.03	−7.96
2050	1.63	7.24	−5.62	2088	2.10	10.07	−7.97
2051	1.61	7.45	−5.84	2089	2.13	10.11	−7.98
2052	1.60	7.66	−6.06	2090	2.17	10.14	−7.97

年度	收入	支出	结余	年度	收入	支出	结余
2053	1.57	7.87	−6.30	2091	2.21	10.17	−7.96
2054	1.57	8.01	−6.44	2092	2.25	10.21	−7.96
2055	1.56	8.15	−6.59	2093	2.29	10.26	−7.97
2056	1.57	8.24	−6.66	2094	2.33	10.33	−8.00
2057	1.58	8.31	−6.73	2095	2.37	10.41	−8.04

（二）低、中、高情景下的结余

将低、高情景参数分别代入按精算模型所编程序进行计算,结合中情景,可得低、中、高情景下北京市机关事业单位养老保险各年的结余,如表3.2所示。

表3.2　低、中、高情景下北京市机关事业单位养老保险的结余(百亿元)

年度	低	中	高	年度	低	中	高
2020	−0.93	−1.38	−2.21	2058	−4.86	−6.80	−8.38
2021	−0.98	−1.48	−2.37	2059	−4.87	−6.84	−8.39
2022	−1.01	−1.54	−2.50	2060	−4.86	−6.85	−8.39
2023	−1.03	−1.60	−2.63	2061	−4.81	−6.81	−8.33
2024	−1.03	−1.64	−2.73	2062	−4.73	−6.74	−8.25
2025	−1.06	−1.71	−2.86	2063	−4.66	−6.68	−8.17
2026	−1.12	−1.81	−3.02	2064	−4.59	−6.62	−8.09
2027	−1.16	−1.88	−3.14	2065	−4.55	−6.59	−8.06
2028	−1.20	−1.95	−3.26	2066	−4.48	−6.52	−7.98
2029	−1.23	−2.02	−3.37	2067	−4.44	−6.49	−7.94
2030	−1.25	−2.07	−3.47	2068	−4.41	−6.48	−7.91
2031	−1.30	−2.16	−3.60	2069	−4.41	−6.49	−7.91
2032	−1.35	−2.23	−3.70	2070	−4.47	−6.58	−8.00
2033	−1.41	−2.32	−3.82	2071	−4.53	−6.67	−8.09
2034	−1.47	−2.41	−3.94	2072	−4.62	−6.78	−8.20
2035	−1.53	−2.50	−4.05	2073	−4.64	−6.82	−8.24
2036	−1.61	−2.61	−4.19	2074	−4.69	−6.90	−8.31

年度	低	中	高	年度	低	中	高
2037	-1.70	-2.73	-4.33	2075	-4.80	-7.04	-8.45
2038	-1.77	-2.84	-4.45	2076	-4.89	-7.16	-8.57
2039	-1.88	-2.97	-4.60	2077	-5.06	-7.37	-8.77
2040	-2.02	-3.15	-4.80	2078	-5.10	-7.43	-8.83
2041	-2.17	-3.34	-5.01	2079	-5.16	-7.50	-8.90
2042	-2.33	-3.54	-5.21	2080	-5.21	-7.58	-8.96
2043	-2.49	-3.75	-5.42	2081	-5.27	-7.65	-9.03
2044	-2.69	-3.99	-5.68	2082	-5.33	-7.72	-9.10
2045	-2.97	-4.32	-6.01	2083	-5.38	-7.79	-9.16
2046	-3.21	-4.62	-6.31	2084	-5.44	-7.86	-9.22
2047	-3.42	-4.88	-6.57	2085	-5.47	-7.91	-9.27
2048	-3.62	-5.13	-6.82	2086	-5.49	-7.94	-9.29
2049	-3.80	-5.36	-7.04	2087	-5.50	-7.96	-9.30
2050	-4.00	-5.62	-7.30	2088	-5.50	-7.97	-9.31
2051	-4.17	-5.84	-7.51	2089	-5.50	-7.98	-9.32
2052	-4.34	-6.06	-7.73	2090	-5.48	-7.97	-9.32
2053	-4.52	-6.30	-7.95	2091	-5.46	-7.96	-9.32
2054	-4.62	-6.44	-8.08	2092	-5.45	-7.96	-9.32
2055	-4.73	-6.59	-8.21	2093	-5.45	-7.97	-9.35
2056	-4.77	-6.66	-8.27	2094	-5.45	-8.00	-9.38
2057	-4.81	-6.73	-8.32	2095	-5.47	-8.04	-9.45

结余的变动趋势如图3.1所示。结合表3.2可见,北京市机关事业单位养老保险中情景下的结余处于低情景和高情景的结果之间。低、中、高情景下结余在预测期间的年均降幅分别为6.1亿元、8.9亿元和9.7亿元。[①]

(三)某些因素对收支结余的影响

将中情景结果视为基准情况,分析机关事业单位基本养老保险个人缴费率和

---

① 年均降幅=(预测期末值-2020年值)/(预测期末年份-2020年)其他各省份年均降幅均以此计算。

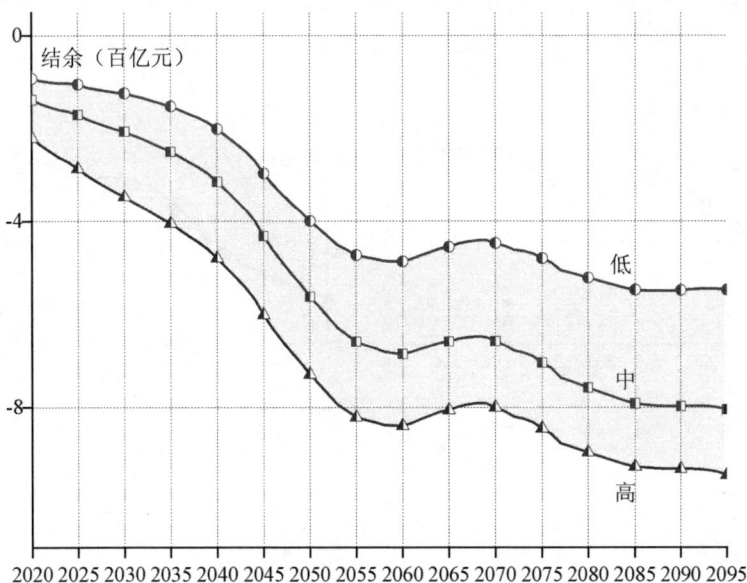

图3.1 低、中、高情景下结余的变动趋势

工资增长率分别对北京市机关事业单位养老保险收支结余的影响。后文对其他省份也同样测试敏感度,不再赘述。

1. 机关事业单位基本养老保险个人缴费率的影响

把机关事业单位基本养老保险个人缴费率提高3个百分点,对北京市机关事业单位养老保险收支结余的影响如图3.2所示。可见,机关事业单位基本养老保险个人缴费率的提高会使收入和支出较基准情况都有所增长。在预测期间,收入较基准情况的增幅先大于后小于支出的增幅,导致机关事业单位基本养老保险个人缴费率提高后的结余较基准情况的变化值先大于零后逐渐变为小于零,之后滑向更大的负数。预测期末的结余较基准情况下降11.86%。

2. 缴费工资占统计平均工资比例的影响

缴费工资占统计平均工资比例由59.08%降至53.71%,①对北京市机关事业单位养老保险收支结余的影响如图3.3所示。可见,缴费工资占统计平均工资比例的降低会使北京市机关事业单位养老保险收入和支出较基准情况都有所下降。在预测期间,收入较基准情况的降幅先大于后小于支出的降幅,导致缴费工资占

---

① 由于北京市公布的数据不够充分,难以估计其缴费工资占统计平均工资比例,故在分析该比例变动的影响时,对其取值也用全国的该比例变动后水平53.71%。

统计平均工资比例降低后的结余较基准情况的变化值先小于零后逐渐变为大于零,之后呈逐步上升的趋势。预测期末的结余较基准情况上升6.04%。

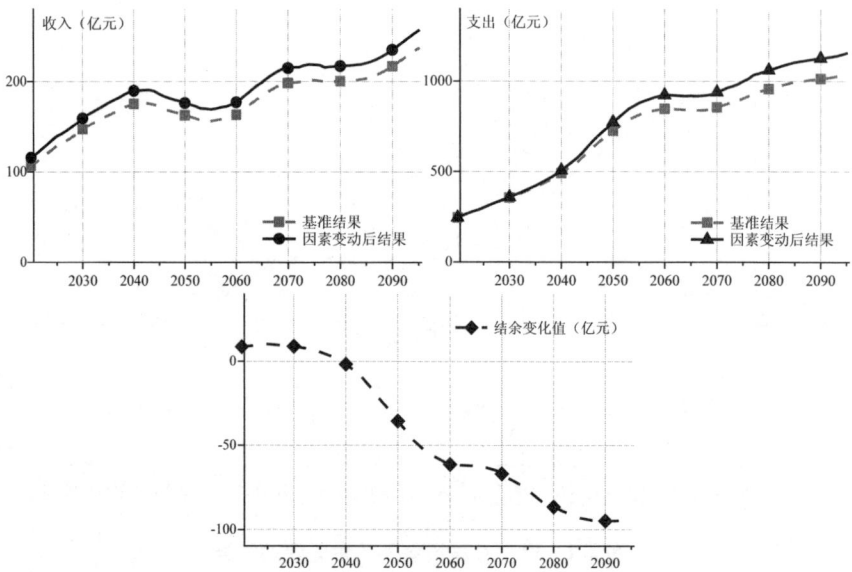

图3.2 机关事业单位基本养老保险个人缴费率对收支结余的影响

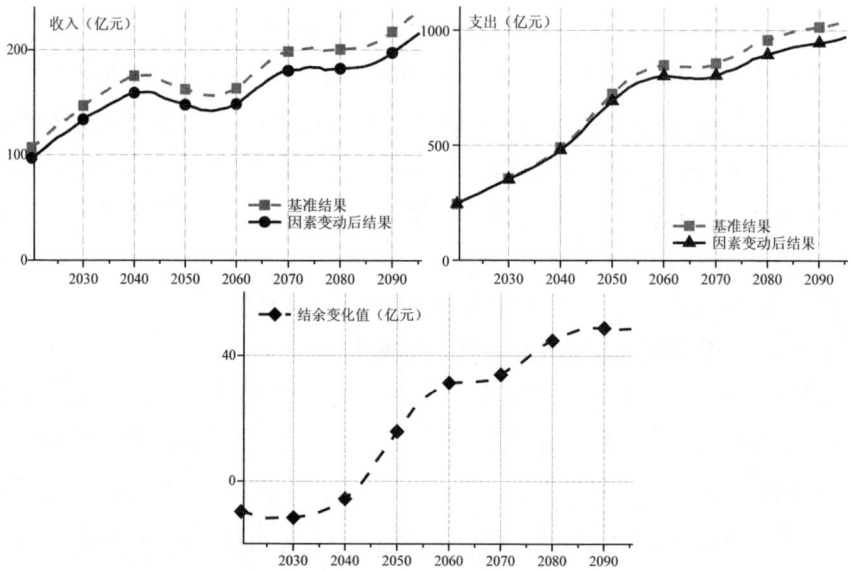

图3.3 缴费工资占统计平均工资比例对收支结余的影响

第二节　天津市机关事业单位养老保险的精算

一、天津市机关事业单位参保人数

天津市未来各年的城镇分年龄性别人数已由第二章第一节估计得到。在此基础上,进一步可估计出天津市机关事业单位养老保险分年龄性别参保人数。根据《2018 年天津市社会保险情况》,2018 年末全市城镇职工基本养老保险参保683.16 万人,其中,职工462.20 万人,离退休人员220.96 万人;企业610.28 万人,机关事业72.88 万人;企业职工基本养老保险抚养比为0.456。据此算得2018 年天津市机关事业单位参保职工数为43.05 万人,参保离退休人数为29.83 万人。假设天津市机关事业单位养老保险参保人员分年龄性别分布与该市城镇分年龄性别抽样人口分布一致,于是估计出天津市机关事业单位分年龄性别参保人数的起始分布。

二、天津市经济类参数

(一)缴费工资占统计平均工资的比例

根据《2018 年天津市社会保险情况》可知,2018 年天津市城镇职工基本养老保险的征缴收入为739.91 亿元,缴费人数为368.37 万人。按缴费率28% 计算,得年度人均缴费工资为71736 元。由《中国人力资源和社会保障年鉴—2018》可知,2017 年天津市城镇在岗职工平均工资为96965 元,用该缴费工资除以在岗职工平均工资,得到2018 年天津市城镇职工缴费工资占统计平均工资的比例约为73.98%。假设预测期间天津市机关事业单位工作人员的缴费工资占统计平均工资的比例与此相同。

(二)新入职者工资

由薪酬网发布的《2018 年天津市地区毕业生薪酬调查报告》,可知本科学历在国有企业、外商独资企业、外商合资企业和民营企业的起薪分别为4539、5575、5287 和4290 元/月,起薪月平均工资为4922.8 元/月。以此为天津市机关事业单位新入职者工资。

(三)工资增长率

天津市 2014—2019 年 GDP 实际增长率分别为 11.00%、9.30%、9.00%、

3.60%、3.70%、4.80%。2020—2095 年的 GDP 实际增长率同全国的水平一致,其中 2020—2025 年为 5.7%,2026—2030 年为 4.8%,以后各年保持不变。根据以往经验,一般假设工资增长率高出 GDP 增长率 0 至 1 个百分点,此处取 0.2 个百分点。

（四）劳动参与率

根据《中国人口和就业统计年鉴—2019》表 1 - 18 可知 2000—2018 年天津市城镇登记失业率,其平均值为 3.59%。因而天津市城镇人口劳动参与率约为 96.41%。设其在预测期维持不变。

三、天津市养老保险类参数

（一）养老保险覆盖率

前面已估计出 2018 年天津市机关事业单位参保职工数为 43.05 万人。由《中国人力资源和社会保障年鉴—2019》表 2 - 2 得到 2018 年天津市机关事业单位在岗职工年末人数为 46.7 万人。因此,机关事业单位职工参保率约为 92.19%。以此为天津市 2018 年机关事业单位养老保险覆盖率,以后每年增加 1 个百分点,直至达到 100%。

（二）机关事业单位参保职工占城镇参保职工比例

根据《2018 年天津市社会保险情况》,得到天津市机关事业单位参保职工占城镇参保职工比例为 43.05/462.2,约等于 9.31%。

四、天津市机关事业单位养老保险收支结余

（一）中情景下收支结余精算结果

将上述估计的参数基准值代入根据第一章陈述的精算模型所编程序进行计算,得到中情景下天津市机关事业单位养老保险各年的收入、支出和结余,如表 3.3 所示。可见,在中情景下,天津市机关事业单位养老保险的收入和支出均会随年份推移而逐年增长。机关事业单位养老保险的结余在 2020 年已出现负数,在 2022 年由负转为正,之后在 2044 年又转为负数。以后年份的支付缺口会持续上升,并在预测期末达到最大,为 3152 亿元。

表 3.3　中情景下天津市机关事业单位养老保险 2020—2095 年收支结余(百亿元)

年度	收入	支出	结余	年度	收入	支出	结余
2020	1.97	2.10	− 0.13	2058	7.85	16.51	− 8.66

年度	收入	支出	结余	年度	收入	支出	结余
2021	2.14	2.19	−0.05	2059	7.77	17.89	−10.12
2022	2.33	2.26	0.07	2060	7.78	18.99	−11.21
2023	2.51	2.34	0.18	2061	7.85	19.92	−12.07
2024	2.70	2.40	0.31	2062	7.93	20.76	−12.83
2025	2.88	2.47	0.41	2063	8.07	21.44	−13.37
2026	3.02	2.60	0.42	2064	8.25	21.96	−13.71
2027	3.17	2.71	0.46	2065	8.45	22.45	−14.00
2028	3.32	2.84	0.48	2066	8.69	22.84	−14.15
2029	3.46	2.96	0.50	2067	8.93	23.22	−14.29
2030	3.62	3.08	0.54	2068	9.18	23.65	−14.47
2031	3.77	3.24	0.54	2069	9.44	24.06	−14.62
2032	3.91	3.38	0.53	2070	9.71	24.53	−14.82
2033	4.04	3.54	0.50	2071	10.01	24.97	−14.96
2034	4.19	3.69	0.50	2072	10.31	25.45	−15.13
2035	4.34	3.85	0.50	2073	10.66	25.89	−15.24
2036	4.49	4.03	0.46	2074	10.99	26.40	−15.42
2037	4.65	4.21	0.44	2075	11.29	27.01	−15.72
2038	4.82	4.39	0.43	2076	11.61	27.61	−16.00
2039	4.98	4.60	0.38	2077	11.91	28.28	−16.38
2040	5.14	4.83	0.31	2078	12.22	28.90	−16.68
2041	5.29	5.09	0.20	2079	12.44	29.81	−17.37
2042	5.48	5.35	0.13	2080	12.62	30.85	−18.23
2043	5.68	5.62	0.06	2081	12.74	32.00	−19.26
2044	5.89	5.93	−0.04	2082	12.84	33.23	−20.39
2045	6.09	6.32	−0.23	2083	12.92	34.53	−21.61
2046	6.32	6.68	−0.36	2084	12.98	35.86	−22.88
2047	6.58	7.06	−0.48	2085	13.02	37.23	−24.20
2048	6.85	7.45	−0.59	2086	13.06	38.60	−25.54

年度	收入	支出	结余	年度	收入	支出	结余
2049	7.15	7.84	-0.69	2087	13.12	39.88	-26.75
2050	7.43	8.32	-0.89	2088	13.22	41.05	-27.83
2051	7.65	8.94	-1.28	2089	13.35	42.11	-28.76
2052	7.80	9.72	-1.91	2090	13.52	43.05	-29.53
2053	7.87	10.69	-2.82	2091	13.73	43.88	-30.15
2054	7.93	11.63	-3.70	2092	13.97	44.63	-30.65
2055	8.02	12.51	-4.49	2093	14.28	45.31	-31.03
2056	8.03	13.66	-5.63	2094	14.62	45.93	-31.31
2057	7.97	15.01	-7.04	2095	14.99	46.51	-31.52

（二）低、中、高情景下的结余

将低、高情景参数分别代入按精算模型所编程序进行计算,结合中情景,可得低、中、高情景下天津市机关事业单位养老保险各年的结余,如表3.4所示。

表3.4　低、中、高情景下天津市机关事业单位养老保险的结余（百亿元）

年度	低	中	高	年度	低	中	高
2020	0.31	-0.13	-0.88	2058	-4.50	-8.66	-10.79
2021	0.43	-0.05	-0.86	2059	-5.61	-10.12	-12.32
2022	0.59	0.07	-0.80	2060	-6.42	-11.21	-13.48
2023	0.74	0.18	-0.76	2061	-7.03	-12.07	-14.40
2024	0.90	0.31	-0.69	2062	-7.56	-12.83	-15.23
2025	1.05	0.41	-0.65	2063	-7.91	-13.37	-15.83
2026	1.10	0.42	-0.69	2064	-8.09	-13.71	-16.23
2027	1.17	0.46	-0.70	2065	-8.24	-14.00	-16.59
2028	1.23	0.48	-0.73	2066	-8.26	-14.15	-16.81
2029	1.30	0.50	-0.75	2067	-8.28	-14.29	-17.01
2030	1.37	0.54	-0.76	2068	-8.32	-14.47	-17.26
2031	1.41	0.54	-0.80	2069	-8.34	-14.62	-17.49
2032	1.44	0.53	-0.84	2070	-8.39	-14.82	-17.77

续表

年度	低	中	高	年度	低	中	高
2033	1.45	0.50	-0.90	2071	-8.39	-14.96	-17.99
2034	1.49	0.50	-0.93	2072	-8.41	-15.13	-18.25
2035	1.52	0.50	-0.97	2073	-8.36	-15.24	-18.44
2036	1.53	0.46	-1.03	2074	-8.38	-15.42	-18.71
2037	1.55	0.44	-1.08	2075	-8.50	-15.72	-19.11
2038	1.58	0.43	-1.11	2076	-8.60	-16.00	-19.49
2039	1.59	0.38	-1.18	2077	-8.79	-16.38	-19.96
2040	1.57	0.31	-1.27	2078	-8.92	-16.68	-20.36
2041	1.52	0.20	-1.39	2079	-9.37	-17.37	-21.16
2042	1.51	0.13	-1.48	2080	-9.96	-18.23	-22.13
2043	1.51	0.06	-1.57	2081	-10.70	-19.26	-23.28
2044	1.49	-0.04	-1.69	2082	-11.52	-20.39	-24.53
2045	1.39	-0.23	-1.90	2083	-12.42	-21.61	-25.86
2046	1.35	-0.36	-2.05	2084	-13.36	-22.88	-27.26
2047	1.34	-0.48	-2.18	2085	-14.33	-24.20	-28.71
2048	1.32	-0.59	-2.32	2086	-15.32	-25.54	-30.17
2049	1.34	-0.69	-2.43	2087	-16.21	-26.75	-31.51
2050	1.28	-0.89	-2.65	2088	-16.99	-27.83	-32.70
2051	1.04	-1.28	-3.08	2089	-17.64	-28.76	-33.74
2052	0.60	-1.91	-3.74	2090	-18.16	-29.53	-34.62
2053	-0.08	-2.82	-4.68	2091	-18.56	-30.15	-35.35
2054	-0.73	-3.70	-5.59	2092	-18.85	-30.65	-35.95
2055	-1.31	-4.49	-6.42	2093	-19.04	-31.03	-36.43
2056	-2.17	-5.63	-7.62	2094	-19.14	-31.31	-36.81
2057	-3.25	-7.04	-9.09	2095	-19.17	-31.52	-37.12

结余的变动趋势如图3.4所示。结合表3.4可见，天津市机关事业单位养老保险中情景下的结余处于低情景和高情景的结果之间。低情景下的结余在2053年开始出现负数，高情景下的结余在预测期间全部为负数。低、中、高情景下结余

在预测期间的年均降幅分别为 26. 0 亿元、41. 9 亿元和 48. 3 亿元。

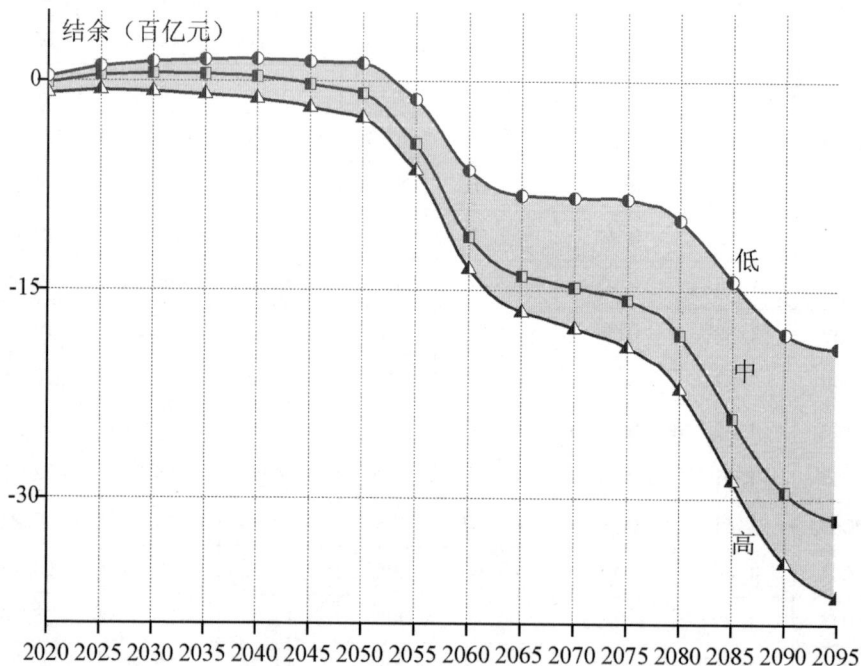

图 3. 4　低、中、高情景下结余的变动趋势

（三）某些因素对收支结余的影响

1. 机关事业单位基本养老保险个人缴费率的影响

把机关事业单位基本养老保险个人缴费率提高 3 个百分点,对天津市机关事业单位养老保险收支结余的影响如图 3. 5 所示。可见,机关事业单位基本养老保险个人缴费率的提高会使收入和支出较基准情况都有所增长。在预测期间,收入较基准情况的增幅先大于后小于支出的增幅,导致机关事业单位基本养老保险个人缴费率提高后的结余较基准情况的变化值先大于零后逐渐变为小于零,之后滑向更大的负数。在持续滑向更大负数的时期,大致会经历先快速下滑后平缓下滑再快速下滑三个阶段。预测期末的结余较基准情况下降 15. 81%。

2. 缴费工资占统计平均工资比例的影响

上文已知 2018 年天津市城镇职工基本养老保险的征缴收入和 2017 年天津市城镇在岗职工平均工资分别为 739. 91 亿元和 96965 元。再根据《2018 年天津市社会保险情况》可知 2018 年天津市参保职工人数为 462. 2 万人,按缴费率 28% 计算,得年度人均缴费工资为 57173 元。用该缴费工资除以在岗职工平均工资,得到天津市城镇职工缴费工资占统计平均工资的比例约为 58.96%。以此为天津市机关事业单位缴费工资占统计平均工资比例变动后的取值,分析其对机关事业单

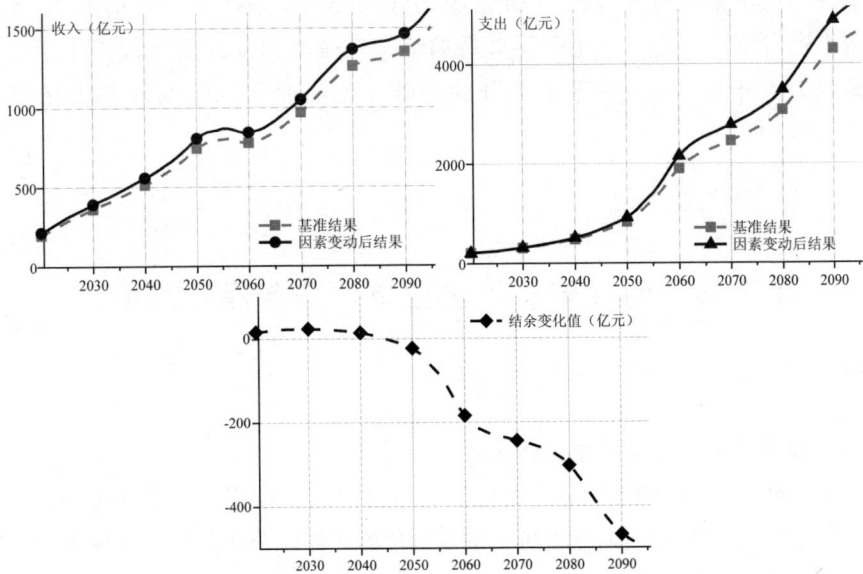

图 3.5 机关事业单位基本养老保险个人缴费率对收支结余的影响

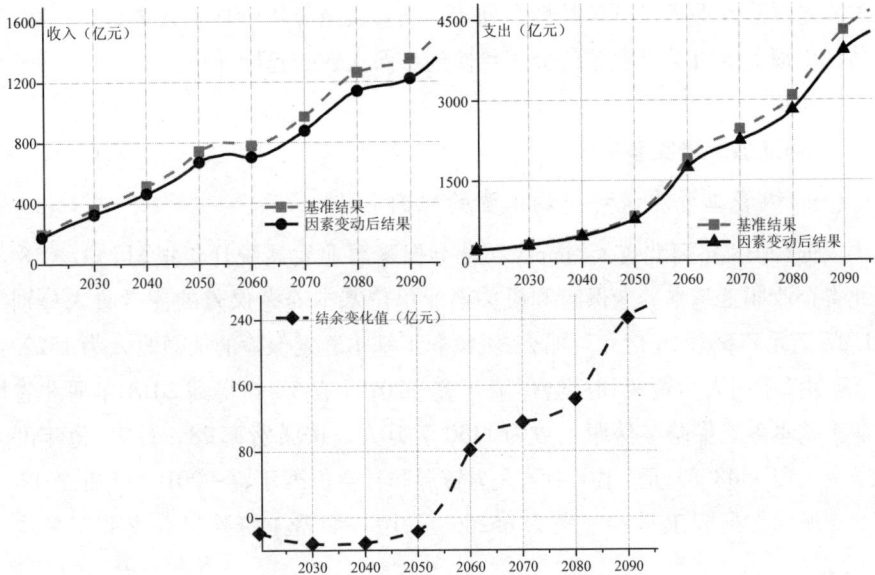

图 3.6 缴费工资占统计平均工资比例对收支结余的影响

位养老保险收支结余的影响,结果如图 3.6 所示。可见,缴费工资占统计平均工资比例的降低会使天津市机关事业单位养老保险收入和支出较基准情况都有所下降。在预测期间,收入较基准情况的降幅先大于后小于支出的降幅,导致缴费工资占统计平均工资比例降低后的结余较基准情况的变化值先小于零后逐渐变为大于零,之后呈逐步上升的趋势。预测期末的结余较基准情况上升 8.14%。

第三节　河北省机关事业单位养老保险的精算

一、河北省机关事业单位参保人数

河北省未来各年的城镇分年龄性别人数已由第二章第一节估计得到。在此基础上,进一步可估计出河北省机关事业单位养老保险分年龄性别参保人数。根据《2018 年河北省人力资源和社会保障事业发展统计年报》可知,2018 年末全省机关事业单位参保离退休人数为 98.12 万人。2018 年末河北省机关事业单位参保职工人数已由第三章第一节估算出,约为 220.10 万人。① 假设河北省机关事业单位养老保险参保人员分年龄性别分布与该省城镇分年龄性别人数分布一致,于是估计出河北省机关事业单位分年龄性别参保人数的起始分布。

二、河北省经济类参数

(一)缴费工资占统计平均工资的比例

根据《2018 年河北省人力资源和社会保障事业发展统计年报》可知,2018 年河北省企业职工基本养老保险和机关事业单位基本养老保险的征缴收入分别为 941.27 亿元和 581.16 亿元。那么,城镇职工基本养老保险的征缴收入为 1522.43 亿元。由《中国人力资源和社会保障年鉴—2019》表 5 - 6 得到 2018 年河北省城镇职工基本养老保险参保职工数为 1130.7 万人。按缴费率 28% 计算,得年度人均缴费工资为 48087 元。由《中国人力资源和社会保障年鉴—2018》可知,2017 年河北省城镇在岗职工平均工资为 65266 元,用该缴费工资除以在岗职工平均工

---

① 《2018 年河北省人力资源和社会保障事业发展统计年报》上的参保职工数不同于《中国人力资源和社会保障年鉴—2019》上的,年鉴比年报更新,所以用年鉴上的参保职工数。

资,得到 2018 年河北省城镇职工缴费工资占统计平均工资的比例约为 73.68%。假设预测期间河北省机关事业单位工作人员的缴费工资占统计平均工资的比例与此相同。

（二）新入职者工资

由薪酬网发布的《2018 年河北省地区毕业生薪酬调查报告》，可知本科学历在国有企业、外商独资企业、外商合资企业和民营企业的起薪分别为 4753、5617、5331 和 3997 元/月，起薪月平均工资为 4924.5 元/月。以此为河北省机关事业单位新入职者工资。

（三）工资增长率

河北省 2014—2019 年 GDP 实际增长率分别为 5.8%、6.2%、6.2%、5.9%、6.60% 和 6.80%。2020—2095 年的 GDP 实际增长率同全国水平的一致，其中 2020—2025 年为 5.7%，2026—2030 年为 4.8%，以后各年保持不变。根据以往经验，一般假设工资增长率高出 GDP 增长率 0 至 1 个百分点，此处取 0.2 个百分点。

（四）劳动参与率

根据《中国人口和就业统计年鉴—2019》表 1 – 18 可知 2000—2018 年河北省城镇登记失业率，其平均值为 3.68%。因而河北省城镇人口劳动参与率约为 96.32%。设其在预测期维持不变。

三、河北省养老保险类参数

（一）养老保险覆盖率

前面已知 2018 年河北省机关事业单位参保职工数为 220.10 万人。由《中国人力资源和社会保障年鉴—2019》表 2 – 2 可知，河北省 2018 年的机关事业单位在岗职工年末人数为 228.40 万人。因此，机关事业单位职工参保率约为 96.37%。以此为河北省 2018 年机关事业单位养老保险覆盖率，以后每年增加 1 个百分点，直至达到 100%。

（二）机关事业单位参保职工占城镇参保职工比例

根据《中国人力资源和社会保障年鉴—2019》分地区城镇职工基本养老保险情况表可知，2018 年河北省的城镇职工基本养老保险参保职工人数为 1130.70 万人。那么，河北省机关事业单位参保职工占城镇参保职工比例为 220.10/1130.70，约等于 19.47%。

四、河北省机关事业单位养老保险收支结余

(一)中情景下收支结余精算结果

将上述估计的参数基准值代入根据第一章陈述的精算模型所编程序进行计算,得到中情景下河北省机关事业单位养老保险各年的收入、支出和结余,如表3.5所示。可见,在中情景下,河北省机关事业单位养老保险的收入和支出均会随年份推移而逐年增长,但支出的增速快于收入的增速,使得机关事业单位养老保险的结余在2053年开始出现负数,以后年份的支付缺口会持续上升,并在预测期末达到最大,为24173亿元。

表 3.5   中情景下河北省机关事业单位养老保险 2020—2095 年收支结余(百亿元)

年度	收入	支出	结余	年度	收入	支出	结余
2020	10.12	7.62	2.50	2058	60.91	77.51	−16.60
2021	10.79	8.07	2.72	2059	62.40	82.77	−20.37
2022	11.41	8.47	2.94	2060	64.30	87.22	−22.92
2023	12.07	8.89	3.18	2061	65.97	92.82	−26.85
2024	13.04	9.25	3.78	2062	67.62	98.70	−31.09
2025	13.95	9.67	4.28	2063	69.37	104.42	−35.04
2026	14.67	10.41	4.26	2064	71.02	110.75	−39.72
2027	15.53	11.06	4.47	2065	72.65	117.29	−44.64
2028	16.37	11.81	4.56	2066	74.29	123.83	−49.53
2029	17.23	12.58	4.65	2067	75.65	131.20	−55.56
2030	18.24	13.34	4.90	2068	76.73	139.43	−62.70
2031	19.36	14.16	5.20	2069	77.37	148.56	−71.19
2032	20.43	14.90	5.53	2070	77.52	158.74	−81.23
2033	21.49	15.79	5.70	2071	77.45	169.46	−92.00
2034	22.66	16.70	5.97	2072	77.22	180.42	−103.19
2035	23.95	17.61	6.34	2073	77.35	190.44	−113.09
2036	25.27	18.57	6.70	2074	77.39	201.01	−123.63
2037	26.88	19.50	7.38	2075	77.04	212.64	−135.60
2038	28.73	20.47	8.26	2076	76.74	223.90	−147.15

年度	收入	支出	结余	年度	收入	支出	结余
2039	30.58	21.61	8.98	2077	76.37	235.07	-158.69
2040	32.48	22.86	9.63	2078	76.55	244.30	-167.75
2041	34.32	24.10	10.22	2079	77.44	251.17	-173.74
2042	35.94	25.49	10.45	2080	78.57	257.21	-178.64
2043	37.54	26.99	10.55	2081	79.77	262.96	-183.19
2044	39.07	28.78	10.29	2082	81.00	268.61	-187.61
2045	40.51	30.97	9.55	2083	82.24	274.16	-191.92
2046	42.14	32.97	9.17	2084	83.52	279.61	-196.09
2047	43.82	35.10	8.71	2085	84.83	284.98	-200.15
2048	45.57	37.32	8.25	2086	86.18	290.28	-204.10
2049	47.49	39.49	8.00	2087	87.56	295.64	-208.07
2050	49.35	42.11	7.24	2088	88.98	300.98	-212.00
2051	50.73	45.97	4.76	2089	90.42	306.32	-215.90
2052	52.12	50.01	2.10	2090	91.88	311.65	-219.77
2053	53.56	54.09	-0.53	2091	93.33	316.97	-223.64
2054	55.68	56.67	-0.99	2092	94.73	322.40	-227.68
2055	57.72	59.64	-1.92	2093	96.04	328.00	-231.97
2056	58.64	65.63	-6.98	2094	97.23	333.83	-236.60
2057	59.88	71.07	-11.19	2095	98.29	340.01	-241.73

（二）低、中、高情景下的结余

将低、高情景参数分别代入按精算模型所编程序进行计算,结合中情景,可得低、中、高情景下河北省机关事业单位养老保险各年的结余,如表 3.6 所示。

表 3.6　低、中、高情景下河北省机关事业单位养老保险的结余（百亿元）

年度	低	中	高	年度	低	中	高
2020	4.28	2.50	-0.41	2058	4.07	-16.60	-28.22
2021	4.66	2.72	-0.45	2059	1.67	-20.37	-32.39
2022	5.04	2.94	-0.49	2060	0.34	-22.92	-35.33

年度	低	中	高	年度	低	中	高
2023	5.45	3.18	−0.52	2061	−2.09	−26.85	−39.71
2024	6.23	3.78	−0.20	2062	−4.77	−31.09	−44.44
2025	6.90	4.28	0.01	2063	−7.22	−35.04	−48.90
2026	7.07	4.26	−0.23	2064	−10.24	−39.72	−54.13
2027	7.46	4.47	−0.24	2065	−13.44	−44.64	−59.64
2028	7.75	4.56	−0.38	2066	−16.62	−49.53	−65.13
2029	8.03	4.65	−0.53	2067	−20.75	−55.56	−71.79
2030	8.50	4.90	−0.51	2068	−25.80	−62.70	−79.63
2031	9.01	5.20	−0.43	2069	−32.04	−71.19	−88.87
2032	9.54	5.53	−0.28	2070	−39.62	−81.23	−99.71
2033	9.93	5.70	−0.29	2071	−47.80	−92.00	−111.34
2034	10.42	5.97	−0.21	2072	−56.34	−103.19	−123.43
2035	11.04	6.34	−0.02	2073	−63.74	−113.09	−134.24
2036	11.65	6.70	0.16	2074	−71.59	−123.63	−145.75
2037	12.60	7.38	0.65	2075	−80.61	−135.60	−158.77
2038	13.78	8.26	1.33	2076	−89.29	−147.15	−171.38
2039	14.82	8.98	1.85	2077	−97.98	−158.69	−184.00
2040	15.82	9.63	2.30	2078	−104.63	−167.75	−194.08
2041	16.77	10.22	2.71	2079	−108.74	−173.74	−201.00
2042	17.38	10.45	2.77	2080	−111.98	−178.64	−206.81
2043	17.88	10.55	2.69	2081	−114.92	−183.19	−212.27
2044	18.09	10.29	2.26	2082	−117.76	−187.61	−217.61
2045	17.89	9.55	1.34	2083	−120.50	−191.92	−222.83
2046	18.05	9.17	0.78	2084	−123.14	−196.09	−227.93
2047	18.18	8.71	0.13	2085	−125.68	−200.15	−232.92
2048	18.34	8.25	−0.52	2086	−128.12	−204.10	−237.79
2049	18.74	8.00	−0.97	2087	−130.57	−208.07	−242.71
2050	18.72	7.24	−1.95	2088	−132.96	−212.00	−247.59

年度	低	中	高	年度	低	中	高
2051	17.23	4.76	−4.68	2089	−135.33	−215.90	−252.44
2052	15.62	2.10	−7.61	2090	−137.68	−219.77	−257.25
2053	14.05	−0.53	−10.51	2091	−140.03	−223.64	−262.05
2054	14.37	−0.99	−11.21	2092	−142.54	−227.68	−267.02
2055	14.29	−1.92	−12.40	2093	−145.28	−231.97	−272.23
2056	10.68	−6.98	−17.82	2094	−148.32	−236.60	−277.79
2057	7.84	−11.19	−22.39	2095	−151.79	−241.73	−283.88

结余的变动趋势如图 3.7 所示。结合表 3.6 可见,河北省机关事业单位养老保险中情景下的结余处于低情景和高情景的结果之间。低情景和高情景下的结余出现负数的起始年份较中情景分别推迟了 8 年和提前了 33 年。低、中、高情景下结余在预测期间的年均降幅分别为 208.1 亿元、325.6 亿元和 378.0 亿元。

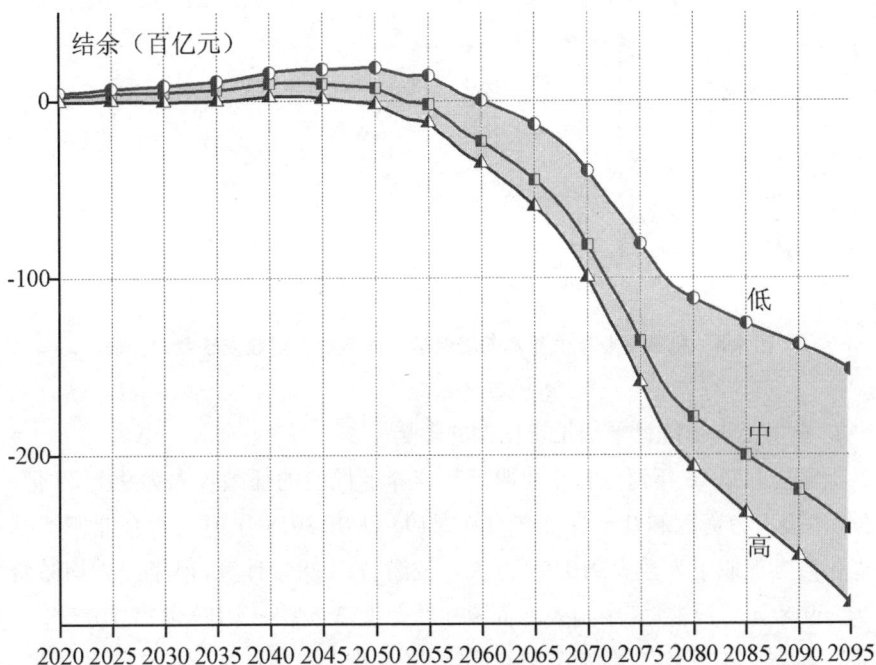

图 3.7 低、中、高情景下结余的变动趋势

（三）某些因素对收支结余的影响

1. 机关事业单位基本养老保险个人缴费率的影响

把机关事业单位基本养老保险个人缴费率提高3个百分点,对河北省机关事业单位养老保险收支结余的影响如图3.8所示。可见,机关事业单位基本养老保险个人缴费率的提高会使收入和支出较基准情况都有所增长。在预测期间,收入较基准情况的增幅先大于后小于支出的增幅,导致机关事业单位基本养老保险个人缴费率提高后的结余较基准情况的变化值先大于零后逐渐变为小于零,之后滑向更大的负数。预测期末的结余较基准情况下降15.11%。

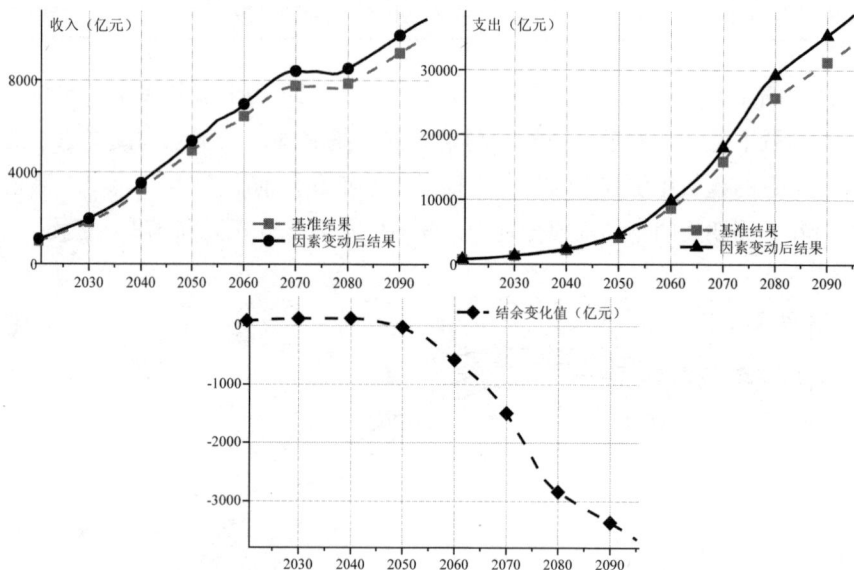

图3.8 机关事业单位基本养老保险个人缴费率对收支结余的影响

2. 缴费工资占统计平均工资比例的影响

上文已知2018年河北省企业职工基本养老保险的征缴收入为941.27亿元。根据《中国人力资源和社会保障年鉴—2019》可知,2018年河北省企业职工基本养老保险参保职工人数为910.59万人。按缴费率28%计算,得年度人均缴费工资为36918元。再根据《中国人力资源和社会保障年鉴—2018》可知,2017年河北省企业在岗职工平均工资为63624元,用该缴费工资除以在岗职工平均工资,得到企业职工缴费工资占统计平均工资的比例约为58.02%。以此为河北省机关事业单位缴费工资占统计平均工资比例变动后的取值,分析其对机关事业单位养老保险收支结余的影响,结果如图3.9所示。可见,缴费工资占统计平均工资比例的降低会使河北省机关事业单位养老保险收入和支出较基准情况都有所下降。在预测期间,收入较基准情况的降幅先大于后小于支出的降幅,导致缴费工资占统计平均工资比例降低后的结余较基准情况的变化值先小于零后逐渐变为大于零,之后呈逐步上升的趋势。预测期末的结余较基准情况上升8.52%。

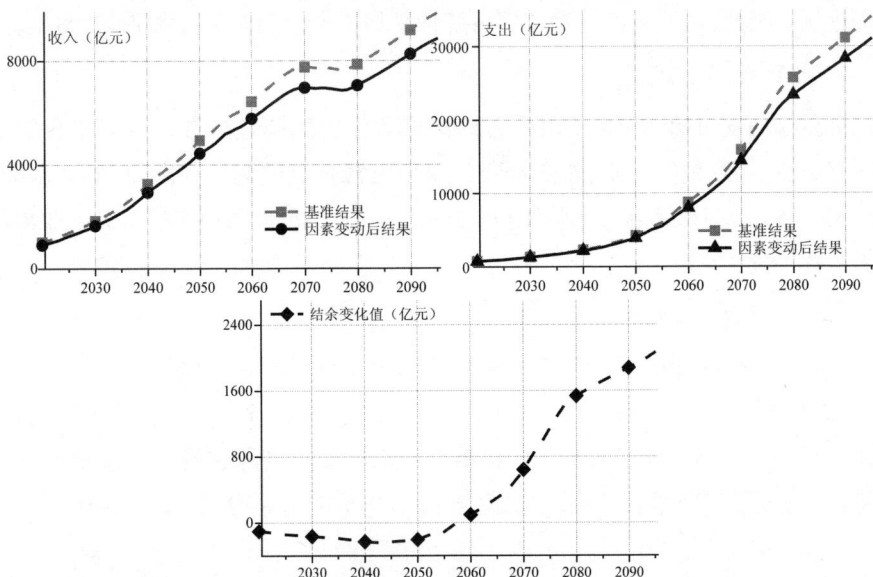

图3.9 缴费工资占统计平均工资比例对收支结余的影响

第四节 山西省机关事业单位养老保险的精算

一、山西省机关事业单位参保人数

山西省未来各年的城镇分年龄性别人数已由第二章第一节估计得到。在此基础上,进一步可估计出山西省机关事业单位养老保险分年龄性别参保人数。根据《2018年度山西省人力资源和社会保障事业发展统计公报》可知,2018年末全省机关事业单位参保离退休人数为59.50万人。2018年末山西省机关事业单位参保职工人数已由第三章第一节估算出,约为118.33万人。假设山西省机关事业单位养老保险参保人员分年龄性别分布与该省城镇分年龄性别人数分布一致,于是估计出山西省机关事业单位分年龄性别参保人数的起始分布。

二、山西省经济类参数

（一）缴费工资占统计平均工资的比例

由于山西省公布的数据不够充分，难以估计该省具体的缴费工资占统计平均工资比例。因此，山西省的缴费工资占统计平均工资比例同全国水平 59.08%。

（二）新入职者工资

由薪酬网发布的《2018 年山西省地区毕业生薪酬调查报告》，可知本科学历在国有企业、外商独资企业、外商合资企业和民营企业的起薪分别为 4572、5769、5253 和 4266 元/月，起薪月平均工资为 4965 元/月。以此为山西省机关事业单位新入职者工资。

（三）工资增长率

山西省 2014—2019 年 GDP 实际增长率分别为 4.9%、3.0%、4.5%、7.1%、6.7% 和 6.2%。2020—2095 年的 GDP 实际增长率同全国水平的一致，其中 2020—2025 年为 5.7%，2026—2030 年为 4.8%，以后各年保持不变。根据以往经验，一般假设工资增长率高出 GDP 增长率 0 至 1 个百分点，此处取 0.2 个百分点。

（四）劳动参与率

根据《中国人口和就业统计年鉴—2019》表 1－18 可知 2000—2018 年山西省城镇登记失业率，其平均值为 3.24%。因而山西省城镇人口劳动参与率约为 96.76%。设其在预测期维持不变。

三、山西省养老保险类参数

（一）养老保险覆盖率

前面已知 2018 年山西省机关事业单位参保职工数为 118.33 万人。由《中国人力资源和社会保障年鉴—2019》表 2－2 可知，山西省 2018 年的机关事业单位在岗职工年末人数为 144.40 万人。因此，机关事业单位职工参保率约为 81.95%。以此为山西省 2018 年机关事业单位养老保险覆盖率，以后每年增加 1 个百分点，直至达到 100%。

（二）机关事业单位参保职工占城镇参保职工比例

根据《中国人力资源和社会保障年鉴—2019》分地区城镇职工基本养老保险情况表可知，2018 年山西省的城镇职工基本养老保险参保职工人数为 575.46 万人。那么,山西省机关事业单位参保职工占城镇参保职工比例为118.33/575.46,约等于20.56%。

四、山西省机关事业单位养老保险收支结余

(一)中情景下收支结余精算结果

将上述估计的参数基准值代入根据第一章陈述的精算模型所编程序进行计算,得到中情景下山西省机关事业单位养老保险各年的收入、支出和结余,如表3.7所示。可见,在中情景下,山西省机关事业单位养老保险的收入和支出均会随年份推移而逐年增长,但支出的增速快于收入的增速,使得机关事业单位养老保险的结余在2055年开始出现负数,以后年份的支付缺口会持续上升,并在预测期末达到最大,为11803亿元。

表3.7　中情景下山西省机关事业单位养老保险2020—2095年收支结余(百亿元)

年度	收入	支出	结余	年度	收入	支出	结余
2020	4.97	4.69	0.28	2058	30.71	38.48	−7.77
2021	5.35	4.91	0.44	2059	31.53	41.30	−9.77
2022	5.70	5.12	0.58	2060	32.34	44.30	−11.96
2023	6.07	5.33	0.74	2061	32.99	47.96	−14.98
2024	6.57	5.53	1.04	2062	33.67	51.59	−17.92
2025	7.04	5.77	1.27	2063	34.63	54.46	−19.84
2026	7.40	6.12	1.28	2064	35.58	57.43	−21.84
2027	7.81	6.46	1.35	2065	36.53	60.52	−23.98
2028	8.24	6.84	1.40	2066	37.57	63.40	−25.83
2029	8.66	7.23	1.43	2067	38.53	66.55	−28.02
2030	9.14	7.63	1.51	2068	39.50	69.81	−30.31
2031	9.63	8.08	1.55	2069	40.34	73.38	−33.03
2032	10.05	8.53	1.52	2070	41.09	77.28	−36.19
2033	10.50	9.02	1.48	2071	41.81	81.34	−39.53
2034	10.99	9.52	1.48	2072	42.59	85.36	−42.76
2035	11.54	10.01	1.53	2073	43.47	89.20	−45.72
2036	12.09	10.53	1.56	2074	44.24	93.52	−49.29

续表

年度	收入	支出	结余	年度	收入	支出	结余
2037	12.75	11.06	1.69	2075	44.87	98.34	−53.47
2038	13.48	11.60	1.88	2076	45.52	103.13	−57.61
2039	14.25	12.15	2.10	2077	46.22	107.79	−61.57
2040	15.02	12.72	2.30	2078	47.04	112.10	−65.06
2041	15.82	13.27	2.55	2079	47.95	116.21	−68.26
2042	16.61	13.89	2.73	2080	48.89	120.27	−71.38
2043	17.43	14.55	2.87	2081	49.84	124.39	−74.55
2044	18.26	15.28	2.99	2082	50.80	128.54	−77.73
2045	19.08	16.19	2.89	2083	51.78	132.70	−80.92
2046	19.99	17.00	2.99	2084	52.79	136.86	−84.07
2047	20.92	17.93	2.99	2085	53.84	141.03	−87.19
2048	21.87	18.94	2.93	2086	54.90	145.21	−90.30
2049	22.93	19.85	3.08	2087	56.01	149.41	−93.40
2050	24.01	20.88	3.13	2088	57.15	153.61	−96.46
2051	24.98	22.29	2.69	2089	58.34	157.80	−99.46
2052	25.90	23.94	1.96	2090	59.56	161.97	−102.40
2053	26.67	26.07	0.59	2091	60.81	166.18	−105.37
2054	27.73	27.56	0.17	2092	62.07	170.46	−108.39
2055	28.83	29.10	−0.27	2093	63.34	174.81	−111.48
2056	29.46	32.05	−2.60	2094	64.60	179.27	−114.67
2057	30.09	35.14	−5.06	2095	65.85	183.88	−118.03

（二）低、中、高情景下的结余

将低、高情景参数分别代入按精算模型所编程序进行计算，结合中情景，可得低、中、高情景下山西省机关事业单位养老保险各年的结余，如表3.8所示。

表3.8 低、中、高情景下山西省机关事业单位养老保险的结余（百亿元）

年度	低	中	高	年度	低	中	高
2020	1.28	0.28	-1.41	2058	2.61	-7.77	-13.79
2021	1.53	0.44	-1.40	2059	1.36	-9.77	-15.98
2022	1.76	0.58	-1.40	2060	-0.05	-11.96	-18.39
2023	2.02	0.74	-1.39	2061	-2.12	-14.98	-21.66
2024	2.42	1.04	-1.24	2062	-4.13	-17.92	-24.87
2025	2.75	1.27	-1.18	2063	-5.28	-19.84	-27.03
2026	2.86	1.28	-1.29	2064	-6.50	-21.84	-29.29
2027	3.03	1.35	-1.35	2065	-7.82	-23.98	-31.73
2028	3.19	1.40	-1.42	2066	-8.89	-25.83	-33.85
2029	3.33	1.43	-1.51	2067	-10.25	-28.02	-36.34
2030	3.52	1.51	-1.56	2068	-11.68	-30.31	-38.95
2031	3.68	1.55	-1.63	2069	-13.49	-33.03	-42.01
2032	3.75	1.52	-1.75	2070	-15.66	-36.19	-45.52
2033	3.82	1.48	-1.89	2071	-17.96	-39.53	-49.24
2034	3.94	1.48	-1.98	2072	-20.17	-42.76	-52.88
2035	4.12	1.53	-2.02	2073	-22.12	-45.72	-56.26
2036	4.28	1.56	-2.08	2074	-24.56	-49.29	-60.27
2037	4.55	1.69	-2.04	2075	-27.49	-53.47	-64.93
2038	4.89	1.88	-1.95	2076	-30.40	-57.61	-69.57
2039	5.26	2.10	-1.82	2077	-33.15	-61.57	-74.03
2040	5.62	2.30	-1.71	2078	-35.50	-65.06	-78.01
2041	6.04	2.55	-1.54	2079	-37.62	-68.26	-81.71
2042	6.39	2.73	-1.44	2080	-39.65	-71.38	-85.33
2043	6.73	2.87	-1.38	2081	-41.73	-74.55	-89.02
2044	7.05	2.99	-1.34	2082	-43.81	-77.73	-92.74
2045	7.20	2.89	-1.53	2083	-45.88	-80.92	-96.46
2046	7.54	2.99	-1.51	2084	-47.92	-84.07	-100.16
2047	7.81	2.99	-1.60	2085	-49.93	-87.19	-103.83

续表

年度	低	中	高	年度	低	中	高
2048	8.05	2.93	− 1.75	2086	− 51.92	− 90.30	− 107.51
2049	8.49	3.08	− 1.68	2087	− 53.89	− 93.40	− 111.18
2050	8.86	3.13	− 1.73	2088	− 55.82	− 96.46	− 114.81
2051	8.82	2.69	− 2.27	2089	− 57.69	− 99.46	− 118.39
2052	8.54	1.96	− 3.12	2090	− 59.50	− 102.40	− 121.92
2053	7.72	0.59	− 4.61	2091	− 61.33	− 105.37	− 125.48
2054	7.73	0.17	− 5.15	2092	− 63.19	− 108.39	− 129.09
2055	7.73	− 0.27	− 5.71	2093	− 65.11	− 111.48	− 132.78
2056	6.14	− 2.60	− 8.21	2094	− 67.12	− 114.67	− 136.59
2057	4.46	− 5.06	− 10.86	2095	− 69.26	− 118.03	− 140.59

　　结余的变动趋势如图3.10所示。结合表3.8可见,山西省机关事业单位养老保险中情景下的结余处于低情景和高情景的结果之间。低情景和高情景下的结

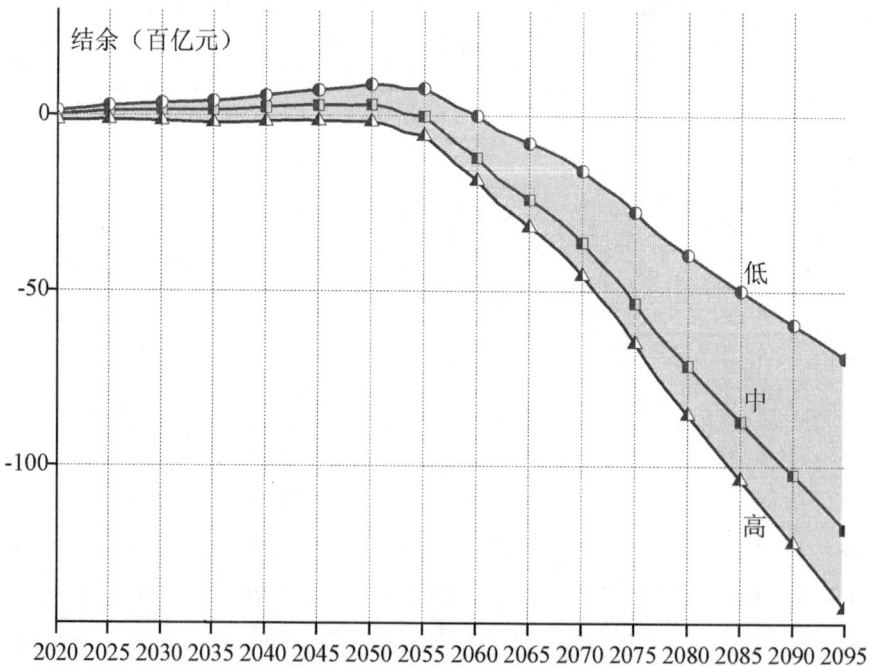

图3.10　低、中、高情景下结余的变动趋势

余出现负数的起始年份较中情景分别推迟了 5 年和提前了 35 年。低、中、高情景下结余在预测期间的年均降幅分别为 94.1 亿元、157.8 亿元和 185.6 亿元。

（三）某些因素对收支结余的影响

1. 机关事业单位基本养老保险个人缴费率的影响

把机关事业单位基本养老保险个人缴费率提高 3 个百分点,对山西省机关事业单位养老保险收支结余的影响如图 3.11 所示。可见,机关事业单位基本养老保险个人缴费率的提高会使收入和支出较基准情况都有所增长。在预测期间,收入较基准情况的增幅先大于后小于支出的增幅,导致机关事业单位基本养老保险个人缴费率提高后的结余较基准情况的变化值先大于零后逐渐变为小于零,之后滑向更大的负数。预测期末的结余较基准情况下降 15.93%。

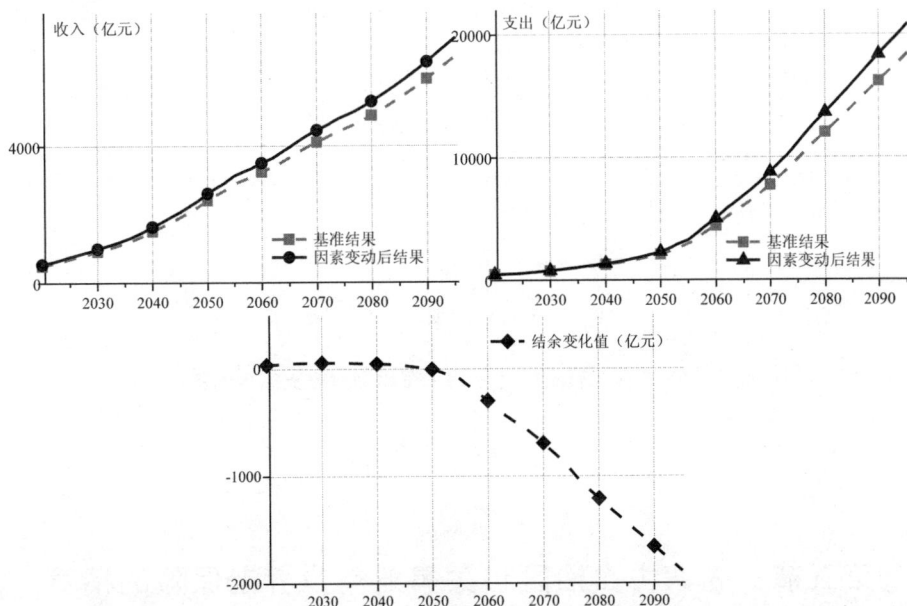

图 3.11　机关事业单位基本养老保险个人缴费率对收支结余的影响

2. 缴费工资占统计平均工资比例的影响

缴费工资占统计平均工资比例由 59.08% 降至 53.71%,①对山西省机关事业单位养老保险收支结余的影响如图 3.12 所示。可见,缴费工资占统计平均工资

①　由于山西省公布的数据不够充分,难以估计其缴费工资占统计平均工资比例,故在分析该比例变动的影响时,对其取值也用全国的该比例变动后水平 53.71%。

比例的降低会使山西省机关事业单位养老保险收入和支出较基准情况都有所下降。在预测期间,收入较基准情况的降幅先大于后小于支出的降幅,导致缴费工资占统计平均工资比例降低后的结余较基准情况的变化值先小于零后逐渐变为大于零,之后呈逐步上升的趋势。预测期末的结余较基准情况上升3.13%。

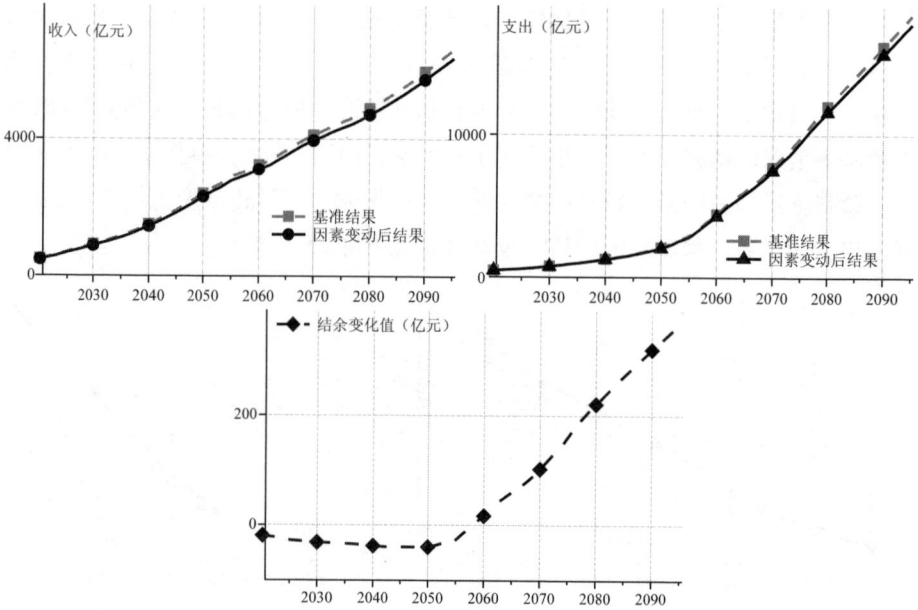

图 3.12 缴费工资占统计平均工资比例对收支结余的影响

第五节 内蒙古自治区机关事业单位养老保险的精算

一、内蒙古自治区机关事业单位参保人数

内蒙古自治区未来各年的城镇分年龄性别人数已由第二章第一节估计得到。在此基础上,进一步可估计出内蒙古自治区机关事业单位养老保险分年龄性别参保人数,估计过程与北京市机关事业单位养老保险参保人数的统计过程一致。其中,内蒙古自治区2018年机关事业单位养老保险分年龄性别参保人数为起始分布。

二、内蒙古自治区经济类参数

（一）缴费工资占统计平均工资的比例

由于内蒙古自治区公布的数据不够充分，难以估计该省具体的缴费工资占统计平均工资比例。因此，内蒙古自治区的缴费工资占统计平均工资比例同全国水平 59.08%。

（二）新入职者工资

由薪酬网发布的《2018 年内蒙古自治区地区毕业生薪酬调查报告》，可知本科学历在国有企业、外商独资企业、外商合资企业和民营企业的起薪分别为 4082、5252、4583 和 3748 元/月，起薪月平均工资为 4416.3 元/月。以此为内蒙古自治区机关事业单位新入职者工资。

（三）工资增长率

内蒙古自治区 2014—2019 年 GDP 实际增长率分别为 7.8%、7.7%、7.2%、4.0%、5.3% 和 5.1%。2020—2095 年的 GDP 实际增长率同全国水平的一致，其中 2020—2025 年为 5.7%，2026—2030 年为 4.8%，以后各年保持不变。根据以往经验，一般假设工资增长率高出 GDP 增长率 0 至 1 个百分点，此处取 0.2 个百分点。

（四）劳动参与率

根据《中国人口和就业统计年鉴—2019》表 1-18 可知 2000—2018 年内蒙古自治区城镇登记失业率，其平均值为 3.89%。因而内蒙古自治区城镇人口劳动参与率约为 96.11%。设其在预测期维持不变。

三、内蒙古自治区养老保险类参数

（一）养老保险覆盖率

根据第三章第一节方法，可估算出 2018 年内蒙古自治区机关事业单位参保职工数为 91.61 万人。由《中国人力资源和社会保障年鉴—2019》表 2-2 可知，内蒙古自治区 2018 年的机关事业单位在岗职工年末人数为 115.40 万人。因此，机关事业单位职工参保率约为 79.38%。以此为内蒙古自治区 2018 年机关事业单位养老保险覆盖率，以后每年增加 1 个百分点，直至达到 100%。

（二）机关事业单位参保职工占城镇参保职工比例

根据《中国人力资源和社会保障年鉴—2019》分地区城镇职工基本养老保险情况表可知，2018 年内蒙古自治区的城镇职工基本养老保险参保职工人数为

448.94 万人。那么,内蒙古自治区机关事业单位参保职工占城镇参保职工比例为 91.61/448.94,约等于 20.41%。

四、内蒙古自治区机关事业单位养老保险收支结余

（一）中情景下收支结余精算结果

将上述估计的参数基准值代入根据第一章陈述的精算模型所编程序进行计算,得到中情景下内蒙古自治区机关事业单位养老保险各年的收入、支出和结余,如表 3.9 所示。可见,在中情景下,内蒙古自治区机关事业单位养老保险的收入和支出均会随年份推移而逐年增长,但支出的增速快于收入的增速,使得机关事业单位养老保险的结余在 2043 年开始出现负数,以后年份的支付缺口会持续上升,并在预测期末达到最大,为 7031 亿元。

表 3.9 中情景下内蒙古自治区机关事业单位养老保险 2020—2095 年收支结余（百亿元）

年度	收入	支出	结余	年度	收入	支出	结余
2020	3.37	3.05	0.32	2058	17.09	25.18	-8.09
2021	3.62	3.17	0.45	2059	17.45	26.85	-9.40
2022	3.86	3.29	0.56	2060	17.78	28.66	-10.89
2023	4.11	3.43	0.68	2061	18.03	30.67	-12.64
2024	4.41	3.56	0.86	2062	18.29	32.70	-14.41
2025	4.71	3.71	1.00	2063	18.52	34.77	-16.25
2026	5.00	3.92	1.08	2064	18.78	36.74	-17.96
2027	5.31	4.13	1.18	2065	19.05	38.65	-19.60
2028	5.61	4.36	1.24	2066	19.35	40.52	-21.17
2029	5.95	4.57	1.37	2067	19.61	42.46	-22.85
2030	6.28	4.83	1.45	2068	19.81	44.57	-24.76
2031	6.58	5.18	1.40	2069	19.99	46.69	-26.69
2032	6.86	5.51	1.35	2070	20.18	48.80	-28.62
2033	7.13	5.89	1.25	2071	20.45	50.68	-30.23
2034	7.41	6.26	1.14	2072	20.63	52.81	-32.18
2035	7.72	6.64	1.09	2073	20.87	54.84	-33.98

年度	收入	支出	结余	年度	收入	支出	结余
2036	8.02	7.09	0.93	2074	21.13	56.82	−35.69
2037	8.35	7.55	0.80	2075	21.40	58.80	−37.40
2038	8.67	8.05	0.62	2076	21.67	60.75	−39.08
2039	9.01	8.55	0.46	2077	21.95	62.71	−40.76
2040	9.38	9.02	0.36	2078	22.32	64.37	−42.05
2041	9.74	9.52	0.22	2079	22.70	66.00	−43.30
2042	10.10	10.04	0.06	2080	23.06	67.69	−44.62
2043	10.49	10.55	−0.06	2081	23.42	69.42	−46.01
2044	10.90	11.08	−0.18	2082	23.75	71.23	−47.47
2045	11.33	11.62	−0.29	2083	24.07	73.08	−49.00
2046	11.80	12.16	−0.36	2084	24.37	74.98	−50.61
2047	12.28	12.73	−0.45	2085	24.65	76.93	−52.27
2048	12.80	13.31	−0.51	2086	24.92	78.92	−54.00
2049	13.34	13.92	−0.58	2087	25.17	80.95	−55.78
2050	13.86	14.67	−0.80	2088	25.40	83.00	−57.60
2051	14.34	15.57	−1.23	2089	25.62	85.06	−59.44
2052	14.79	16.60	−1.81	2090	25.82	87.13	−61.31
2053	15.24	17.66	−2.42	2091	26.00	89.18	−63.18
2054	15.77	18.62	−2.85	2092	26.19	91.21	−65.02
2055	16.26	19.74	−3.48	2093	26.38	93.20	−66.82
2056	16.57	21.43	−4.86	2094	26.57	95.16	−68.58
2057	16.84	23.25	−6.41	2095	26.77	97.08	−70.31

（二）低、中、高情景下的结余

将低、高情景参数分别代入按精算模型所编程序进行计算，结合中情景，可得低、中、高情景下内蒙古自治区机关事业单位养老保险各年的结余，如表3.10所示。

表3.10 低、中、高情景下内蒙古自治区机关事业单位养老保险的结余(百亿元)

年度	低	中	高	年度	低	中	高
2020	0.98	0.32	-0.80	2058	-1.54	-8.09	-11.94
2021	1.17	0.45	-0.75	2059	-2.41	-9.40	-13.35
2022	1.34	0.56	-0.73	2060	-3.43	-10.89	-14.97
2023	1.52	0.68	-0.71	2061	-4.67	-12.64	-16.86
2024	1.76	0.86	-0.63	2062	-5.92	-14.41	-18.77
2025	1.97	1.00	-0.60	2063	-7.23	-16.25	-20.76
2026	2.11	1.08	-0.60	2064	-8.44	-17.96	-22.62
2027	2.28	1.18	-0.58	2065	-9.58	-19.60	-24.41
2028	2.41	1.24	-0.59	2066	-10.66	-21.17	-26.15
2029	2.61	1.37	-0.54	2067	-11.84	-22.85	-28.00
2030	2.76	1.45	-0.55	2068	-13.21	-24.76	-30.09
2031	2.79	1.40	-0.67	2069	-14.60	-26.69	-32.21
2032	2.81	1.35	-0.78	2070	-15.98	-28.62	-34.33
2033	2.79	1.25	-0.94	2071	-17.10	-30.23	-36.13
2034	2.76	1.14	-1.10	2072	-18.50	-32.18	-38.29
2035	2.79	1.09	-1.22	2073	-19.76	-33.98	-40.30
2036	2.73	0.93	-1.43	2074	-20.95	-35.69	-42.24
2037	2.69	0.80	-1.62	2075	-22.13	-37.40	-44.16
2038	2.62	0.62	-1.87	2076	-23.29	-39.08	-46.08
2039	2.58	0.46	-2.08	2077	-24.45	-40.76	-47.99
2040	2.59	0.36	-2.23	2078	-25.28	-42.05	-49.50
2041	2.57	0.22	-2.43	2079	-26.09	-43.30	-50.98
2042	2.54	0.06	-2.64	2080	-26.95	-44.62	-52.53
2043	2.55	-0.06	-2.81	2081	-27.87	-46.01	-54.16
2044	2.57	-0.18	-2.99	2082	-28.85	-47.47	-55.87
2045	2.61	-0.29	-3.15	2083	-29.89	-49.00	-57.65
2046	2.69	-0.36	-3.28	2084	-30.98	-50.61	-59.51

续表

年度	低	中	高	年度	低	中	高
2047	2.77	− 0.45	− 3.42	2085	− 32.13	− 52.27	− 61.44
2048	2.89	− 0.51	− 3.53	2086	− 33.33	− 54.00	− 63.43
2049	3.00	− 0.58	− 3.67	2087	− 34.58	− 55.78	− 65.48
2050	2.99	− 0.80	− 3.95	2088	− 35.86	− 57.60	− 67.57
2051	2.81	− 1.23	− 4.44	2089	− 37.16	− 59.44	− 69.69
2052	2.51	− 1.81	− 5.10	2090	− 38.49	− 61.31	− 71.82
2053	2.19	− 2.42	− 5.78	2091	− 39.82	− 63.18	− 73.95
2054	2.03	− 2.85	− 6.28	2092	− 41.14	− 65.02	− 76.05
2055	1.70	− 3.48	− 6.99	2093	− 42.42	− 66.82	− 78.11
2056	0.75	− 4.86	− 8.47	2094	− 43.67	− 68.58	− 80.14
2057	− 0.34	− 6.41	− 10.13	2095	− 44.89	− 70.31	− 82.12

结余的变动趋势如图 3.13 所示。结合表 3.10 可见,内蒙古自治区机关事业

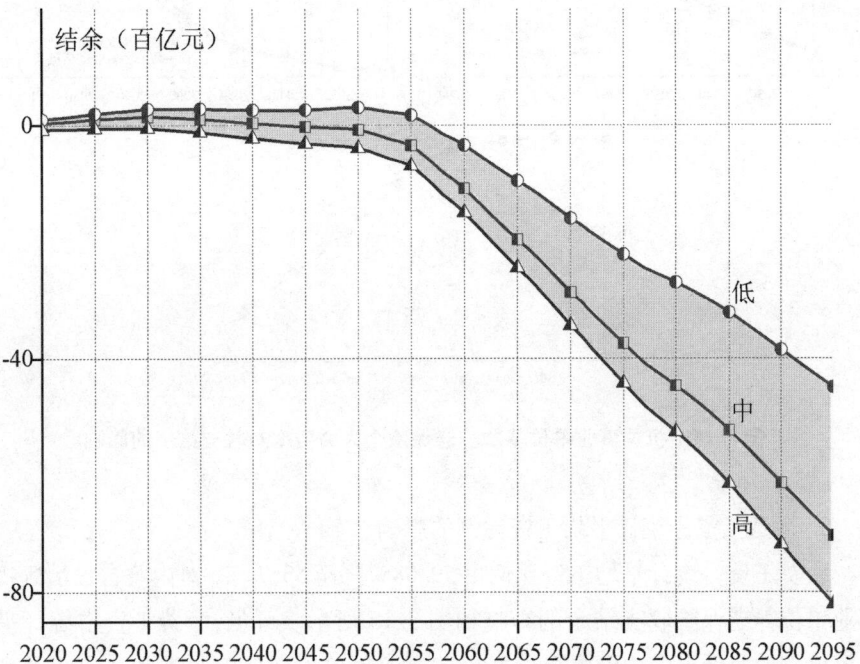

图 3.13　低、中、高情景下结余的变动趋势

单位养老保险中情景下的结余处于低情景和高情景的结果之间。低情景和高情景下的结余出现负数的起始年份较中情景分别推迟了 14 年和提前了 23 年。低、中、高情景下结余在预测期间的年均降幅分别为 61.2 亿元、94.2 亿元和 108.4 亿元。

（三）某些因素对收支结余的影响

1. 机关事业单位基本养老保险个人缴费率的影响

把机关事业单位基本养老保险个人缴费率提高 3 个百分点,对内蒙古自治区机关事业单位养老保险收支结余的影响如图 3.14 所示。可见,机关事业单位基本养老保险个人缴费率的提高会使收入和支出较基准情况都有所增长。在预测期间,收入较基准情况的增幅先大于后小于支出的增幅,导致机关事业单位基本养老保险个人缴费率提高后的结余较基准情况的变化值先大于零后逐渐变为小于零,之后滑向更大的负数。预测期末的结余较基准情况下降 14.92%。

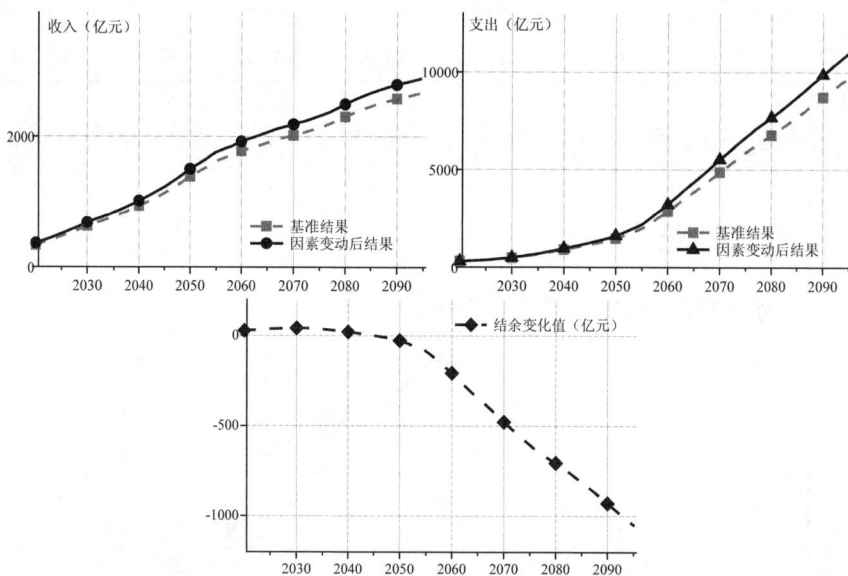

图 3.14　机关事业单位基本养老保险个人缴费率对收支结余的影响

2. 缴费工资占统计平均工资比例的影响

缴费工资占统计平均工资比例由 59.08% 降至 53.71%,对内蒙古自治区机关事业单位养老保险收支结余的影响如图 3.15 所示。可见,缴费工资占统计平均工资比例的降低会使内蒙古自治区机关事业单位养老保险收入和支出较基准情况都有所下降。在预测期间,收入较基准情况的降幅先大于后小于支出的降幅,导致缴费工资占统计平均工资比例降低后的结余较基准情况的变化值先小于零后逐渐变为大于零,之后呈逐步上升的趋势。预测期末的结余较基准情况上升3.19%。

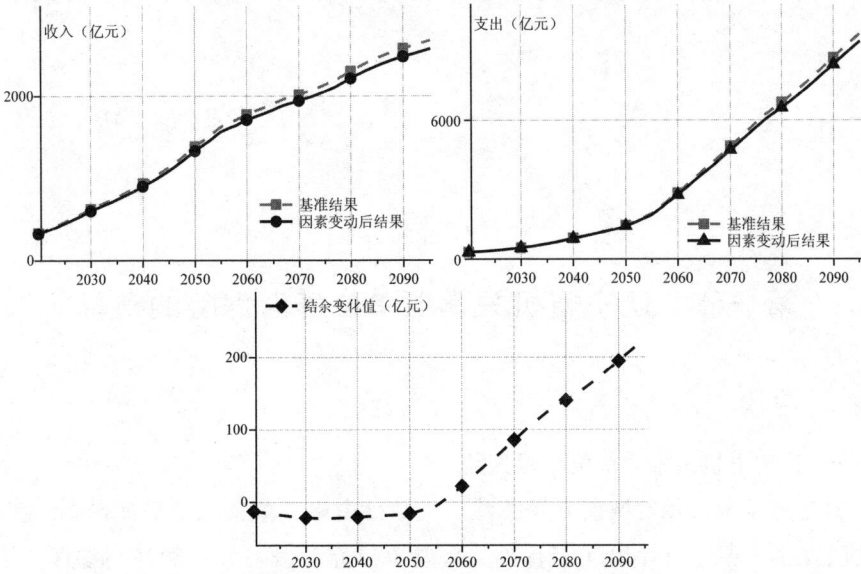

图3.15 缴费工资占统计平均工资比例对收支结余的影响

第四章

东北地区机关事业单位养老保险的精算报告

第一节　辽宁省机关事业单位养老保险的精算

一、辽宁省机关事业单位参保人数

辽宁省未来各年的城镇分年龄性别人数已由第二章第一节估计得到。在此基础上,进一步可估计出辽宁省机关事业单位养老保险分年龄性别参保人数。2018年末辽宁省机关事业单位参保职工人数已由第三章第一节估算出,约为124.74万人。根据《中国人力资源和社会保障年鉴—2019》可知,2018年末全省机关事业单位参保总人数为207.60万人,则辽宁省机关事业单位参保退休人数为82.86万人。假设辽宁省机关事业单位养老保险参保人员分年龄性别分布与该省城镇分年龄性别人数分布一致,于是估计出辽宁省机关事业单位分年龄性别参保人数的起始分布。

二、辽宁省经济类参数

(一)缴费工资占统计平均工资的比例

由于辽宁省公布的数据不够充分,难以估计该省具体的缴费工资占统计平均工资比例。因此,辽宁省的缴费工资占统计平均工资比例同全国水平59.08%。

(二)新入职者工资

由薪酬网发布的《2018年辽宁省地区毕业生薪酬调查报告》,可知本科学历在国有企业、外商独资企业、外商合资企业和民营企业的起薪分别为4233、5038、4582和3849元/月,起薪月平均工资为4425.5元/月。以此为辽宁省机关事业单位新入职者工资。

（三）工资增长率

辽宁省 2014—2019 年 GDP 实际增长率分别为 5.7%、2.8%、-2.2%、4.2%、5.7% 和 5.8%。2020—2095 年的 GDP 实际增长率同全国水平的一致，其中 2020—2025 年为 5.7%，2026—2030 年为 4.8%，以后各年保持不变。根据以往经验，一般假设工资增长率高出 GDP 增长率 0 至 1 个百分点，此处取 0.2 个百分点。

（四）劳动参与率

根据《中国人口和就业统计年鉴—2019》表 1－18 可知 2000—2018 年辽宁省城镇登记失业率，其平均值为 4.31%。因而辽宁省城镇人口劳动参与率约为 95.69%。设其在预测期维持不变。

三、辽宁省养老保险类参数

（一）养老保险覆盖率

前面已知 2018 年辽宁省机关事业单位参保职工数为 124.74 万人。由《中国人力资源和社会保障年鉴—2019》表 2－2 可知，辽宁省 2018 年的机关事业单位在岗职工年末人数为 146.50 万人。因此，机关事业单位职工参保率约为 85.15%。以此为辽宁省 2018 年机关事业单位养老保险覆盖率，以后每年增加 1 个百分点，直至达到 100%。

（二）机关事业单位参保职工占城镇参保职工比例

根据《中国人力资源和社会保障年鉴—2019》分地区城镇职工基本养老保险情况表可知，2018 年辽宁省的城镇职工基本养老保险参保职工人数为 1205.16 万人。那么，辽宁省机关事业单位参保职工占城镇参保职工比例为 124.74/1205.16，约等于 10.35%。

四、辽宁省机关事业单位养老保险收支结余

（一）中情景下收支结余精算结果

将上述估计的参数基准值代入根据第一章陈述的精算模型所编程序进行计算，得到中情景下辽宁省机关事业单位养老保险各年的收入、支出和结余，如表 4.1 所示。可见，在中情景下，辽宁省机关事业单位养老保险的收入和支出均会随年份推移而逐年增长，但支出的增速快于收入的增速，使得机关事业单位养老保险的结余在 2020 年已开始出现负数，以后年份的支付缺口会持续上升，并在预测期末达到最大，为 5806 亿元。

表4.1 中情景下辽宁省机关事业单位养老保险2020—2095年收支结余(百亿元)

年度	收入	支出	结余	年度	收入	支出	结余
2020	4.55	5.96	-1.41	2058	14.29	28.76	-14.46
2021	4.78	6.17	-1.39	2059	14.62	29.88	-15.26
2022	5.00	6.38	-1.38	2060	14.95	31.01	-16.06
2023	5.20	6.62	-1.42	2061	15.26	32.21	-16.95
2024	5.47	6.81	-1.35	2062	15.58	33.41	-17.84
2025	5.71	7.05	-1.35	2063	15.90	34.58	-18.68
2026	5.88	7.43	-1.55	2064	16.28	35.63	-19.35
2027	6.09	7.74	-1.65	2065	16.68	36.66	-19.98
2028	6.30	8.10	-1.80	2066	17.16	37.56	-20.40
2029	6.58	8.36	-1.78	2067	17.67	38.46	-20.79
2030	6.84	8.67	-1.83	2068	18.17	39.48	-21.32
2031	7.01	9.18	-2.18	2069	18.71	40.46	-21.75
2032	7.16	9.61	-2.45	2070	19.25	41.56	-22.30
2033	7.31	10.05	-2.75	2071	19.94	42.34	-22.40
2034	7.46	10.46	-3.00	2072	20.63	43.20	-22.57
2035	7.66	10.84	-3.18	2073	21.42	43.97	-22.55
2036	7.81	11.33	-3.51	2074	22.08	45.13	-23.05
2037	7.99	11.78	-3.79	2075	22.69	46.52	-23.83
2038	8.19	12.27	-4.09	2076	23.34	47.91	-24.57
2039	8.39	12.75	-4.37	2077	24.00	49.33	-25.33
2040	8.60	13.23	-4.63	2078	24.76	50.52	-25.76
2041	8.76	13.80	-5.04	2079	25.26	52.61	-27.35
2042	9.03	14.34	-5.31	2080	25.70	54.94	-29.24
2043	9.36	14.83	-5.48	2081	26.12	57.38	-31.25
2044	9.70	15.35	-5.64	2082	26.53	59.88	-33.35
2045	10.02	15.97	-5.95	2083	26.92	62.46	-35.54
2046	10.37	16.62	-6.25	2084	27.31	65.09	-37.79
2047	10.76	17.26	-6.50	2085	27.68	67.75	-40.07
2048	11.18	17.87	-6.69	2086	28.06	70.42	-42.36

续表

年度	收入	支出	结余	年度	收入	支出	结余
2049	11.58	18.58	-7.00	2087	28.45	73.05	-44.61
2050	11.90	19.54	-7.64	2088	28.86	75.62	-46.76
2051	12.24	20.46	-8.23	2089	29.32	78.13	-48.81
2052	12.60	21.37	-8.77	2090	29.81	80.55	-50.73
2053	12.93	22.35	-9.42	2091	30.35	82.87	-52.52
2054	13.32	23.29	-9.97	2092	30.94	85.16	-54.22
2055	13.65	24.40	-10.75	2093	31.61	87.32	-55.71
2056	13.89	25.78	-11.89	2094	32.37	89.36	-56.99
2057	14.09	27.27	-13.18	2095	33.20	91.26	-58.06

（二）低、中、高情景下的结余

将低、高情景参数分别代入按精算模型所编程序进行计算,结合中情景,可得低、中、高情景下辽宁省机关事业单位养老保险各年的结余,如表4.2所示。

表4.2　低、中、高情景下辽宁省机关事业单位养老保险的结余（百亿元）

年度	低	中	高	年度	低	中	高
2020	-0.32	-1.41	-3.34	2058	-7.12	-14.46	-19.08
2021	-0.20	-1.39	-3.47	2059	-7.61	-15.26	-19.91
2022	-0.09	-1.38	-3.62	2060	-8.09	-16.06	-20.75
2023	-0.03	-1.42	-3.82	2061	-8.65	-16.95	-21.68
2024	0.14	-1.35	-3.91	2062	-9.20	-17.84	-22.62
2025	0.24	-1.35	-4.09	2063	-9.72	-18.68	-23.50
2026	0.14	-1.55	-4.42	2064	-10.10	-19.35	-24.23
2027	0.14	-1.65	-4.64	2065	-10.44	-19.98	-24.94
2028	0.10	-1.80	-4.91	2066	-10.58	-20.40	-25.44
2029	0.22	-1.78	-5.02	2067	-10.70	-20.79	-25.92
2030	0.27	-1.83	-5.19	2068	-10.91	-21.32	-26.55
2031	0.04	-2.18	-5.64	2069	-11.06	-21.75	-27.09
2032	-0.14	-2.45	-5.99	2070	-11.28	-22.30	-27.77

年度	低	中	高	年度	低	中	高
2033	-0.34	-2.75	-6.37	2071	-11.13	-22.40	-27.97
2034	-0.49	-3.00	-6.69	2072	-11.02	-22.57	-28.26
2035	-0.58	-3.18	-6.95	2073	-10.74	-22.55	-28.37
2036	-0.81	-3.51	-7.35	2074	-10.90	-23.05	-29.01
2037	-0.98	-3.79	-7.69	2075	-11.30	-23.83	-29.95
2038	-1.16	-4.09	-8.04	2076	-11.66	-24.57	-30.85
2039	-1.32	-4.37	-8.38	2077	-12.03	-25.33	-31.78
2040	-1.47	-4.63	-8.69	2078	-12.13	-25.76	-32.37
2041	-1.74	-5.04	-9.15	2079	-13.18	-27.35	-34.16
2042	-1.88	-5.31	-9.46	2080	-14.48	-29.24	-36.26
2043	-1.91	-5.48	-9.67	2081	-15.87	-31.25	-38.50
2044	-1.93	-5.64	-9.87	2082	-17.33	-33.35	-40.83
2045	-2.07	-5.95	-10.20	2083	-18.86	-35.54	-43.26
2046	-2.20	-6.25	-10.54	2084	-20.44	-37.79	-45.76
2047	-2.27	-6.50	-10.82	2085	-22.05	-40.07	-48.30
2048	-2.27	-6.69	-11.02	2086	-23.66	-42.36	-50.85
2049	-2.37	-7.00	-11.35	2087	-25.24	-44.61	-53.36
2050	-2.76	-7.64	-12.03	2088	-26.73	-46.76	-55.77
2051	-3.09	-8.23	-12.63	2089	-28.14	-48.81	-58.09
2052	-3.39	-8.77	-13.19	2090	-29.43	-50.73	-60.29
2053	-3.77	-9.42	-13.86	2091	-30.60	-52.52	-62.34
2054	-4.06	-9.97	-14.44	2092	-31.69	-54.22	-64.32
2055	-4.53	-10.75	-15.24	2093	-32.60	-55.71	-66.09
2056	-5.32	-11.89	-16.42	2094	-33.32	-56.99	-67.66
2057	-6.22	-13.18	-17.75	2095	-33.85	-58.06	-69.01

结余的变动趋势如图4.1所示。结合表4.2可见,辽宁省机关事业单位养老保险中情景下的结余处于低情景和高情景的结果之间。低、中、高情景下结余在预测期间的年均降幅分别为44.7亿元、75.5亿元和87.6亿元。

结余（百亿元）

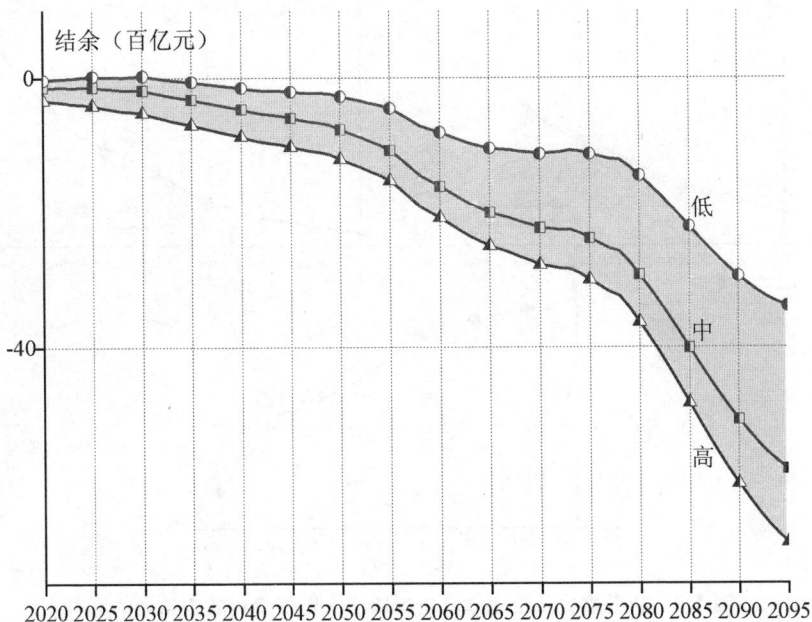

图 4.1 低、中、高情景下结余的变动趋势

（三）某些因素对收支结余的影响

1. 机关事业单位基本养老保险个人缴费率的影响

把机关事业单位基本养老保险个人缴费率提高 3 个百分点,对辽宁省机关事业单位养老保险收支结余的影响如图 4.2 所示。可见,机关事业单位基本养老保险个人缴费率的提高会使收入和支出较基准情况都有所增长。在预测期间,收入较基准情况的增幅先大于后小于支出的增幅,导致机关事业单位基本养老保险个人缴费率提高后的结余较基准情况的变化值先大于零后逐渐变为小于零,之后滑向更大的负数。预测期末的结余较基准情况下降 16.21%。

2. 缴费工资占统计平均工资比例的影响

缴费工资占统计平均工资比例由 59.08% 降至 53.71%,对辽宁省机关事业单位养老保险收支结余的影响如图 4.3 所示。可见,缴费工资占统计平均工资比例的降低会使辽宁省机关事业单位养老保险收入和支出较基准情况都有所下降。在预测期间,收入较基准情况的降幅先大于后小于支出的降幅,导致缴费工资占统计平均工资比例降低后的结余较基准情况的变化值先小于零后逐渐变为大于零,之后呈逐步上升的趋势。预测期末的结余较基准情况上升 3.13%。

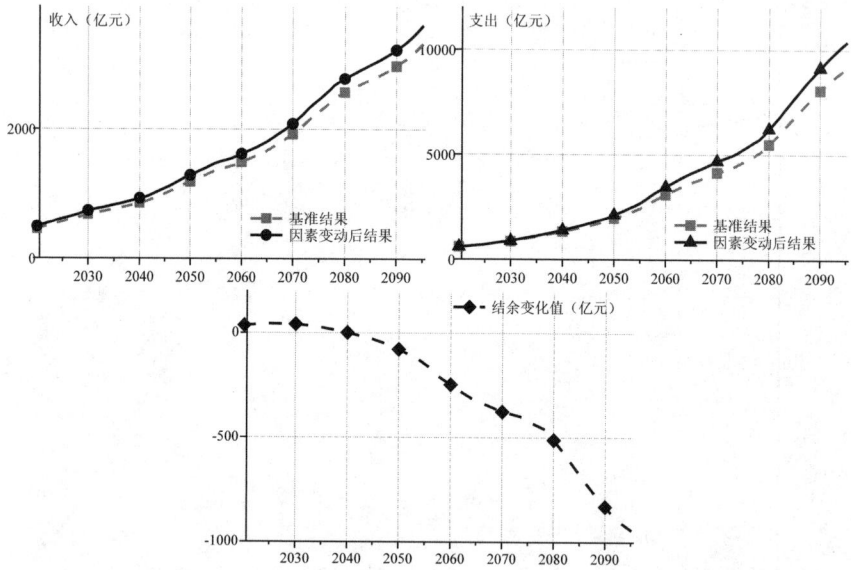

图4.2 机关事业单位基本养老保险个人缴费率对收支结余的影响

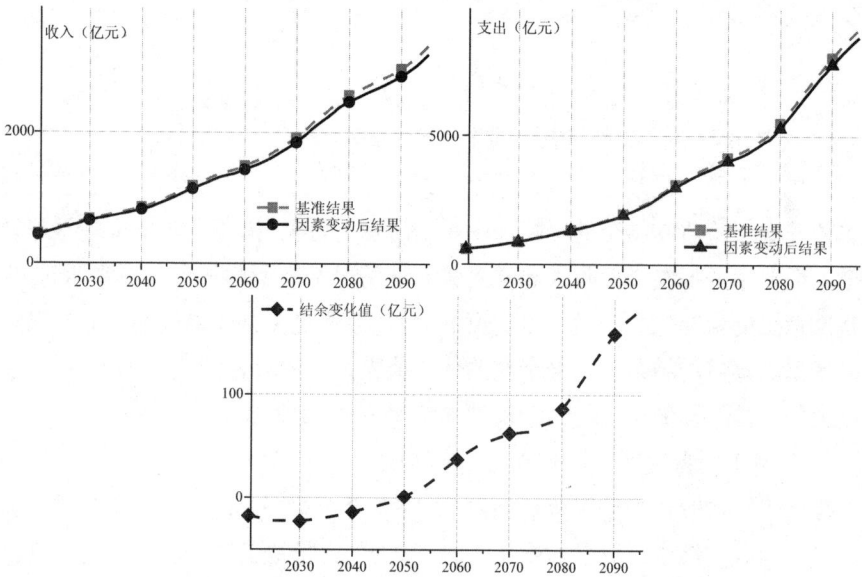

图4.3 缴费工资占统计平均工资比例对收支结余的影响

第二节　吉林省机关事业单位养老保险的精算

一、吉林省机关事业单位参保人数

吉林省未来各年的城镇分年龄性别人数已由第二章第一节估计得到。在此基础上,进一步可估计出吉林省机关事业单位养老保险分年龄性别参保人数,估计过程与北京市机关事业单位养老保险参保人数的估计过程一致。其中,吉林省2018年机关事业单位养老保险分年龄性别参保人数为起始分布。

二、吉林省经济类参数

(一)缴费工资占统计平均工资的比例

由于吉林省公布的数据不够充分,难以估计该省具体的缴费工资占统计平均工资比例。因此,吉林省的缴费工资占统计平均工资比例同全国水平59.08%。

(二)新入职者工资

由薪酬网发布的《2018年吉林省地区毕业生薪酬调查报告》,可知本科学历在国有企业、外商独资企业、外商合资企业和民营企业的起薪分别为4176、5061、4625和3593元/月,起薪月平均工资为4363.8元/月。以此为吉林省机关事业单位新入职者工资。

(三)工资增长率

吉林省2014—2019年GDP实际增长率分别为6.5%、6.3%、6.9%、5.3%、4.5%和6.1%。2020—2095年的GDP实际增长率同全国水平的一致,其中2020—2025年为5.7%,2026—2030年为4.8%,以后各年保持不变。根据以往经验,一般假设工资增长率高出GDP增长率0至1个百分点,此处取0.2个百分点。

(四)劳动参与率

根据《中国人口和就业统计年鉴—2019》表1-18可知2000—2018年吉林省城镇登记失业率,其平均值为3.76%。因而吉林省城镇人口劳动参与率约为96.24%。设其在预测期维持不变。

三、吉林省养老保险类参数

(一)养老保险覆盖率

第三章第一节已估算出 2018 年吉林省机关事业单位参保职工数为 82.80 万人。由《中国人力资源和社会保障年鉴—2019》表 2-2 可知,吉林省 2018 年的机关事业单位在岗职工年末人数为 103.40 万人。因此,机关事业单位职工参保率约为 80.07%。以此为吉林省 2018 年机关事业单位养老保险覆盖率,以后每年增加 1 个百分点,直至达到 100%。

(二)机关事业单位参保职工占城镇参保职工比例

根据《中国人力资源和社会保障年鉴—2019》分地区城镇职工基本养老保险情况表可知,2018 年吉林省的城镇职工基本养老保险参保职工人数为 505.81 万人。那么,吉林省机关事业单位参保职工占城镇参保职工比例为 82.80/505.81,约等于 16.37%。

四、吉林省机关事业单位养老保险收支结余

(一)中情景下收支结余精算结果

将上述估计的参数基准值代入根据第一章陈述的精算模型所编程序进行计算,得到中情景下吉林省机关事业单位养老保险各年的收入、支出和结余,如表 4.3 所示。可见,在中情景下,吉林省机关事业单位养老保险的收入和支出均会随年份推移而逐年增长,但支出的增速快于收入的增速,使得机关事业单位养老保险的结余在 2032 年开始出现负数,以后年份的支付缺口会持续上升,并在预测期末达到最大,为 5638 亿元。

表 4.3　中情景下吉林省机关事业单位养老保险 2020—2095 年收支结余(百亿元)

年度	收入	支出	结余	年度	收入	支出	结余
2020	3.03	2.82	0.22	2058	13.96	20.53	-6.57
2021	3.23	2.96	0.27	2059	14.37	21.69	-7.32
2022	3.42	3.09	0.32	2060	14.81	22.81	-8.00
2023	3.60	3.26	0.34	2061	15.25	23.95	-8.70
2024	3.81	3.39	0.42	2062	15.74	25.04	-9.29
2025	4.00	3.56	0.44	2063	16.24	26.14	-9.90

续表

年度	收入	支出	结余	年度	收入	支出	结余
2026	4.18	3.79	0.39	2064	16.78	27.18	−10.41
2027	4.37	3.99	0.38	2065	17.36	28.20	−10.84
2028	4.55	4.24	0.32	2066	17.99	29.16	−11.17
2029	4.77	4.45	0.32	2067	18.63	30.16	−11.53
2030	4.98	4.70	0.28	2068	19.27	31.29	−12.02
2031	5.15	5.03	0.11	2069	19.91	32.48	−12.57
2032	5.29	5.35	−0.05	2070	20.59	33.72	−13.14
2033	5.44	5.69	−0.25	2071	21.34	34.84	−13.49
2034	5.59	6.02	−0.44	2072	22.11	36.07	−13.97
2035	5.76	6.35	−0.59	2073	22.94	37.30	−14.36
2036	5.93	6.74	−0.80	2074	23.67	38.85	−15.18
2037	6.13	7.10	−0.96	2075	24.34	40.65	−16.31
2038	6.33	7.51	−1.18	2076	25.02	42.53	−17.52
2039	6.55	7.90	−1.35	2077	25.72	44.43	−18.71
2040	6.78	8.30	−1.52	2078	26.50	46.16	−19.66
2041	6.99	8.72	−1.73	2079	27.10	48.55	−21.44
2042	7.28	9.11	−1.83	2080	27.61	51.30	−23.70
2043	7.64	9.49	−1.85	2081	28.08	54.19	−26.11
2044	8.04	9.86	−1.83	2082	28.56	57.12	−28.55
2045	8.44	10.27	−1.83	2083	29.03	60.11	−31.08
2046	8.87	10.71	−1.84	2084	29.51	63.14	−33.63
2047	9.32	11.17	−1.85	2085	29.99	66.18	−36.18
2048	9.80	11.62	−1.81	2086	30.50	69.20	−38.70
2049	10.32	12.05	−1.73	2087	31.05	72.16	−41.11
2050	10.80	12.62	−1.81	2088	31.63	75.06	−43.43
2051	11.25	13.29	−2.04	2089	32.25	77.90	−45.65
2052	11.68	14.06	−2.38	2090	32.92	80.66	−47.73
2053	12.08	14.94	−2.86	2091	33.65	83.33	−49.68

续表

年度	收入	支出	结余	年度	收入	支出	结余
2054	12.53	15.75	−3.22	2092	34.43	85.93	−51.50
2055	12.98	16.61	−3.63	2093	35.27	88.49	−53.22
2056	13.32	17.83	−4.51	2094	36.17	91.02	−54.85
2057	13.65	19.14	−5.49	2095	37.12	93.50	−56.38

（二）低、中、高情景下的结余

将低、高情景参数分别代入按精算模型所编程序进行计算,结合中情景,可得低、中、高情景下吉林省机关事业单位养老保险各年的结余,如表4.4所示。

表4.4　低、中、高情景下吉林省机关事业单位养老保险的结余(百亿元)

年度	低	中	高	年度	低	中	高
2020	0.82	0.22	−0.80	2058	−1.17	−6.57	−9.90
2021	0.93	0.27	−0.83	2059	−1.60	−7.32	−10.72
2022	1.04	0.32	−0.87	2060	−1.97	−8.00	−11.47
2023	1.11	0.34	−0.95	2061	−2.35	−8.70	−12.25
2024	1.25	0.42	−0.97	2062	−2.63	−9.29	−12.93
2025	1.33	0.44	−1.05	2063	−2.93	−9.90	−13.63
2026	1.34	0.39	−1.17	2064	−3.14	−10.41	−14.22
2027	1.39	0.38	−1.26	2065	−3.27	−10.84	−14.75
2028	1.39	0.32	−1.40	2066	−3.32	−11.17	−15.19
2029	1.46	0.32	−1.47	2067	−3.38	−11.53	−15.65
2030	1.48	0.28	−1.59	2068	−3.55	−12.02	−16.27
2031	1.39	0.11	−1.82	2069	−3.76	−12.57	−16.94
2032	1.28	−0.05	−2.04	2070	−3.98	−13.14	−17.65
2033	1.15	−0.25	−2.29	2071	−4.01	−13.49	−18.14
2034	1.04	−0.44	−2.53	2072	−4.12	−13.97	−18.76
2035	0.95	−0.59	−2.74	2073	−4.15	−14.36	−19.32
2036	0.82	−0.80	−3.00	2074	−4.54	−15.18	−20.31

年度	低	中	高	年度	低	中	高
2037	0.74	-0.96	-3.21	2075	-5.20	-16.31	-21.63
2038	0.62	-1.18	-3.48	2076	-5.91	-17.52	-23.03
2039	0.53	-1.35	-3.70	2077	-6.61	-18.71	-24.43
2040	0.45	-1.52	-3.92	2078	-7.10	-19.66	-25.58
2041	0.34	-1.73	-4.18	2079	-8.27	-21.44	-27.60
2042	0.35	-1.83	-4.32	2080	-9.83	-23.70	-30.11
2043	0.43	-1.85	-4.39	2081	-11.51	-26.11	-32.79
2044	0.57	-1.83	-4.41	2082	-13.22	-28.55	-35.51
2045	0.69	-1.83	-4.46	2083	-14.98	-31.08	-38.33
2046	0.81	-1.84	-4.51	2084	-16.76	-33.63	-41.18
2047	0.94	-1.85	-4.56	2085	-18.54	-36.18	-44.04
2048	1.12	-1.81	-4.57	2086	-20.28	-38.70	-46.87
2049	1.34	-1.73	-4.53	2087	-21.93	-41.11	-49.59
2050	1.44	-1.81	-4.66	2088	-23.50	-43.43	-52.24
2051	1.41	-2.04	-4.93	2089	-24.97	-45.65	-54.78
2052	1.28	-2.38	-5.32	2090	-26.33	-47.73	-57.20
2053	1.04	-2.86	-5.85	2091	-27.57	-49.68	-59.47
2054	0.90	-3.22	-6.26	2092	-28.68	-51.50	-61.63
2055	0.73	-3.63	-6.73	2093	-29.71	-53.22	-63.69
2056	0.17	-4.51	-7.68	2094	-30.65	-54.85	-65.67
2057	-0.46	-5.49	-8.73	2095	-31.50	-56.38	-67.55

　　结余的变动趋势如图4.4所示。结合表4.4可见，吉林省机关事业单位养老保险中情景下的结余处于低情景和高情景的结果之间。低情景和高情景下的结余出现负数的起始年份较中情景分别推迟了25年和提前了12年。低、中、高情景下结余在预测期间的年均降幅分别为43.1亿元、75.5亿元和89.0亿元。

结余（百亿元）

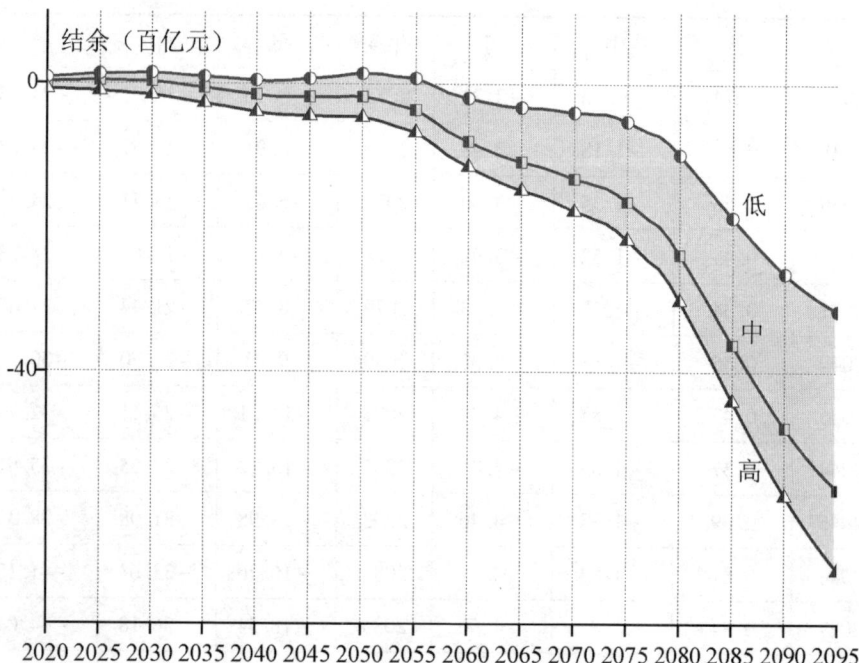

图4.4　低、中、高情景下结余的变动趋势

（三）某些因素对收支结余的影响

1. 机关事业单位基本养老保险个人缴费率的影响

把机关事业单位基本养老保险个人缴费率提高3个百分点,对吉林省机关事业单位养老保险收支结余的影响如图4.5所示。可见,机关事业单位基本养老保险个人缴费率的提高会使收入和支出较基准情况都有所增长。在预测期间,收入较基准情况的增幅先大于后小于支出的增幅,导致机关事业单位基本养老保险个人缴费率提高后的结余较基准情况的变化值先大于零后逐渐变为小于零,之后滑向更大的负数。预测期末的结余较基准情况下降16.72%。

2. 缴费工资占统计平均工资比例的影响

缴费工资占统计平均工资比例由59.08%降至53.71%,对吉林省机关事业单位养老保险收支结余的影响如图4.6所示。可见,缴费工资占统计平均工资比例的降低会使吉林省机关事业单位养老保险收入和支出较基准情况都有所下降。在预测期间,收入较基准情况的降幅先大于后小于支出的降幅,导致缴费工资占统计平均工资比例降低后的结余较基准情况的变化值先小于零后逐渐变为大于零,之后呈逐步上升的趋势。预测期末的结余较基准情况上升3.10%。

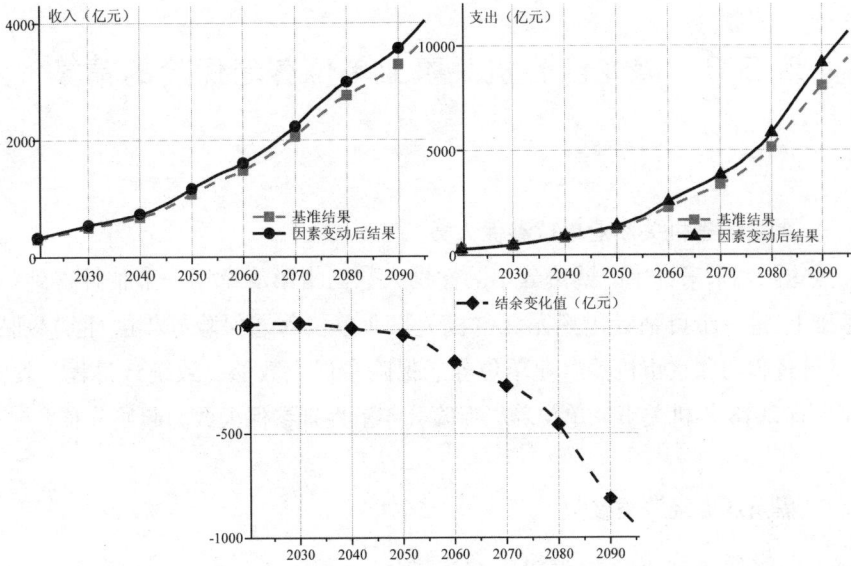

图 4.5 机关事业单位基本养老保险个人缴费率对收支结余的影响

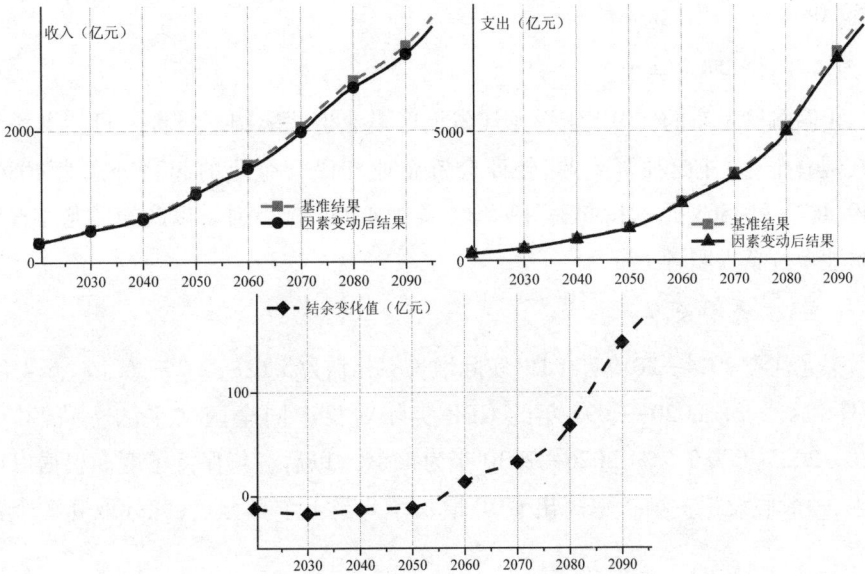

图 4.6 缴费工资占统计平均工资比例对收支结余的影响

第三节　黑龙江省机关事业单位养老保险的精算

一、黑龙江省机关事业单位参保人数

黑龙江省未来各年的城镇分年龄性别人数已由第二章第一节估计得到。在此基础上,进一步可估计出黑龙江省机关事业单位养老保险分年龄性别参保人数,估计过程与北京市机关事业单位养老保险参保人数的一致统计过程。其中,黑龙江省 2018 年机关事业单位养老保险分年龄性别参保人数为起始分布。

二、黑龙江省经济类参数

（一）缴费工资占统计平均工资的比例

由于黑龙江省公布的数据不够充分,难以估计该省具体的缴费工资占统计平均工资比例。因此,黑龙江省的缴费工资占统计平均工资比例同全国水平 59.08%。

（二）新入职者工资

由薪酬网发布的《2018 年黑龙江省地区毕业生薪酬调查报告》,可知本科学历在国有企业、外商独资企业、外商合资企业和民营企业的起薪分别为 4084、5049、4677 和 3863 元/月,起薪月平均工资为 4418.3 元/月。以此为黑龙江省机关事业单位新入职者工资。

（三）工资增长率

黑龙江省 2014—2019 年 GDP 实际增长率分别为 5.6%、5.7%、6.1%、6.4%、4.7% 和 4.2%。2020—2095 年的 GDP 实际增长率同全国水平的一致,其中 2020—2025 年为 5.7%,2026—2030 年为 4.8%,以后各年保持不变。根据以往经验,一般假设工资增长率高出 GDP 增长率 0 至 1 个百分点,此处取 0.2 个百分点。

（四）劳动参与率

根据《中国人口和就业统计年鉴—2019》表 1-18 可知 2000—2018 年黑龙江省城镇登记失业率,其平均值为 4.29%。因而黑龙江省城镇人口劳动参与率约为 95.71%。设其在预测期维持不变。

三、黑龙江省养老保险类参数

(一)养老保险覆盖率

第三章第一节已估算出2018年黑龙江省机关事业单位参保职工数为102.12万人。由《中国人力资源和社会保障年鉴—2019》表2-2可知,黑龙江省2018年的机关事业单位在岗职工年末人数为115.40万人。因此,机关事业单位职工参保率约为88.49%。以此为黑龙江省2018年机关事业单位养老保险覆盖率,以后每年增加1个百分点,直至达到100%。

(二)机关事业单位参保职工占城镇参保职工比例

根据《中国人力资源和社会保障年鉴—2019》分地区城镇职工基本养老保险情况表可知,2018年黑龙江省的城镇职工基本养老保险参保职工人数为731.74万人。那么,黑龙江省机关事业单位参保职工占城镇参保职工比例为102.12/731.74,约等于13.96%。

四、黑龙江省机关事业单位养老保险收支结余

(一)中情景下收支结余精算结果

将上述估计的参数基准值代入根据第一章陈述的精算模型所编程序进行计算,得到中情景下黑龙江省机关事业单位养老保险各年的收入、支出和结余,如表4.5所示。可见,在中情景下,黑龙江省机关事业单位养老保险的收入和支出均会随年份推移而逐年增长,但支出的增速快于收入的增速,使得机关事业单位养老保险的结余在2027年开始出现负数,以后年份的支付缺口会持续上升,并在预测期末达到最大,为5808亿元。

表4.5 中情景下黑龙江省机关事业单位养老保险2020—2095年收支结余(百亿元)

年度	收入	支出	结余	年度	收入	支出	结余
2020	3.74	3.52	0.22	2058	14.09	23.39	-9.30
2021	3.95	3.73	0.23	2059	14.47	24.51	-10.04
2022	4.16	3.92	0.23	2060	14.77	25.92	-11.15
2023	4.37	4.14	0.23	2061	15.20	26.98	-11.78
2024	4.57	4.33	0.24	2062	15.73	27.80	-12.07
2025	4.74	4.54	0.21	2063	16.28	28.61	-12.33

续表

年度	收入	支出	结余	年度	收入	支出	结余
2026	4.86	4.86	0.00	2064	16.79	29.59	-12.80
2027	5.02	5.18	-0.15	2065	17.29	30.68	-13.39
2028	5.19	5.52	-0.33	2066	17.85	31.65	-13.80
2029	5.36	5.85	-0.49	2067	18.43	32.66	-14.22
2030	5.55	6.20	-0.65	2068	19.03	33.75	-14.72
2031	5.73	6.59	-0.86	2069	19.65	34.85	-15.20
2032	5.88	6.95	-1.07	2070	20.23	36.12	-15.88
2033	6.03	7.33	-1.30	2071	20.87	37.38	-16.52
2034	6.19	7.72	-1.54	2072	21.57	38.58	-17.01
2035	6.35	8.11	-1.76	2073	22.40	39.59	-17.18
2036	6.51	8.54	-2.04	2074	23.06	41.11	-18.05
2037	6.70	8.95	-2.26	2075	23.64	42.91	-19.27
2038	6.93	9.35	-2.42	2076	24.25	44.70	-20.45
2039	7.18	9.72	-2.54	2077	24.87	46.48	-21.61
2040	7.42	10.12	-2.70	2078	25.63	47.96	-22.33
2041	7.63	10.54	-2.91	2079	26.11	50.38	-24.27
2042	7.95	10.95	-3.00	2080	26.48	53.17	-26.69
2043	8.32	11.37	-3.05	2081	26.82	56.08	-29.25
2044	8.70	11.81	-3.11	2082	27.16	59.03	-31.87
2045	9.07	12.37	-3.30	2083	27.50	61.99	-34.49
2046	9.49	12.87	-3.38	2084	27.86	64.92	-37.06
2047	9.94	13.35	-3.41	2085	28.25	67.80	-39.55
2048	10.39	13.89	-3.50	2086	28.67	70.61	-41.94
2049	10.90	14.37	-3.47	2087	29.12	73.35	-44.23
2050	11.38	14.96	-3.58	2088	29.62	75.99	-46.37
2051	11.73	15.88	-4.14	2089	30.17	78.53	-48.36
2052	12.04	16.90	-4.86	2090	30.77	80.95	-50.18

年度	收入	支出	结余	年度	收入	支出	结余
2053	12.30	18.04	−5.74	2091	31.41	83.30	−51.89
2054	12.67	18.91	−6.24	2092	32.09	85.61	−53.52
2055	13.09	19.68	−6.59	2093	32.82	87.91	−55.09
2056	13.42	20.84	−7.42	2094	33.58	90.18	−56.60
2057	13.77	22.05	−8.27	2095	34.39	92.47	−58.08

（二）低、中、高情景下的结余

将低、高情景参数分别代入按精算模型所编程序进行计算,结合中情景,可得低、中、高情景下黑龙江省机关事业单位养老保险各年的结余,如表4.6所示。

表4.6　低、中、高情景下黑龙江省机关事业单位养老保险的结余（百亿元）

年度	低	中	高	年度	低	中	高
2020	0.97	0.22	−1.04	2058	−3.21	−9.30	−13.13
2021	1.04	0.23	−1.15	2059	−3.63	−10.04	−13.92
2022	1.12	0.23	−1.25	2060	−4.37	−11.15	−15.11
2023	1.19	0.23	−1.38	2061	−4.70	−11.78	−15.80
2024	1.27	0.24	−1.50	2062	−4.75	−12.07	−16.15
2025	1.31	0.21	−1.66	2063	−4.76	−12.33	−16.48
2026	1.17	0.00	−1.96	2064	−4.95	−12.80	−17.01
2027	1.10	−0.15	−2.20	2065	−5.23	−13.39	−17.70
2028	1.00	−0.33	−2.47	2066	−5.35	−13.80	−18.19
2029	0.93	−0.49	−2.72	2067	−5.49	−14.22	−18.71
2030	0.85	−0.65	−2.98	2068	−5.67	−14.72	−19.31
2031	0.73	−0.86	−3.27	2069	−5.83	−15.20	−19.89
2032	0.59	−1.07	−3.55	2070	−6.16	−15.88	−20.70
2033	0.44	−1.30	−3.85	2071	−6.44	−16.52	−21.46
2034	0.29	−1.54	−4.15	2072	−6.59	−17.01	−22.10
2035	0.15	−1.76	−4.44	2073	−6.45	−17.18	−22.42

年度	低	中	高	年度	低	中	高
2036	-0.03	-2.04	-4.78	2074	-6.89	-18.05	-23.45
2037	-0.16	-2.26	-5.06	2075	-7.64	-19.27	-24.86
2038	-0.22	-2.42	-5.28	2076	-8.35	-20.45	-26.22
2039	-0.25	-2.54	-5.46	2077	-9.04	-21.61	-27.57
2040	-0.31	-2.70	-5.67	2078	-9.36	-22.33	-28.47
2041	-0.42	-2.91	-5.94	2079	-10.69	-24.27	-30.64
2042	-0.39	-3.00	-6.07	2080	-12.40	-26.69	-33.32
2043	-0.32	-3.05	-6.18	2081	-14.24	-29.25	-36.15
2044	-0.25	-3.11	-6.28	2082	-16.11	-31.87	-39.04
2045	-0.29	-3.30	-6.52	2083	-17.97	-34.49	-41.93
2046	-0.22	-3.38	-6.65	2084	-19.80	-37.06	-44.78
2047	-0.10	-3.41	-6.72	2085	-21.55	-39.55	-47.57
2048	-0.02	-3.50	-6.85	2086	-23.22	-41.94	-50.25
2049	0.17	-3.47	-6.85	2087	-24.79	-44.23	-52.83
2050	0.24	-3.58	-7.01	2088	-26.24	-46.37	-55.27
2051	-0.08	-4.14	-7.62	2089	-27.56	-48.36	-57.56
2052	-0.53	-4.86	-8.38	2090	-28.74	-50.18	-59.67
2053	-1.12	-5.74	-9.30	2091	-29.82	-51.89	-61.68
2054	-1.38	-6.24	-9.84	2092	-30.83	-53.52	-63.62
2055	-1.51	-6.59	-10.23	2093	-31.78	-55.09	-65.50
2056	-2.03	-7.42	-11.11	2094	-32.67	-56.60	-67.33
2057	-2.55	-8.27	-12.03	2095	-33.52	-58.08	-69.14

结余的变动趋势如图4.7所示。结合表4.6可见,黑龙江省机关事业单位养老保险中情景下的结余处于低情景和高情景的结果之间。低情景和高情景下的结余出现负数的起始年份较中情景分别推迟了9年和提前了7年。低、中、高情景下结余在预测期间的年均降幅分别为46.0亿元、77.7亿元和90.8亿元。

结余（百亿元）

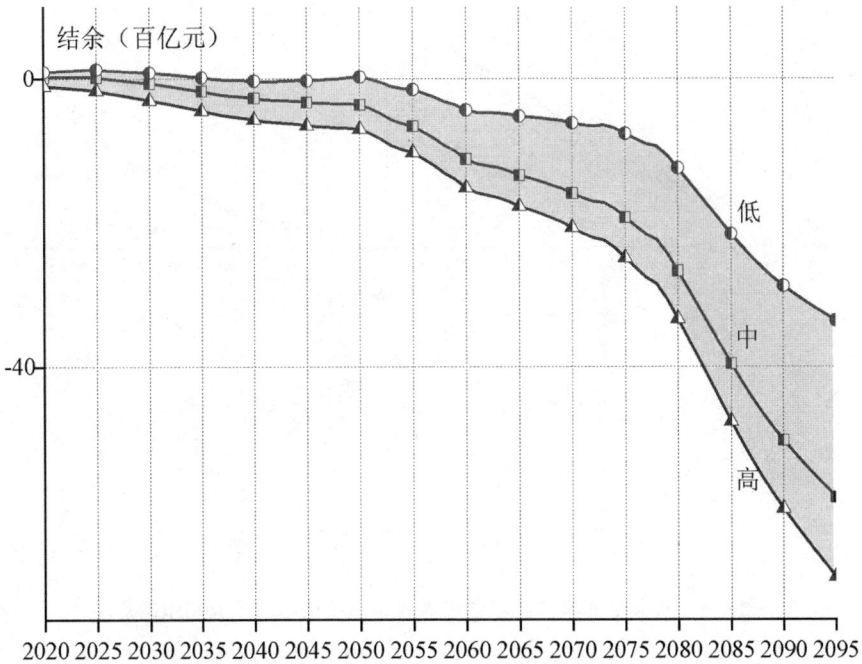

图 4.7　低、中、高情景下结余的变动趋势

（三）某些因素对收支结余的影响

1. 机关事业单位基本养老保险个人缴费率的影响

把机关事业单位基本养老保险个人缴费率提高 3 个百分点,对黑龙江省机关事业单位养老保险收支结余的影响如图 4.8 所示。可见,机关事业单位基本养老保险个人缴费率的提高会使收入和支出较基准情况都有所增长。在预测期间,收入较基准情况的增幅先大于后小于支出的增幅,导致机关事业单位基本养老保险个人缴费率提高后的结余较基准情况的变化值先大于零后逐渐变为小于零,之后滑向更大的负数。预测期末的结余较基准情况下降 16.34%。

2. 缴费工资占统计平均工资比例的影响

缴费工资占统计平均工资比例由 59.08% 降至 53.71%,对黑龙江省机关事业单位养老保险收支结余的影响如图 4.9 所示。可见,缴费工资占统计平均工资比例的降低会使黑龙江省机关事业单位养老保险收入和支出较基准情况都有所下降。在预测期间,收入较基准情况的降幅先大于后小于支出的降幅,导致缴费工资占统计平均工资比例降低后的结余较基准情况的变化值先小于零后逐渐变为大于零,之后呈逐步上升的趋势。预测期末的结余较基准情况上升 3.13%。

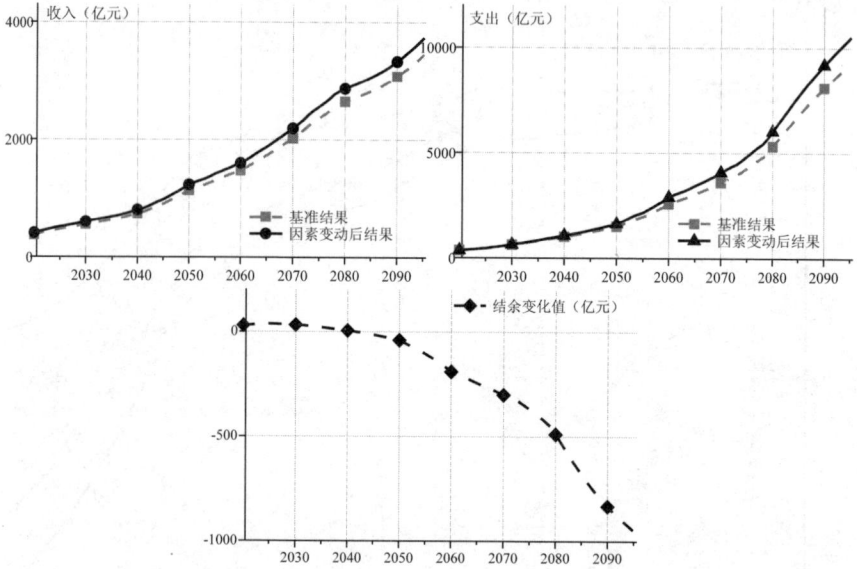

图4.8 机关事业单位基本养老保险个人缴费率对收支结余的影响

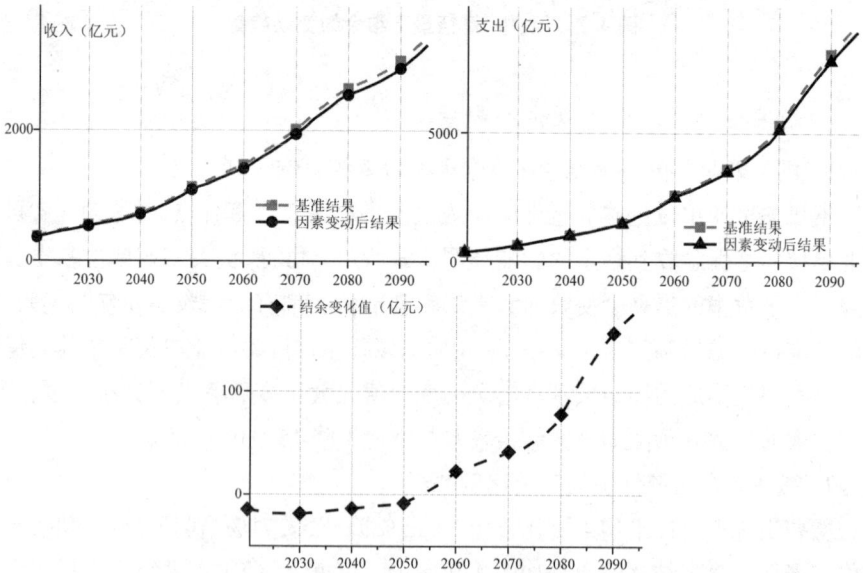

图4.9 缴费工资占统计平均工资比例对收支结余的影响

第五章

华东地区机关事业单位养老保险的精算报告

第一节　上海市机关事业单位养老保险的精算

一、上海市机关事业单位参保人数

上海市未来各年的城镇分年龄性别人数已由第二章第一节估计得到。在此基础上,进一步可估计出上海市机关事业单位养老保险分年龄性别参保人数,估计过程与北京市机关事业单位养老保险参保人数的一致统计过程。其中,上海市2018 年机关事业单位养老保险分年龄性别参保人数为起始分布。

二、上海市经济类参数

(一)缴费工资占统计平均工资的比例

根据《上海市 2018 年社会保险基金收入执行情况表》可知,2018 年上海市企业职工基本养老保险和机关事业单位基本养老保险的征缴收入分别为 2241.6 亿元和 264.8 亿元。那么,城镇职工基本养老保险的征缴收入为 2506.4 亿元。由《中国人力资源和社会保障年鉴—2019》表 5-6 得到 2018 年上海市城镇职工基本养老保险参保职工数为 1071.38 万人。按缴费率 28% 计算,得年度人均缴费工资为 83551 元。由《中国人力资源和社会保障年鉴—2018》可知,2017 年上海市城镇在岗职工平均工资为 130765 元,用该缴费工资除以在岗职工平均工资,得到 2018 年上海市城镇职工缴费工资占统计平均工资的比例约为 63.89%。假设预测期间上海市机关事业单位工作人员的缴费工资占统计平均工资的比例与此相同。

(二)新入职者工资

由薪酬网发布的《2018 年上海市地区毕业生薪酬调查报告》,可知本科学历在国有企业、外商独资企业、外商合资企业和民营企业的起薪分别为 5025、6380、5844 和 4411 元/月,起薪月平均工资为 5415 元/月。以此为上海市机关事业单位新入职者工资。

（三）工资增长率

上海市 2014—2019 年 GDP 实际增长率分别为 7.1%、7.0%、6.8%、6.9%、6.6% 和 6.0%。2020—2095 年的 GDP 实际增长率同全国水平的一致,其中 2020—2025 年为 5.7%,2026—2030 年为 4.8%,以后各年保持不变。根据以往经验,一般假设工资增长率高出 GDP 增长率 0 至 1 个百分点,此处取 0.2 个百分点。

（四）劳动参与率

根据《中国人口和就业统计年鉴—2019》表 1-18 可知 2000—2018 年上海市城镇登记失业率,其平均值为 4.08%。因而上海市城镇人口劳动参与率约为 95.92%。设其在预测期维持不变。

三、上海市养老保险类参数

（一）养老保险覆盖率

第三章第一节已估算出 2018 年上海市机关事业单位参保职工数为 63.998 万人。由《中国人力资源和社会保障年鉴—2019》表 2-2 可知,上海市 2018 年的机关事业单位在岗职工年末人数为 68.40 万人。因此,机关事业单位职工参保率约为 93.56%。以此为上海市 2018 年机关事业单位养老保险覆盖率,以后每年增加 1 个百分点,直至达到 100%。

（二）机关事业单位参保职工占城镇参保职工比例

根据《中国人力资源和社会保障年鉴—2019》分地区城镇职工基本养老保险情况表可知,2018 年上海市的城镇职工基本养老保险参保职工人数为 1071.38 万人。那么,上海市机关事业单位参保职工占城镇参保职工比例为 63.998/1071.38,约等于 5.97%。

四、上海市机关事业单位养老保险收支结余

（一）中情景下收支结余精算结果

将上述估计的参数基准值代入根据第一章陈述的精算模型所编程序进行计算,得到中情景下上海市机关事业单位养老保险各年的收入、支出和结余,如表 5.1 所示。可见,在中情景下,上海市机关事业单位养老保险的收入和支出均会

随年份推移而逐年增长,但支出的增速快于收入的增速,使得机关事业单位养老保险的结余在 2029 年开始出现负数,以后年份的支付缺口会持续上升,并在预测期末达到最大,为 2011 亿元。

表5.1 中情景下上海市机关事业单位养老保险 2020—2095 年收支结余(百亿元)

年度	收入	支出	结余	年度	收入	支出	结余
2020	2.84	2.68	0.16	2058	4.85	17.79	−12.94
2021	2.95	2.80	0.15	2059	4.94	17.99	−13.06
2022	3.08	2.89	0.18	2060	5.06	18.11	−13.05
2023	3.19	2.99	0.20	2061	5.20	18.16	−12.96
2024	3.32	3.09	0.23	2062	5.36	18.16	−12.80
2025	3.43	3.19	0.24	2063	5.53	18.17	−12.64
2026	3.52	3.37	0.15	2064	5.69	18.24	−12.55
2027	3.63	3.53	0.10	2065	5.84	18.34	−12.49
2028	3.74	3.70	0.04	2066	6.01	18.42	−12.41
2029	3.86	3.87	−0.01	2067	6.16	18.57	−12.41
2030	4.00	4.05	−0.05	2068	6.29	18.77	−12.48
2031	4.13	4.26	−0.13	2069	6.40	19.05	−12.66
2032	4.22	4.46	−0.24	2070	6.45	19.45	−13.00
2033	4.31	4.69	−0.38	2071	6.53	19.81	−13.29
2034	4.40	4.93	−0.53	2072	6.58	20.20	−13.61
2035	4.50	5.19	−0.70	2073	6.68	20.51	−13.83
2036	4.59	5.47	−0.88	2074	6.67	21.08	−14.41
2037	4.69	5.77	−1.08	2075	6.62	21.76	−15.13
2038	4.81	6.09	−1.27	2076	6.58	22.37	−15.79
2039	4.91	6.45	−1.54	2077	6.53	22.99	−16.46
2040	4.98	6.87	−1.89	2078	6.54	23.39	−16.84
2041	5.03	7.31	−2.28	2079	6.50	23.93	−17.43
2042	5.10	7.79	−2.69	2080	6.46	24.48	−18.02
2043	5.17	8.27	−3.11	2081	6.42	25.00	−18.58

续表

年度	收入	支出	结余	年度	收入	支出	结余
2044	5.20	8.85	-3.65	2082	6.39	25.51	-19.12
2045	5.17	9.60	-4.44	2083	6.37	25.93	-19.56
2046	5.15	10.30	-5.14	2084	6.38	26.28	-19.89
2047	5.12	11.03	-5.91	2085	6.42	26.55	-20.13
2048	5.07	11.78	-6.71	2086	6.48	26.76	-20.28
2049	5.04	12.50	-7.46	2087	6.56	26.93	-20.37
2050	4.97	13.31	-8.34	2088	6.67	27.06	-20.40
2051	4.89	14.11	-9.22	2089	6.79	27.17	-20.38
2052	4.78	14.99	-10.20	2090	6.93	27.25	-20.32
2053	4.66	15.86	-11.20	2091	7.08	27.32	-20.24
2054	4.66	16.36	-11.70	2092	7.24	27.41	-20.17
2055	4.70	16.76	-12.06	2093	7.40	27.51	-20.11
2056	4.74	17.14	-12.40	2094	7.56	27.64	-20.07
2057	4.79	17.46	-12.67	2095	7.73	27.84	-20.11

(二)低、中、高情景下的结余

将低、高情景参数分别代入按精算模型所编程序进行计算,结合中情景,可得低、中、高情景下上海市机关事业单位养老保险各年的结余,如表5.2所示。

表5.2 低、中、高情景下上海市机关事业单位养老保险的结余(百亿元)

年度	低	中	高	年度	低	中	高
2020	0.75	0.16	-0.83	2058	-8.68	-12.94	-15.41
2021	0.79	0.15	-0.91	2059	-8.71	-13.06	-15.54
2022	0.86	0.18	-0.95	2060	-8.65	-13.05	-15.55
2023	0.93	0.20	-1.01	2061	-8.51	-12.96	-15.46
2024	1.00	0.23	-1.06	2062	-8.31	-12.80	-15.32
2025	1.05	0.24	-1.12	2063	-8.12	-12.64	-15.18
2026	1.00	0.15	-1.27	2064	-7.98	-12.55	-15.10
2027	1.00	0.10	-1.37	2065	-7.86	-12.49	-15.07

续表

年度	低	中	高	年度	低	中	高
2028	0.99	0.04	-1.49	2066	-7.73	-12.41	-15.01
2029	0.98	-0.01	-1.60	2067	-7.66	-12.41	-15.03
2030	1.00	-0.05	-1.69	2068	-7.65	-12.48	-15.13
2031	0.96	-0.13	-1.82	2069	-7.74	-12.66	-15.34
2032	0.90	-0.24	-1.97	2070	-7.97	-13.00	-15.72
2033	0.81	-0.38	-2.15	2071	-8.14	-13.29	-16.04
2034	0.70	-0.53	-2.34	2072	-8.36	-13.61	-16.40
2035	0.59	-0.70	-2.54	2073	-8.48	-13.83	-16.65
2036	0.46	-0.88	-2.75	2074	-8.90	-14.41	-17.27
2037	0.32	-1.08	-2.99	2075	-9.45	-15.13	-18.03
2038	0.19	-1.27	-3.21	2076	-9.95	-15.79	-18.72
2039	0.00	-1.54	-3.51	2077	-10.47	-16.46	-19.43
2040	-0.27	-1.89	-3.89	2078	-10.75	-16.84	-19.84
2041	-0.57	-2.28	-4.31	2079	-11.20	-17.43	-20.46
2042	-0.89	-2.69	-4.75	2080	-11.65	-18.02	-21.07
2043	-1.20	-3.11	-5.18	2081	-12.08	-18.58	-21.67
2044	-1.62	-3.65	-5.75	2082	-12.49	-19.12	-22.23
2045	-2.26	-4.44	-6.57	2083	-12.82	-19.56	-22.69
2046	-2.82	-5.14	-7.30	2084	-13.06	-19.89	-23.05
2047	-3.43	-5.91	-8.10	2085	-13.23	-20.13	-23.31
2048	-4.05	-6.71	-8.92	2086	-13.32	-20.28	-23.47
2049	-4.64	-7.46	-9.70	2087	-13.35	-20.37	-23.57
2050	-5.32	-8.34	-10.61	2088	-13.34	-20.40	-23.62
2051	-6.00	-9.22	-11.51	2089	-13.28	-20.38	-23.63
2052	-6.76	-10.20	-12.53	2090	-13.19	-20.32	-23.59
2053	-7.54	-11.20	-13.57	2091	-13.08	-20.24	-23.53
2054	-7.90	-11.70	-14.09	2092	-12.97	-20.17	-23.49

年度	低	中	高	年度	低	中	高
2055	-8.14	-12.06	-14.47	2093	-12.87	-20.11	-23.45
2056	-8.36	-12.40	-14.83	2094	-12.80	-20.07	-23.46
2057	-8.51	-12.67	-15.12	2095	-12.77	-20.11	-23.55

　　结余的变动趋势如图5.1所示。结合表5.2可见,上海市机关事业单位养老保险中情景下的结余处于低情景和高情景的结果之间。低情景和高情景下的结余出现负数的起始年份较中情景分别推迟了11年和提前了9年。低、中、高情景下结余在预测期间的年均降幅分别为18.0亿元、27.0亿元和30.3亿元。

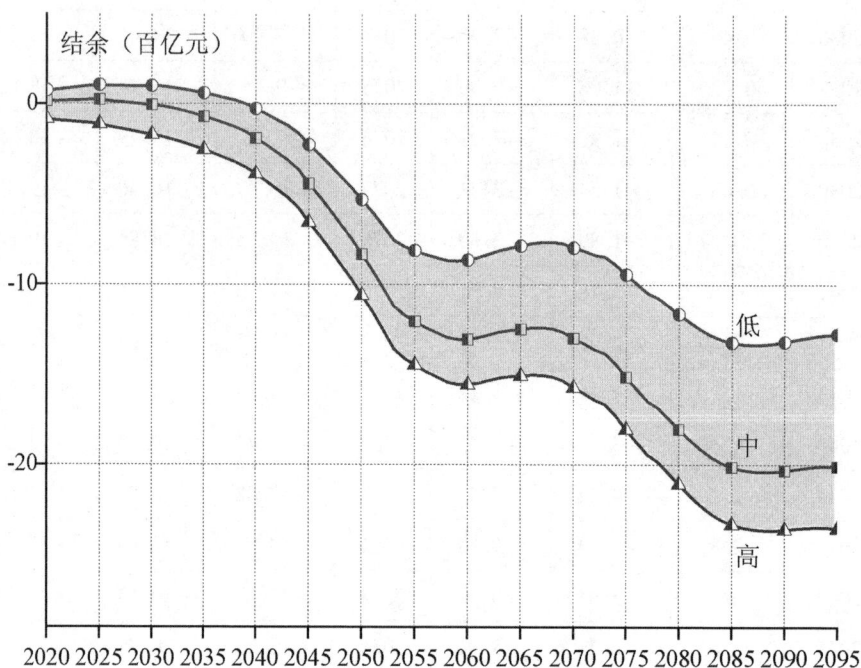

图5.1　低、中、高情景下结余的变动趋势

(三)某些因素对收支结余的影响

1. 机关事业单位基本养老保险个人缴费率的影响

　　把机关事业单位基本养老保险个人缴费率提高3个百分点,对上海市机关事业单位养老保险收支结余的影响如图5.2所示。可见,机关事业单位基本养老保险个人缴费率的提高会使收入和支出较基准情况都有所增长。在预测期间,收入较基准情况的增幅先大于后小于支出的增幅,导致机关事业单位基本养老保险个人缴费率提高后的结余较基准情况的变化值先大于零后逐渐变为小于零,之后滑向更大的负数。预测期末的结余较基准情况下降14.90%。

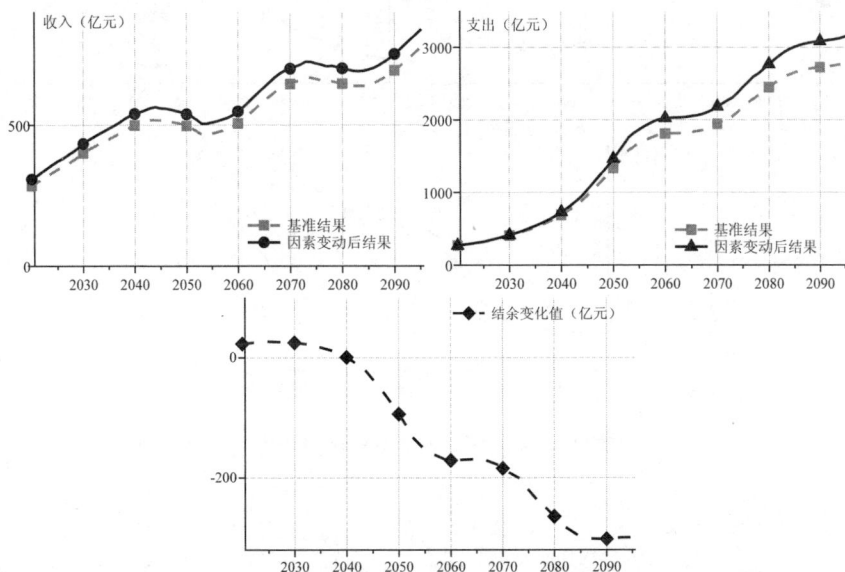

图 5.2　机关事业单位基本养老保险个人缴费率对收支结余的影响

2. 缴费工资占统计平均工资比例的影响

上文已知2018年上海市企业职工基本养老保险的征缴收入为2241.6亿元。根据《中国人力资源和社会保障年鉴—2019》可知,2018年上海市企业职工基本养老保险参保职工人数和企业在岗职工平均工资分别为1007.38万人和131539元。按缴费率28%计算,得年度人均缴费工资为79471元。用该缴费工资除以在岗职工平均工资,得到企业职工缴费工资占统计平均工资的比例约为60.42%。以此为上海市机关事业单位缴费工资占统计平均工资比例变动后的取值,分析其对机关事业单位养老保险收支结余的影响,结果如图5.3所示。可见,缴费工资占统计平均工资比例的降低会使上海市机关事业单位养老保险收入和支出较基准情况都有所下降。在预测期间,收入较基准情况的降幅先大于后小于支出的降幅,导致缴费工资占统计平均工资比例降低后的结余较基准情况的变化值先小于零后逐渐变为大于零,之后呈逐步上升的趋势。预测期末的结余较基准情况上升2.00%。

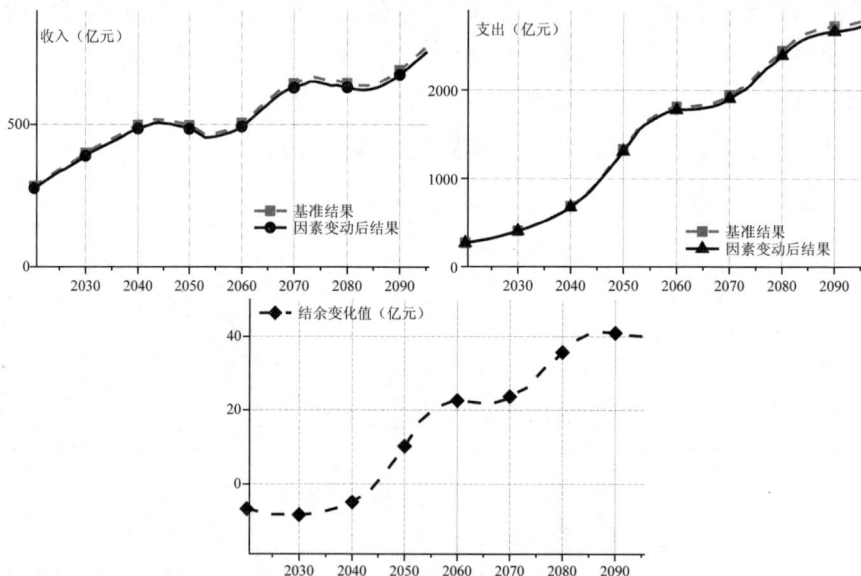

图 5.3　缴费工资占统计平均工资比例对收支结余的影响

第二节　江苏省机关事业单位养老保险的精算

一、江苏省机关事业单位参保人数

江苏省未来各年的城镇分年龄性别人数已由第二章第一节估计得到。在此基础上,进一步可估计出江苏省机关事业单位养老保险分年龄性别参保人数。根据《2018 年度江苏省人力资源和社会保障事业发展统计公报》可知,2018 年末全省机关事业单位参保离退休人数为 100.02 万人。2018 年末江苏省机关事业单位参保职工人数已由第三章第一节估算出,约为 168.18 万人。假设江苏省机关事业单位养老保险参保人员分年龄性别分布与该省城镇分年龄性别人数分布一致,于是估计出江苏省机关事业单位分年龄性别参保人数的起始分布。

二、江苏省经济类参数

(一)缴费工资占统计平均工资的比例

根据《2018 年江苏省人力资源和社会保障事业发展统计年报》可知 2018 年江

苏省企业职工基本养老保险和机关事业单位基本养老保险的征缴收入分别为2376.50亿元和481.65亿元。那么,城镇职工基本养老保险的征缴收入为2858.15亿元。由《中国人力资源和社会保障年鉴—2019》表5-6得到2018年江苏省城镇职工基本养老保险参保职工数为2354.41万人。按缴费率28%计算,得年度人均缴费工资为43356元。由《中国人力资源和社会保障年鉴—2018》可知,2017年江苏省城镇在岗职工平均工资为79741元,用该缴费工资除以在岗职工平均工资,得到2018年江苏省城镇职工缴费工资占统计平均工资的比例约为54.37%。假设预测期间江苏省机关事业单位工作人员的缴费工资占统计平均工资的比例与此相同。

(二)新入职者工资

由薪酬网发布的《2018年江苏省地区毕业生薪酬调查报告》,可知本科学历在国有企业、外商独资企业、外商合资企业和民营企业的起薪分别为4707、5814、5353和4010元/月,起薪月平均工资为4971元/月。以此为江苏省机关事业单位新入职者工资。

(三)工资增长率

江苏省2014—2019年GDP实际增长率分别为8.7%、8.6%、7.8%、7.2%、6.7%和6.1%。2020—2095年的GDP实际增长率同全国水平的一致,其中2020—2025年为5.7%,2026—2030年为4.8%,以后各年保持不变。根据以往经验,一般假设工资增长率高出GDP增长率0至1个百分点,此处取0.2个百分点。

(四)劳动参与率

根据《中国人口和就业统计年鉴—2019》表1-18可知2000—2018年江苏省城镇登记失业率,其平均值为3.32%。因而江苏省城镇人口劳动参与率约为96.68%。设其在预测期维持不变。

三、江苏省养老保险类参数

(一)养老保险覆盖率

前面已知2018年江苏省机关事业单位参保职工数为168.18万人。由《中国人力资源和社会保障年鉴—2019》表2-2可知,江苏省2018年的机关事业单位在岗职工年末人数为204.90万人。因此,机关事业单位职工参保率约为82.08%。以此为江苏省2018年机关事业单位养老保险覆盖率,以后每年增加1个百分点,直至达到100%。

（二）机关事业单位参保职工占城镇参保职工比例

根据《中国人力资源和社会保障年鉴—2019》分地区城镇职工基本养老保险情况表可知,2018年江苏省的城镇职工基本养老保险参保职工人数为2354.41万人。那么,江苏省机关事业单位参保职工占城镇参保职工比例为168.18/2354.41,约等于7.14%。

四、江苏省机关事业单位养老保险收支结余

（一）中情景下收支结余精算结果

将上述估计的参数基准值代入根据第一章陈述的精算模型所编程序进行计算,得到中情景下江苏省机关事业单位养老保险各年的收入、支出和结余,如表5.3所示。可见,在中情景下,江苏省机关事业单位养老保险的收入和支出均会随年份推移而逐年增长,但支出的增速快于收入的增速,使得机关事业单位养老保险的结余在2020年已开始出现负数,以后年份的支付缺口会持续上升,并在预测期末达到最大,为11923亿元。

表5.3 中情景下江苏省机关事业单位养老保险2020—2095年收支结余（百亿元）

年度	收入	支出	结余	年度	收入	支出	结余
2020	6.61	7.35	−0.74	2058	30.87	43.50	−12.63
2021	6.97	7.63	−0.66	2059	32.11	45.07	−12.96
2022	7.33	7.88	−0.54	2060	33.43	46.61	−13.19
2023	7.68	8.13	−0.45	2061	34.85	48.11	−13.26
2024	8.02	8.40	−0.37	2062	36.34	49.65	−13.31
2025	8.35	8.70	−0.35	2063	37.88	51.35	−13.48
2026	8.60	9.19	−0.58	2064	39.45	53.29	−13.85
2027	8.92	9.64	−0.72	2065	41.05	55.40	−14.36
2028	9.23	10.16	−0.93	2066	42.64	57.74	−15.10
2029	9.56	10.70	−1.13	2067	44.20	60.36	−16.17
2030	9.98	11.19	−1.21	2068	45.67	63.44	−17.77
2031	10.41	11.74	−1.33	2069	47.01	67.05	−20.04
2032	10.78	12.27	−1.49	2070	48.19	71.17	−22.98
2033	11.16	12.88	−1.72	2071	49.38	75.45	−26.07

年度	收入	支出	结余	年度	收入	支出	结余
2034	11.57	13.50	-1.93	2072	50.53	80.00	-29.47
2035	12.06	14.06	-2.00	2073	51.83	84.36	-32.53
2036	12.58	14.66	-2.08	2074	52.88	89.53	-36.65
2037	13.19	15.28	-2.09	2075	53.72	95.44	-41.73
2038	13.92	15.90	-1.98	2076	54.49	101.59	-47.10
2039	14.64	16.60	-1.96	2077	55.25	107.81	-52.56
2040	15.41	17.34	-1.94	2078	56.28	113.27	-56.99
2041	16.15	18.07	-1.92	2079	57.26	118.95	-61.69
2042	16.96	18.83	-1.87	2080	58.22	124.78	-66.55
2043	17.83	19.60	-1.77	2081	59.24	130.55	-71.31
2044	18.64	20.62	-1.98	2082	60.31	136.29	-75.98
2045	19.39	21.89	-2.50	2083	61.46	141.92	-80.46
2046	20.25	23.04	-2.80	2084	62.72	147.39	-84.67
2047	21.09	24.29	-3.20	2085	64.11	152.67	-88.57
2048	21.89	25.74	-3.85	2086	65.63	157.76	-92.13
2049	22.77	27.16	-4.39	2087	67.27	162.76	-95.49
2050	23.58	28.85	-5.27	2088	69.05	167.66	-98.62
2051	24.35	30.73	-6.38	2089	70.94	172.49	-101.55
2052	25.00	32.97	-7.97	2090	72.95	177.26	-104.31
2053	25.56	35.53	-9.97	2091	75.05	182.02	-106.97
2054	26.45	37.23	-10.77	2092	77.21	186.93	-109.72
2055	27.55	38.55	-11.01	2093	79.40	192.03	-112.63
2056	28.66	40.01	-11.35	2094	81.60	197.36	-115.75
2057	29.78	41.64	-11.86	2095	83.80	203.03	-119.23

（二）低、中、高情景下的结余

将低、高情景参数分别代入按精算模型所编程序进行计算，结合中情景，可得低、中、高情景下江苏省机关事业单位养老保险各年的结余，如表5.4所示。

表5.4　低、中、高情景下江苏省机关事业单位养老保险的结余（百亿元）

年度	低	中	高	年度	低	中	高
2020	0.85	− 0.74	− 3.46	2058	− 1.05	− 12.63	− 19.77
2021	1.05	− 0.66	− 3.57	2059	− 0.90	− 12.96	− 20.24
2022	1.29	− 0.54	− 3.64	2060	− 0.65	− 13.19	− 20.60
2023	1.49	− 0.45	− 3.75	2061	− 0.25	− 13.26	− 20.82
2024	1.70	− 0.37	− 3.87	2062	0.19	− 13.31	− 21.03
2025	1.84	− 0.35	− 4.07	2063	0.55	− 13.48	− 21.38
2026	1.73	− 0.58	− 4.45	2064	0.77	− 13.85	− 21.95
2027	1.72	− 0.72	− 4.74	2065	0.88	− 14.36	− 22.70
2028	1.64	− 0.93	− 5.10	2066	0.81	− 15.10	− 23.68
2029	1.57	− 1.13	− 5.46	2067	0.49	− 16.17	− 24.99
2030	1.62	− 1.21	− 5.69	2068	− 0.27	− 17.77	− 26.88
2031	1.64	− 1.33	− 5.94	2069	− 1.59	− 20.04	− 29.46
2032	1.60	− 1.49	− 6.21	2070	− 3.48	− 22.98	− 32.74
2033	1.50	− 1.72	− 6.53	2071	− 5.47	− 26.07	− 36.19
2034	1.43	− 1.93	− 6.84	2072	− 7.71	− 29.47	− 40.00
2035	1.50	− 2.00	− 7.00	2073	− 9.63	− 32.53	− 43.47
2036	1.56	− 2.08	− 7.18	2074	− 12.42	− 36.65	− 48.05
2037	1.70	− 2.09	− 7.28	2075	− 16.02	− 41.73	− 53.63
2038	1.98	− 1.98	− 7.26	2076	− 19.85	− 47.10	− 59.53
2039	2.18	− 1.96	− 7.32	2077	− 23.75	− 52.56	− 65.53
2040	2.39	− 1.94	− 7.38	2078	− 26.79	− 56.99	− 70.49
2041	2.60	− 1.92	− 7.44	2079	− 30.05	− 61.69	− 75.74
2042	2.85	− 1.87	− 7.47	2080	− 33.42	− 66.55	− 81.17
2043	3.17	− 1.77	− 7.44	2081	− 36.69	− 71.31	− 86.51
2044	3.23	− 1.98	− 7.72	2082	− 39.88	− 75.98	− 91.77
2045	3.01	− 2.50	− 8.32	2083	− 42.90	− 80.46	− 96.86

年度	低	中	高	年度	低	中	高
2046	3.03	−2.80	−8.69	2084	−45.68	−84.67	−101.70
2047	2.96	−3.20	−9.17	2085	−48.18	−88.57	−106.23
2048	2.69	−3.85	−9.90	2086	−50.38	−92.13	−110.43
2049	2.54	−4.39	−10.53	2087	−52.38	−95.49	−114.44
2050	2.12	−5.27	−11.49	2088	−54.17	−98.62	−118.25
2051	1.51	−6.38	−12.71	2089	−55.78	−101.55	−121.87
2052	0.52	−7.97	−14.41	2090	−57.21	−104.31	−125.33
2053	−0.82	−9.97	−16.54	2091	−58.55	−106.97	−128.69
2054	−1.14	−10.77	−17.45	2092	−59.94	−109.72	−132.19
2055	−0.95	−11.01	−17.78	2093	−61.44	−112.63	−135.85
2056	−0.84	−11.35	−18.24	2094	−63.11	−115.75	−139.76
2057	−0.85	−11.86	−18.87	2095	−65.04	−119.23	−144.07

结余的变动趋势如图 5.4 所示。结合表 5.4 可见,江苏省机关事业单位养老保险中情景下的结余处于低情景和高情景的结果之间。低情景下的结余出现负数的起始年份较中情景推迟了 33 年。低、中、高情景下结余在预测期间的年均降幅分别为 87.9 亿元、158.0 亿元和 187.5 亿元。

（三）某些因素对收支结余的影响

1. 机关事业单位基本养老保险个人缴费率的影响

把机关事业单位基本养老保险个人缴费率提高 3 个百分点,对江苏省机关事业单位养老保险收支结余的影响如图 5.5 所示。可见,机关事业单位基本养老保险个人缴费率的提高会使收入和支出较基准情况都有所增长。在预测期间,收入较基准情况的增幅先大于后小于支出的增幅,导致机关事业单位基本养老保险个人缴费率提高后的结余较基准情况的变化值先大于零后逐渐变为小于零,之后滑向更大的负数。预测期末的结余较基准情况下降 16.71%。

2. 缴费工资占统计平均工资比例的影响

上文已知 2018 年江苏省企业职工基本养老保险的征缴收入为 2376.50 亿元。根据《中国人力资源和社会保障年鉴—2019》可知,2018 年江苏省企业职工基本养老保险参保职工人数为 2186.22 万人。按缴费率 28% 计算,得年度人均缴费工资

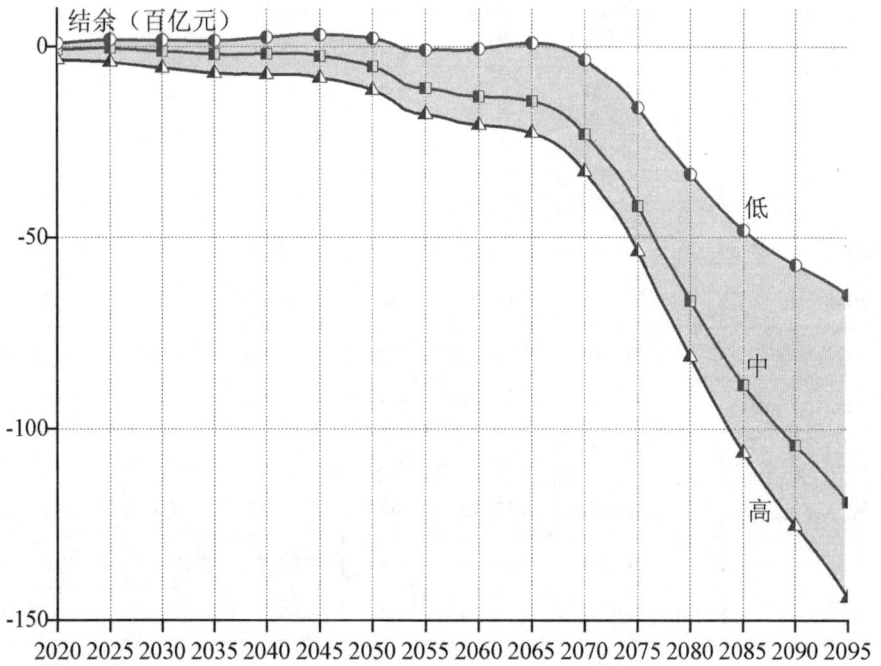

图5.4 低、中、高情景下结余的变动趋势

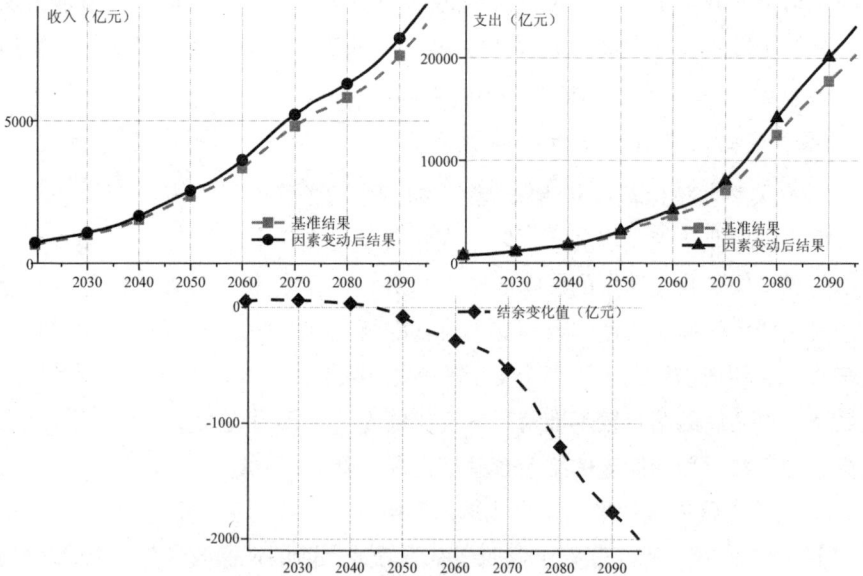

图5.5 机关事业单位基本养老保险个人缴费率对收支结余的影响

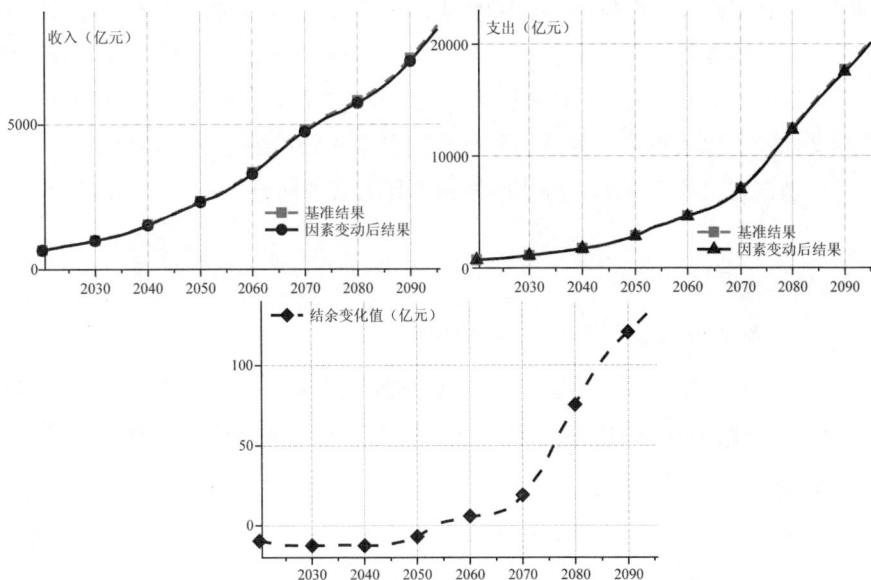

图5.6 缴费工资占统计平均工资比例对收支结余的影响

为38823元。再根据《中国人力资源和社会保障年鉴—2018》可知,2017年江苏省企业在岗职工平均工资为74068元,用该缴费工资除以在岗职工平均工资,得到企业职工缴费工资占统计平均工资的比例约为52.41%。以此为江苏省机关事业单位缴费工资占统计平均工资比例变动后的取值,分析其对机关事业单位养老保险收支结余的影响,结果如图5.6所示。可见,缴费工资占统计平均工资比例的降低会使江苏省机关事业单位养老保险收入和支出较基准情况都有所下降。在预测期间,收入较基准情况的降幅先大于后小于支出的降幅,导致缴费工资占统计平均工资比例降低后的结余较基准情况的变化值先小于零后逐渐变为大于零,之后呈逐步上升的趋势。预测期末的结余较基准情况上升1.15%。

第三节 浙江省机关事业单位养老保险的精算

一、浙江省机关事业单位参保人数

浙江省未来各年的城镇分年龄性别人数已由第二章第一节估计得到。在此基础上,进一步可估计出浙江省机关事业单位养老保险分年龄性别参保人数。根据《2018 年浙江省人力资源和社会保障事业发展主要数据公报》可知 2018 年浙江省机关事业单位参保退休人数为 66.51 万人。2018 年末浙江省机关事业单位参保职工人数已由第三章第一节估算出,约为 152.22 万人。假设浙江省机关事业单位养老保险参保人员分年龄性别分布与该省城镇分年龄性别人数分布一致,于是估计出浙江省机关事业单位分年龄性别参保人数的起始分布。

二、浙江省经济类参数

(一)缴费工资占统计平均工资的比例

由于浙江省公布的数据不够充分,难以估计该省具体的缴费工资占统计平均工资比例。因此,浙江省的缴费工资占统计平均工资比例同全国水平 59.08%。

(二)新入职者工资

由薪酬网发布的《2018 年浙江省地区毕业生薪酬调查报告》,可知本科学历在国有企业、外商独资企业、外商合资企业和民营企业的起薪分别为 5114、6134、5786 和 4684 元/月,起薪月平均工资为 5429.5 元/月。以此为浙江省机关事业单位新入职者工资。

(三)工资增长率

浙江省 2014—2019 年 GDP 实际增长率分别为 7.6%、8.0%、7.6%、7.8%、7.1% 和 6.8%。2020—2095 年的 GDP 实际增长率同全国水平的一致,其中 2020—2025 年为 5.7%,2026—2030 年为 4.8%,以后各年保持不变。根据以往经验,一般假设工资增长率高出 GDP 增长率 0 至 1 个百分点,此处取 0.2 个百分点。

(四)劳动参与率

根据《中国人口和就业统计年鉴—2019》表 1-18 可知 2000—2018 年浙江省城镇登记失业率,其平均值为 3.34%。因而浙江省城镇人口劳动参与率约为 96.66%。设其在预测期维持不变。

三、浙江省养老保险类参数

(一)养老保险覆盖率

前面已知 2018 年浙江省机关事业单位参保职工数为 152.22 万人。由《中国人力资源和社会保障年鉴—2019》表 2-2 可知,浙江省 2018 年的机关事业单位在岗职工年末人数为 182.10 万人。因此,机关事业单位职工参保率约为 83.59%。以此为浙江省 2018 年机关事业单位养老保险覆盖率,以后每年增加 1

个百分点,直至达到100%。

（二）机关事业单位参保职工占城镇参保职工比例

根据《中国人力资源和社会保障年鉴—2019》分地区城镇职工基本养老保险情况表可知,2018年浙江省的城镇职工基本养老保险参保职工人数为2076.62万人。那么,浙江省机关事业单位参保职工占城镇参保职工比例为152.22/2076.62,约等于7.33%。

四、浙江省机关事业单位养老保险收支结余

（一）中情景下收支结余精算结果

将上述估计的参数基准值代入根据第一章陈述的精算模型所编程序进行计算,得到中情景下浙江省机关事业单位养老保险各年的收入、支出和结余,如表5.5所示。可见,在中情景下,浙江省机关事业单位养老保险的收入和支出均会随年份推移而逐年增长,但支出的增速快于收入的增速,使得机关事业单位养老保险的结余在2032年开始出现负数,以后年份的支付缺口会持续上升,并在预测期末达到最大,为10011亿元。

表5.5　中情景下浙江省机关事业单位养老保险2020—2095年收支结余(百亿元)

年度	收入	支出	结余	年度	收入	支出	结余
2020	6.81	5.52	1.29	2058	26.30	43.00	-16.70
2021	7.19	5.80	1.39	2059	27.18	44.76	-17.58
2022	7.56	6.05	1.51	2060	28.36	45.83	-17.47
2023	7.88	6.33	1.55	2061	29.59	46.94	-17.35
2024	8.24	6.60	1.63	2062	30.80	48.31	-17.51
2025	8.57	6.94	1.63	2063	32.12	49.57	-17.45
2026	8.82	7.43	1.39	2064	33.42	51.07	-17.65
2027	9.11	7.93	1.18	2065	34.74	52.70	-17.96
2028	9.39	8.47	0.92	2066	36.06	54.50	-18.44
2029	9.70	9.06	0.64	2067	37.30	56.71	-19.42
2030	10.07	9.64	0.43	2068	38.49	59.21	-20.72
2031	10.44	10.28	0.17	2069	39.59	62.04	-22.46
2032	10.76	10.91	-0.15	2070	40.60	65.19	-24.59

续表

年度	收入	支出	结余	年度	收入	支出	结余
2033	11.07	11.59	−0.52	2071	41.56	68.59	−27.03
2034	11.40	12.31	−0.92	2072	42.53	72.15	−29.62
2035	11.77	13.04	−1.27	2073	43.61	75.59	−31.97
2036	12.16	13.81	−1.65	2074	44.48	79.79	−35.31
2037	12.65	14.56	−1.91	2075	45.19	84.51	−39.32
2038	13.26	15.29	−2.03	2076	45.85	89.44	−43.60
2039	13.86	16.12	−2.26	2077	46.58	94.19	−47.61
2040	14.44	17.02	−2.58	2078	47.54	98.29	−50.75
2041	14.99	17.95	−2.96	2079	48.47	102.58	−54.10
2042	15.57	18.90	−3.33	2080	49.42	106.95	−57.53
2043	16.24	19.80	−3.56	2081	50.37	111.40	−61.03
2044	16.85	20.89	−4.04	2082	51.37	115.85	−64.48
2045	17.34	22.37	−5.02	2083	52.44	120.24	−67.80
2046	17.97	23.62	−5.65	2084	53.59	124.55	−70.95
2047	18.59	24.96	−6.36	2085	54.84	128.75	−73.90
2048	19.21	26.38	−7.17	2086	56.18	132.88	−76.71
2049	19.92	27.71	−7.79	2087	57.61	136.99	−79.38
2050	20.53	29.39	−8.86	2088	59.15	141.07	−81.92
2051	21.18	31.01	−9.83	2089	60.77	145.12	−84.34
2052	21.70	33.02	−11.32	2090	62.49	149.13	−86.64
2053	22.18	35.14	−12.95	2091	64.26	153.23	−88.97
2054	23.03	36.36	−13.33	2092	66.06	157.50	−91.44
2055	23.98	37.47	−13.49	2093	67.88	161.94	−94.06
2056	24.86	38.89	−14.03	2094	69.70	166.62	−96.92
2057	25.59	40.82	−15.23	2095	71.50	171.61	−100.11

　　（二）低、中、高情景下的结余

　　将低、高情景参数分别代入按精算模型所编程序进行计算,结合中情景,可得低、中、高情景下浙江省机关事业单位养老保险各年的结余,如表5.6所示。

表5.6　低、中、高情景下浙江省机关事业单位养老保险的结余（百亿元）

年度	低	中	高	年度	低	中	高
2020	2.59	1.29	- 0.85	2058	- 5.52	- 16.70	- 23.57
2021	2.79	1.39	- 0.92	2059	- 5.87	- 17.58	- 24.59
2022	3.01	1.51	- 0.97	2060	- 5.38	- 17.47	- 24.60
2023	3.16	1.55	- 1.11	2061	- 4.88	- 17.35	- 24.60
2024	3.35	1.63	- 1.20	2062	- 4.60	- 17.51	- 24.90
2025	3.46	1.63	- 1.40	2063	- 4.12	- 17.45	- 24.99
2026	3.32	1.39	- 1.78	2064	- 3.86	- 17.65	- 25.35
2027	3.23	1.18	- 2.12	2065	- 3.66	- 17.96	- 25.84
2028	3.09	0.92	- 2.52	2066	- 3.60	- 18.44	- 26.50
2029	2.94	0.64	- 2.95	2067	- 3.95	- 19.42	- 27.68
2030	2.86	0.43	- 3.30	2068	- 4.55	- 20.72	- 29.21
2031	2.74	0.17	- 3.69	2069	- 5.53	- 22.46	- 31.19
2032	2.54	- 0.15	- 4.12	2070	- 6.84	- 24.59	- 33.58
2033	2.31	- 0.52	- 4.59	2071	- 8.40	- 27.03	- 36.30
2034	2.05	- 0.92	- 5.09	2072	- 10.07	- 29.62	- 39.21
2035	1.85	- 1.27	- 5.56	2073	- 11.51	- 31.97	- 41.89
2036	1.63	- 1.65	- 6.04	2074	- 13.76	- 35.31	- 45.59
2037	1.54	- 1.91	- 6.41	2075	- 16.56	- 39.32	- 49.99
2038	1.60	- 2.03	- 6.64	2076	- 19.59	- 43.60	- 54.68
2039	1.57	- 2.26	- 6.97	2077	- 22.39	- 47.61	- 59.11
2040	1.45	- 2.58	- 7.40	2078	- 24.47	- 50.75	- 62.66
2041	1.29	- 2.96	- 7.88	2079	- 26.71	- 54.10	- 66.43
2042	1.16	- 3.33	- 8.35	2080	- 29.01	- 57.53	- 70.29
2043	1.16	- 3.56	- 8.69	2081	- 31.35	- 61.03	- 74.24
2044	0.96	- 4.04	- 9.27	2082	- 33.64	- 64.48	- 78.15
2045	0.32	- 5.02	- 10.36	2083	- 35.81	- 67.80	- 81.95
2046	0.02	- 5.65	- 11.09	2084	- 37.83	- 70.95	- 85.59

年度	低	中	高	年度	低	中	高
2047	-0.34	-6.36	-11.90	2085	-39.66	-73.90	-89.04
2048	-0.78	-7.17	-12.82	2086	-41.35	-76.71	-92.34
2049	-1.02	-7.79	-13.55	2087	-42.91	-79.38	-95.54
2050	-1.63	-8.86	-14.73	2088	-44.34	-81.92	-98.63
2051	-2.14	-9.83	-15.82	2089	-45.65	-84.34	-101.60
2052	-3.09	-11.32	-17.43	2090	-46.84	-86.64	-104.47
2053	-4.16	-12.95	-19.20	2091	-48.04	-88.97	-107.38
2054	-4.15	-13.33	-19.68	2092	-49.34	-91.44	-110.45
2055	-3.93	-13.49	-19.95	2093	-50.75	-94.06	-113.71
2056	-4.03	-14.03	-20.60	2094	-52.34	-96.92	-117.21
2057	-4.66	-15.23	-21.94	2095	-54.19	-100.11	-121.11

结余的变动趋势如图5.7所示。结合表5.6可见,浙江省机关事业单位养老保险中情景下的结余处于低情景和高情景的结果之间。低情景和高情景下的结

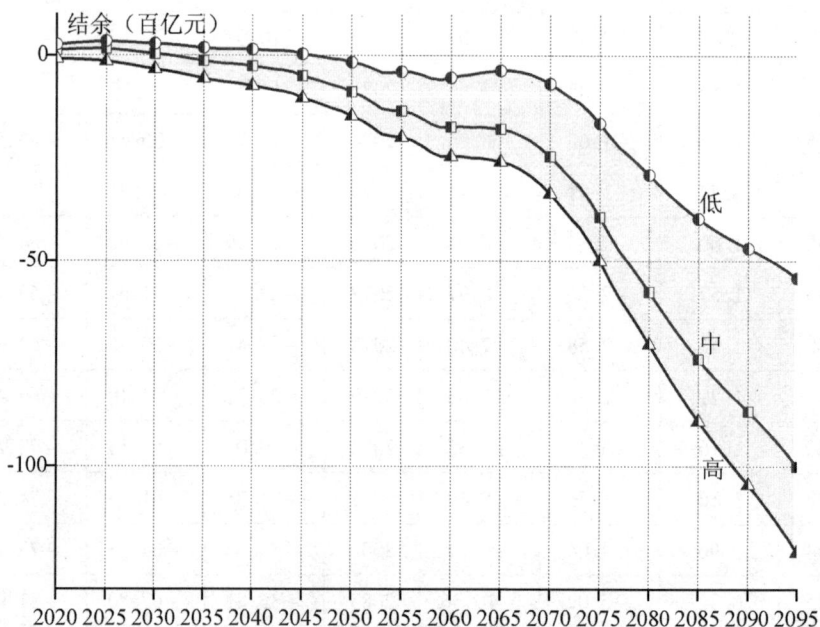

图5.7　低、中、高情景下结余的变动趋势

余出现负数的起始年份较中情景分别推迟了 15 年和提前了 12 年。低、中、高情景下结余在预测期间的年均降幅分别为 75.7 亿元、135.2 亿元和 160.3 亿元。

（三）某些因素对收支结余的影响

1. 机关事业单位基本养老保险个人缴费率的影响

把机关事业单位基本养老保险个人缴费率提高 3 个百分点，对浙江省机关事业单位养老保险收支结余的影响如图 5.8 所示。可见，机关事业单位基本养老保险个人缴费率的提高会使收入和支出较基准情况都有所增长。在预测期间，收入较基准情况的增幅先大于后小于支出的增幅，导致机关事业单位基本养老保险个人缴费率提高后的结余较基准情况的变化值先大于零后逐渐变为小于零，之后滑向更大的负数。预测期末的结余较基准情况下降 16.88%。

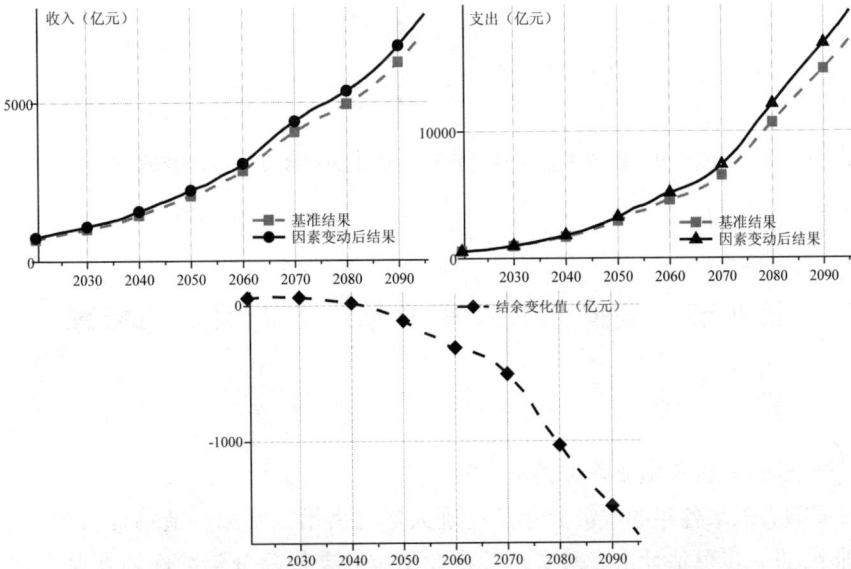

图 5.8　机关事业单位基本养老保险个人缴费率对收支结余的影响

2. 缴费工资占统计平均工资比例的影响

缴费工资占统计平均工资比例由 59.08% 降至 53.71%，对浙江省机关事业单位养老保险收支结余的影响如图 5.9 所示。可见，缴费工资占统计平均工资比例的降低会使浙江省机关事业单位养老保险收入和支出较基准情况都有所下降。在预测期间，收入较基准情况的降幅先大于后小于支出的降幅，导致缴费工资占统计平均工资比例降低后的结余较基准情况的变化值先小于零后逐渐变为大于零，之后呈逐步上升的趋势。预测期末的结余较基准情况上升 3.07%。

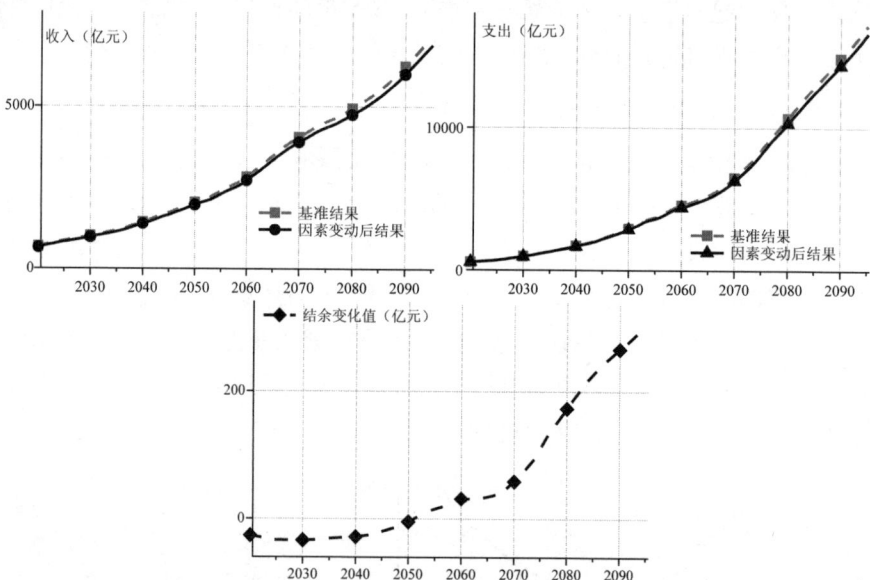

图5.9　缴费工资占统计平均工资比例对收支结余的影响

第四节　安徽省机关事业单位养老保险的精算

一、安徽省机关事业单位参保人数

安徽省未来各年的城镇分年龄性别人数已由第二章第一节估计得到。在此基础上,进一步可估计出安徽省机关事业单位养老保险分年龄性别参保人数,估计过程与北京市机关事业单位养老保险参保人数的一致统计过程。其中,安徽省2018年机关事业单位养老保险分年龄性别参保人数为起始分布。

二、安徽省经济类参数

(一)缴费工资占统计平均工资的比例

由于安徽省公布的数据不够充分,难以估计该省具体的缴费工资占统计平均工资比例。因此,安徽省的缴费工资占统计平均工资比例同全国水平59.08%。

(二)新入职者工资

由薪酬网发布的《2018年安徽省地区毕业生薪酬调查报告》,可知本科学历在国有企业、外商独资企业、外商合资企业和民营企业的起薪分别为 4627、5852、5299 和 4048 元/月,起薪月平均工资为 4956.5 元/月。以此为安徽省机关事业单位新入职者工资。

（三）工资增长率

安徽省 2014—2019 年 GDP 实际增长率分别为 9.2%、8.73%、8.68%、8.46%、8.02% 和 7.5%。2020—2095 年的 GDP 实际增长率同全国水平的一致,其中 2020—2025 年为 5.7%,2026—2030 年为 4.8%,以后各年保持不变。根据以往经验,一般假设工资增长率高出 GDP 增长率 0 至 1 个百分点,此处取 0.2 个百分点。

（四）劳动参与率

根据《中国人口和就业统计年鉴—2019》表 1-18 可知 2000—2018 年安徽省城镇登记失业率,其平均值为 3.66%。因而安徽省城镇人口劳动参与率约为96.34%。设其在预测期维持不变。

三、安徽省养老保险类参数

（一）养老保险覆盖率

第三章第一节已估算出 2018 年安徽省机关事业单位参保职工数为 110.86 万人。由《中国人力资源和社会保障年鉴—2019》表 2-2 可知,安徽省 2018 年的机关事业单位在岗职工年末人数为 147.50 万人。因此,机关事业单位职工参保率约为 75.16%。以此为安徽省 2018 年机关事业单位养老保险覆盖率,以后每年增加 1 个百分点,直至达到 100%。

（二）机关事业单位参保职工占城镇参保职工比例

根据《中国人力资源和社会保障年鉴—2019》分地区城镇职工基本养老保险情况表可知,2018 年安徽省的城镇职工基本养老保险参保职工人数为 798.81 万人。那么,安徽省机关事业单位参保职工占城镇参保职工比例为 110.86/798.81,约等于 13.88%

四、安徽省机关事业单位养老保险收支结余

（一）中情景下收支结余精算结果

将上述估计的参数基准值代入根据第一章陈述的精算模型所编程序进行计算,得到中情景下安徽省机关事业单位养老保险各年的收入、支出和结余,如

表5.7所示。可见,在中情景下,安徽省机关事业单位养老保险的收入和支出均会随年份推移而逐年增长,但支出的增速快于收入的增速,使得机关事业单位养老保险的结余在2060年开始出现负数,以后年份的支付缺口会持续上升,并在预测期末达到最大,为14766亿元。

表5.7 中情景下安徽省机关事业单位养老保险2020—2095年收支结余(百亿元)

年度	收入	支出	结余	年度	收入	支出	结余
2020	4.77	4.14	0.63	2058	41.55	39.35	2.20
2021	5.21	4.29	0.92	2059	43.03	42.90	0.13
2022	5.66	4.43	1.23	2060	44.59	46.46	-1.87
2023	6.14	4.56	1.58	2061	46.13	50.31	-4.18
2024	6.68	4.70	1.98	2062	47.79	54.11	-6.32
2025	7.18	4.92	2.27	2063	49.50	58.02	-8.52
2026	7.69	5.20	2.49	2064	51.34	61.79	-10.45
2027	8.25	5.44	2.82	2065	53.35	65.46	-12.11
2028	8.82	5.69	3.13	2066	55.42	69.17	-13.75
2029	9.42	5.97	3.46	2067	57.59	72.89	-15.30
2030	9.97	6.37	3.60	2068	59.79	76.84	-17.05
2031	10.47	6.92	3.55	2069	62.04	80.98	-18.95
2032	10.94	7.42	3.52	2070	64.37	85.25	-20.88
2033	11.41	7.99	3.41	2071	66.76	89.77	-23.01
2034	11.92	8.58	3.34	2072	69.17	94.71	-25.54
2035	12.51	9.15	3.36	2073	71.69	99.77	-28.08
2036	13.11	9.83	3.28	2074	74.13	105.44	-31.32
2037	13.78	10.48	3.30	2075	76.54	111.58	-35.04
2038	14.50	11.17	3.33	2076	78.97	118.05	-39.08
2039	15.28	11.87	3.41	2077	81.46	124.75	-43.29
2040	16.12	12.55	3.57	2078	84.01	131.61	-47.59
2041	17.01	13.25	3.75	2079	86.54	138.91	-52.37
2042	18.00	13.94	4.06	2080	89.03	146.68	-57.66

年度	收入	支出	结余	年度	收入	支出	结余
2043	19.11	14.60	4.51	2081	91.51	154.79	-63.28
2044	20.31	15.28	5.03	2082	94.04	163.14	-69.10
2045	21.59	15.97	5.62	2083	96.55	171.82	-75.27
2046	22.97	16.69	6.28	2084	99.09	180.79	-81.70
2047	24.44	17.46	6.99	2085	101.67	189.97	-88.30
2048	26.03	18.21	7.83	2086	104.33	199.31	-94.99
2049	27.70	19.01	8.69	2087	107.10	208.68	-101.58
2050	29.42	19.97	9.44	2088	109.98	218.09	-108.11
2051	31.01	21.40	9.62	2089	113.02	227.50	-114.48
2052	32.59	23.09	9.51	2090	116.22	236.86	-120.64
2053	34.15	24.99	9.16	2091	119.60	246.13	-126.53
2054	35.82	26.87	8.95	2092	123.20	255.30	-132.10
2055	37.51	28.91	8.61	2093	126.99	264.47	-137.47
2056	38.94	31.94	7.00	2094	130.98	273.66	-142.67
2057	40.28	35.45	4.83	2095	135.17	282.83	-147.66

（二）低、中、高情景下的结余

将低、高情景参数分别代入按精算模型所编程序进行计算,结合中情景,可得低、中、高情景下安徽省机关事业单位养老保险各年的结余,如表5.8所示。

表5.8 低、中、高情景下安徽省机关事业单位养老保险的结余（百亿元）

年度	低	中	高	年度	低	中	高
2020	1.60	0.63	-1.00	2058	13.23	2.20	-4.32
2021	1.98	0.92	-0.82	2059	12.12	0.13	-6.69
2022	2.37	1.23	-0.63	2060	11.09	-1.87	-9.01
2023	2.79	1.58	-0.41	2061	9.82	-4.18	-11.66
2024	3.28	1.98	-0.13	2062	8.73	-6.32	-14.15
2025	3.66	2.27	0.00	2063	7.59	-8.52	-16.73

续表

年度	低	中	高	年度	低	中	高
2026	3.98	2.49	0.12	2064	6.71	-10.45	-19.03
2027	4.39	2.82	0.34	2065	6.08	-12.11	-21.09
2028	4.80	3.13	0.54	2066	5.49	-13.75	-23.14
2029	5.22	3.46	0.77	2067	4.98	-15.30	-25.12
2030	5.47	3.60	0.80	2068	4.34	-17.05	-27.33
2031	5.53	3.55	0.66	2069	3.59	-18.95	-29.70
2032	5.60	3.52	0.54	2070	2.84	-20.88	-32.14
2033	5.60	3.41	0.36	2071	1.96	-23.01	-34.77
2034	5.64	3.34	0.20	2072	0.78	-25.54	-37.86
2035	5.79	3.36	0.14	2073	-0.37	-28.08	-41.00
2036	5.85	3.28	-0.03	2074	-2.08	-31.32	-44.86
2037	6.03	3.30	-0.09	2075	-4.18	-35.04	-49.26
2038	6.21	3.33	-0.16	2076	-6.51	-39.08	-54.01
2039	6.46	3.41	-0.17	2077	-8.95	-43.29	-58.95
2040	6.79	3.57	-0.10	2078	-11.44	-47.59	-64.02
2041	7.17	3.75	-0.01	2079	-14.31	-52.37	-69.60
2042	7.67	4.06	0.20	2080	-17.57	-57.66	-75.73
2043	8.32	4.51	0.55	2081	-21.08	-63.28	-82.24
2044	9.07	5.03	0.97	2082	-24.73	-69.10	-88.99
2045	9.88	5.62	1.45	2083	-28.64	-75.27	-96.12
2046	10.79	6.28	2.00	2084	-32.73	-81.70	-103.54
2047	11.77	6.99	2.58	2085	-36.94	-88.30	-111.18
2048	12.89	7.83	3.30	2086	-41.18	-94.99	-118.93
2049	14.05	8.69	4.04	2087	-45.31	-101.58	-126.62
2050	15.14	9.44	4.65	2088	-49.35	-108.11	-134.26
2051	15.74	9.62	4.67	2089	-53.23	-114.48	-141.78
2052	16.12	9.51	4.39	2090	-56.89	-120.64	-149.10

年度	低	中	高	年度	低	中	高
2053	16.31	9.16	3.86	2091	-60.28	-126.53	-156.16
2054	16.64	8.95	3.47	2092	-63.36	-132.10	-162.94
2055	16.89	8.61	2.92	2093	-66.24	-137.47	-169.54
2056	16.09	7.00	1.07	2094	-68.93	-142.67	-175.99
2057	14.84	4.83	-1.39	2095	-71.40	-147.66	-182.25

　　结余的变动趋势如图5.10所示。结合表5.8可见,安徽省机关事业单位养老保险中情景下的结余处于低情景和高情景的结果之间。低情景下的结余出现负数的起始年份较中情景推迟了13年。低、中、高情景下结余在预测期间的年均降幅分别为97.3亿元、197.7亿元和241.7亿元。

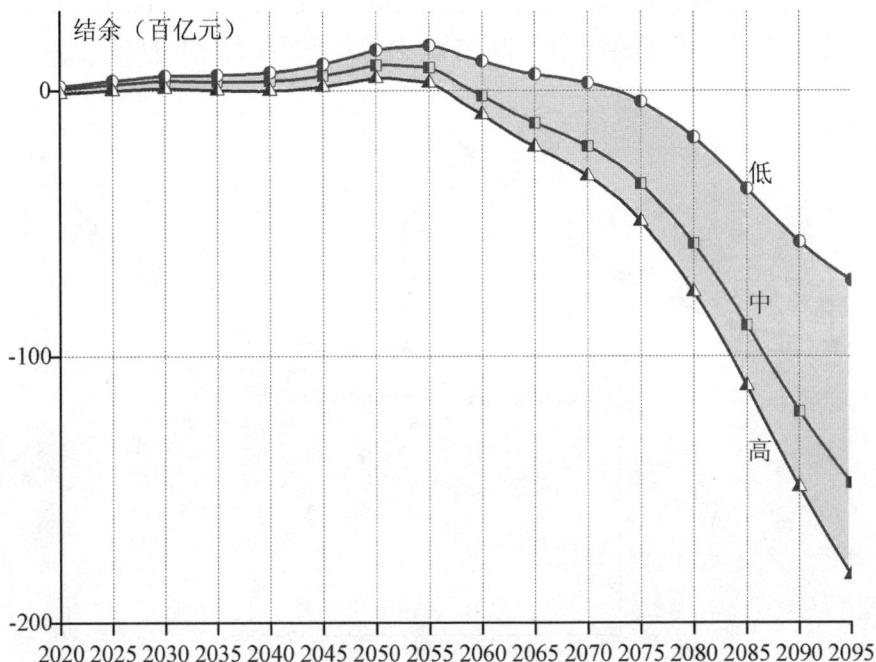

图5.10　低、中、高情景下结余的变动趋势

(三)某些因素对收支结余的影响

1. 机关事业单位基本养老保险个人缴费率的影响

把机关事业单位基本养老保险个人缴费率提高 3 个百分点,对安徽省机关事业单位养老保险收支结余的影响如图 5.11 所示。可见,机关事业单位基本养老保险个人缴费率的提高会使收入和支出较基准情况都有所增长。在预测期间,收入较基准情况的增幅先大于后小于支出的增幅,导致机关事业单位基本养老保险个人缴费率提高后的结余较基准情况的变化值先大于零后逐渐变为小于零,之后滑向更大的负数。预测期末的结余较基准情况下降 18.12%。

2. 缴费工资占统计平均工资比例的影响

缴费工资占统计平均工资比例由 59.08% 降至 53.71%,对安徽省机关事业单位养老保险收支结余的影响如图 5.12 所示。可见,缴费工资占统计平均工资比例的降低会使安徽省机关事业单位养老保险收入和支出较基准情况都有所下降。在预测期间,收入较基准情况的降幅先大于后小于支出的降幅,导致缴费工资占统计平均工资比例降低后的结余较基准情况的变化值先小于零后逐渐变为大于零,之后呈逐步上升的趋势。预测期末的结余较基准情况上升 3.00%。

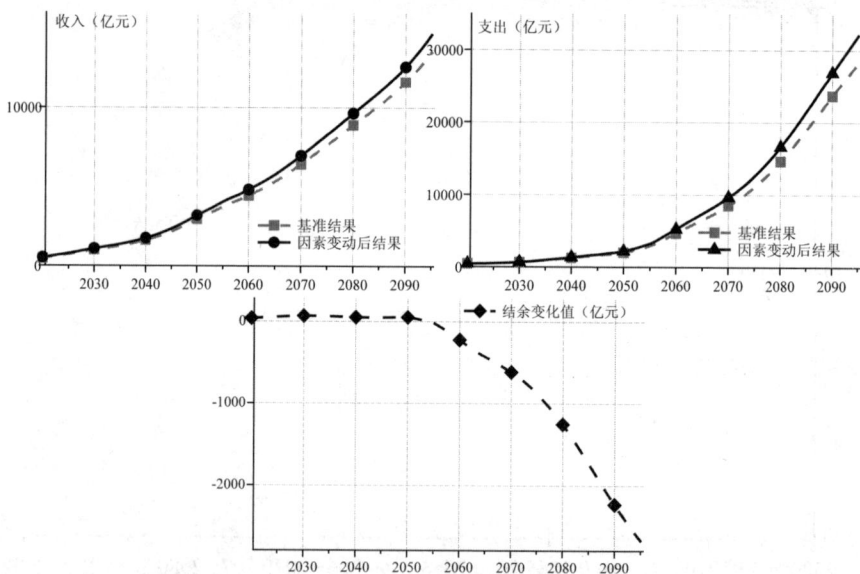

图 5.11 机关事业单位基本养老保险个人缴费率对收支结余的影响

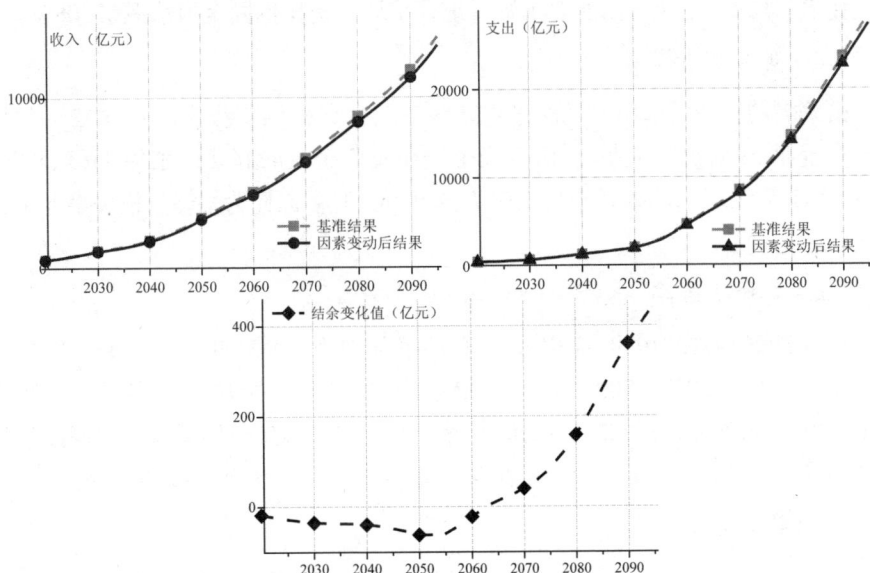

图 5.12 缴费工资占统计平均工资比例对收支结余的影响

第五节 福建省机关事业单位养老保险的精算

一、福建省机关事业单位参保人数

福建省未来各年的城镇分年龄性别人数已由第二章第一节估计得到。在此基础上,进一步可估计出福建省机关事业单位养老保险分年龄性别参保人数。根据《2018 年福建省社会保险指标完成情况》可知,2018 年福建省机关事业单位参保退休人数为 46.58 万人。2018 年末福建省机关事业单位参保职工人数已由第三章第一节估算出,约为 94.19 万人。假设福建省机关事业单位养老保险参保人员分年龄性别分布与该省城镇分年龄性别人数分布一致,于是估计出福建省机关事业单位分年龄性别参保人数的起始分布。

二、福建省经济类参数

(一)缴费工资占统计平均工资的比例

由于福建省公布的数据不够充分,难以估计该省具体的缴费工资占统计平均工资比例。因此,福建省的缴费工资占统计平均工资比例同全国水平 59.08%。

（二）新入职者工资

由薪酬网发布的《2018 年福建省地区毕业生薪酬调查报告》,可知本科学历在国有企业、外商独资企业、外商合资企业和民营企业的起薪分别为 4481、5808、5338 和 4197 元/月,起薪月平均工资为 4956 元/月。以此为福建省机关事业单位新入职者工资。

（三）工资增长率

福建省 2014—2019 年 GDP 实际增长率分别为 9.9%、9.0%、8.4%、8.1%、8.3% 和 7.6%。2020—2095 年的 GDP 实际增长率同全国水平的一致,其中 2020—2025 年为 5.7%,2026—2030 年为 4.8%,以后各年保持不变。根据以往经验,一般假设工资增长率高出 GDP 增长率 0 至 1 个百分点,此处取 0.2 个百分点。

（四）劳动参与率

根据《中国人口和就业统计年鉴—2019》表 1-18 可知 2000—2018 年福建省城镇登记失业率,其平均值为 3.77%。因而福建省城镇人口劳动参与率约为 96.23%。设其在预测期维持不变。

三、福建省养老保险类参数

（一）养老保险覆盖率

前面已知 2018 年福建省机关事业单位参保职工数为 94.19 万人。由《中国人力资源和社会保障年鉴—2019》表 2-2 可知,福建省 2018 年的机关事业单位在岗职工年末人数为 121.0 万人。因此,机关事业单位职工参保率约为 77.84%。以此为福建省 2018 年机关事业单位养老保险覆盖率,以后每年增加 1 个百分点,直至达到 100%。

（二）机关事业单位参保职工占城镇参保职工比例

根据《中国人力资源和社会保障年鉴—2019》分地区城镇职工基本养老保险情况表可知,2018 年福建省的城镇职工基本养老保险参保职工人数为 883.66 万人。那么,福建省机关事业单位参保职工占城镇参保职工比例为 94.19/883.66,约等于 10.66%。

四、福建省机关事业单位养老保险收支结余

（一）中情景下收支结余精算结果

将上述估计的参数基准值代入根据第一章陈述的精算模型所编程序进行计

算,得到中情景下福建省机关事业单位养老保险各年的收入、支出和结余,如表5.9所示。可见,在中情景下,福建省机关事业单位养老保险的收入和支出均会随年份推移而逐年增长,但支出的增速快于收入的增速,使得机关事业单位养老保险的结余在2040年开始出现负数,以后年份的支付缺口会持续上升,并在预测期末达到最大,为6542亿元。

表5.9　中情景下福建省机关事业单位养老保险2020—2095年收支结余(百亿元)

年度	收入	支出	结余	年度	收入	支出	结余
2020	3.87	3.40	0.47	2058	19.89	26.39	−6.50
2021	4.10	3.54	0.56	2059	20.75	27.36	−6.61
2022	4.32	3.66	0.66	2060	21.61	28.47	−6.86
2023	4.55	3.79	0.76	2061	22.46	29.74	−7.28
2024	4.82	3.92	0.90	2062	23.34	31.06	−7.73
2025	5.07	4.07	1.00	2063	24.32	32.22	−7.90
2026	5.26	4.32	0.94	2064	25.34	33.48	−8.14
2027	5.49	4.55	0.94	2065	26.39	34.86	−8.47
2028	5.73	4.83	0.90	2066	27.47	36.38	−8.91
2029	5.97	5.12	0.85	2067	28.55	38.08	−9.53
2030	6.26	5.41	0.86	2068	29.67	39.87	−10.20
2031	6.55	5.76	0.79	2069	30.72	42.02	−11.30
2032	6.80	6.10	0.70	2070	31.70	44.48	−12.78
2033	7.06	6.46	0.60	2071	32.70	47.04	−14.34
2034	7.32	6.88	0.44	2072	33.73	49.70	−15.97
2035	7.61	7.29	0.32	2073	34.89	52.17	−17.28
2036	7.88	7.75	0.13	2074	35.84	55.34	−19.50
2037	8.23	8.19	0.04	2075	36.59	59.28	−22.70
2038	8.69	8.61	0.08	2076	37.43	63.00	−25.57
2039	9.13	9.11	0.02	2077	38.27	66.86	−28.59
2040	9.56	9.66	−0.09	2078	39.31	70.26	−30.95
2041	10.00	10.18	−0.18	2079	40.27	74.04	−33.77

续表

年度	收入	支出	结余	年度	收入	支出	结余
2042	10.50	10.75	-0.25	2080	41.25	77.88	-36.63
2043	11.05	11.28	-0.23	2081	42.30	81.69	-39.40
2044	11.59	11.91	-0.32	2082	43.42	85.44	-42.02
2045	12.08	12.72	-0.64	2083	44.63	89.09	-44.46
2046	12.61	13.52	-0.91	2084	45.93	92.67	-46.75
2047	13.11	14.43	-1.32	2085	47.31	96.20	-48.88
2048	13.60	15.42	-1.82	2086	48.79	99.66	-50.87
2049	14.16	16.32	-2.16	2087	50.36	103.12	-52.76
2050	14.76	17.22	-2.46	2088	52.03	106.57	-54.54
2051	15.32	18.29	-2.97	2089	53.80	110.01	-56.21
2052	15.85	19.51	-3.66	2090	55.75	113.47	-57.72
2053	16.33	20.94	-4.62	2091	57.80	116.99	-59.19
2054	17.01	21.90	-4.89	2092	59.94	120.63	-60.68
2055	17.79	22.71	-4.93	2093	62.17	124.41	-62.23
2056	18.48	23.87	-5.39	2094	64.48	128.28	-63.80
2057	19.18	25.08	-5.91	2095	66.88	132.30	-65.42

（二）低、中、高情景下的结余

将低、高情景参数分别代入按精算模型所编程序进行计算，结合中情景，可得低、中、高情景下福建省机关事业单位养老保险各年的结余，如表5.10所示。

表5.10　低、中、高情景下福建省机关事业单位养老保险的结余（百亿元）

年度	低	中	高	年度	低	中	高
2020	1.27	0.47	-0.86	2058	0.54	-6.50	-10.75
2021	1.42	0.56	-0.87	2059	0.74	-6.61	-10.97
2022	1.58	0.66	-0.86	2060	0.83	-6.86	-11.33
2023	1.74	0.76	-0.86	2061	0.79	-7.28	-11.88
2024	1.94	0.90	-0.82	2062	0.74	-7.73	-12.45
2025	2.10	1.00	-0.83	2063	0.92	-7.90	-12.76

年度	低	中	高	年度	低	中	高
2026	2.11	0.94	−0.96	2064	1.06	−8.14	−13.14
2027	2.17	0.94	−1.05	2065	1.14	−8.47	−13.64
2028	2.20	0.90	−1.16	2066	1.15	−8.91	−14.25
2029	2.22	0.85	−1.29	2067	1.01	−9.53	−15.05
2030	2.31	0.86	−1.37	2068	0.86	−10.20	−15.91
2031	2.31	0.79	−1.51	2069	0.35	−11.30	−17.23
2032	2.30	0.70	−1.66	2070	−0.48	−12.78	−18.93
2033	2.27	0.60	−1.82	2071	−1.36	−14.34	−20.74
2034	2.19	0.44	−2.04	2072	−2.28	−15.97	−22.63
2035	2.16	0.32	−2.21	2073	−2.91	−17.28	−24.21
2036	2.07	0.13	−2.46	2074	−4.31	−19.50	−26.73
2037	2.08	0.04	−2.61	2075	−6.51	−22.70	−30.26
2038	2.22	0.08	−2.64	2076	−8.43	−25.57	−33.47
2039	2.27	0.02	−2.76	2077	−10.46	−28.59	−36.85
2040	2.29	−0.09	−2.93	2078	−11.93	−30.95	−39.56
2041	2.33	−0.18	−3.07	2079	−13.77	−33.77	−42.75
2042	2.40	−0.25	−3.21	2080	−15.63	−36.63	−45.99
2043	2.57	−0.23	−3.24	2081	−17.40	−39.40	−49.16
2044	2.64	−0.32	−3.40	2082	−19.03	−42.02	−52.18
2045	2.52	−0.64	−3.78	2083	−20.49	−44.46	−55.04
2046	2.46	−0.91	−4.12	2084	−21.82	−46.75	−57.76
2047	2.28	−1.32	−4.60	2085	−23.00	−48.88	−60.33
2048	2.04	−1.82	−5.17	2086	−24.04	−50.87	−62.76
2049	1.95	−2.16	−5.58	2087	−24.98	−52.76	−65.10
2050	1.91	−2.46	−5.96	2088	−25.81	−54.54	−67.36
2051	1.70	−2.97	−6.54	2089	−26.51	−56.21	−69.51

年度	低	中	高	年度	低	中	高
2052	1.35	-3.66	-7.33	2090	-27.05	-57.72	-71.53
2053	0.78	-4.62	-8.38	2091	-27.52	-59.19	-73.52
2054	0.80	-4.89	-8.74	2092	-27.98	-60.68	-75.55
2055	1.03	-4.93	-8.86	2093	-28.46	-62.23	-77.67
2056	0.91	-5.39	-9.42	2094	-28.93	-63.80	-79.81
2057	0.75	-5.91	-10.04	2095	-29.41	-65.42	-82.05

结余的变动趋势如图5.13所示。结合表5.10可见,福建省机关事业单位养老保险中情景下的结余处于低情景和高情景的结果之间。低情景和高情景下的结余出现负数的起始年份较中情景分别推迟了30年和提前了20年。低、中、高情景下结余在预测期间的年均降幅分别为40.9亿元、87.9亿元和108.2亿元。

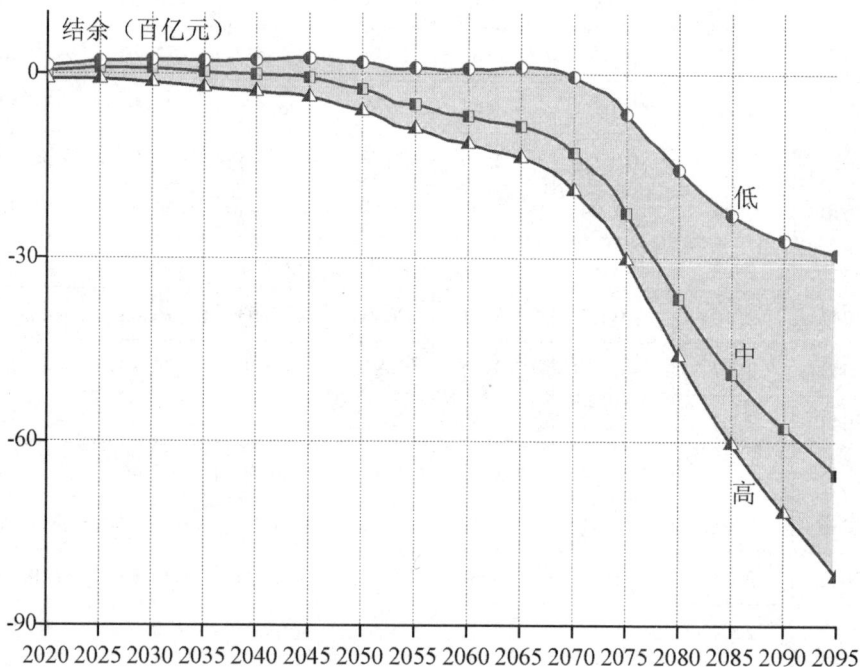

图5.13 低、中、高情景下结余的变动趋势

（三）某些因素对收支结余的影响

1. 机关事业单位基本养老保险个人缴费率的影响

把机关事业单位基本养老保险个人缴费率提高 3 个百分点,对福建省机关事业单位养老保险收支结余的影响如图 5.14 所示。可见,机关事业单位基本养老保险个人缴费率的提高会使收入和支出较基准情况都有所增长。在预测期间,收入较基准情况的增幅先大于后小于支出的增幅,导致机关事业单位基本养老保险个人缴费率提高后的结余较基准情况的变化值先大于零后逐渐变为小于零,之后滑向更大的负数。预测期末的结余较基准情况下降 18.55%。

2. 缴费工资占统计平均工资比例的影响

缴费工资占统计平均工资比例由 59.08% 降至 53.71%,对福建省机关事业单位养老保险收支结余的影响如图 5.15 所示。可见,缴费工资占统计平均工资比例的降低会使福建省机关事业单位养老保险收入和支出较基准情况都有所下降。在预测期间,收入较基准情况的降幅先大于后小于支出的降幅,导致缴费工资占统计平均工资比例降低后的结余较基准情况的变化值先小于零后逐渐变为大于零,之后呈逐步上升的趋势。预测期末的结余较基准情况上升 2.94%。

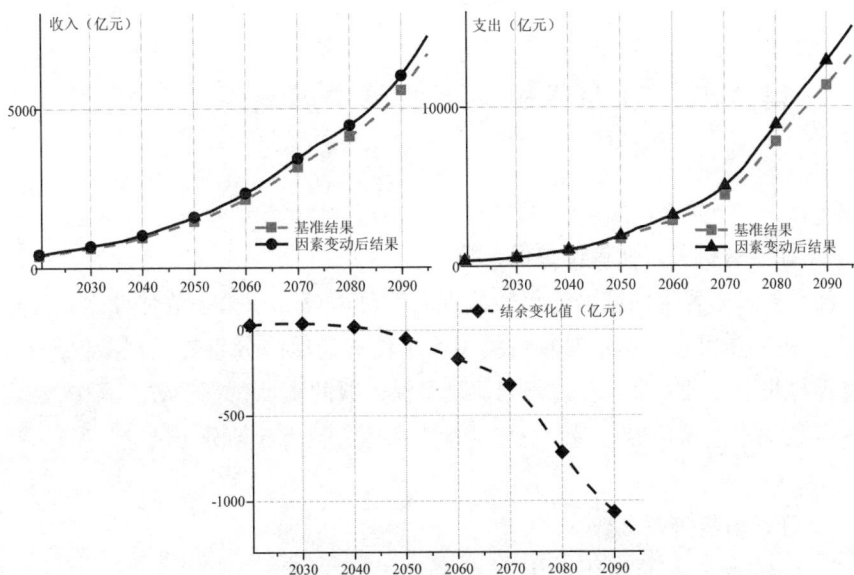

图 5.14 机关事业单位基本养老保险个人缴费率对收支结余的影响

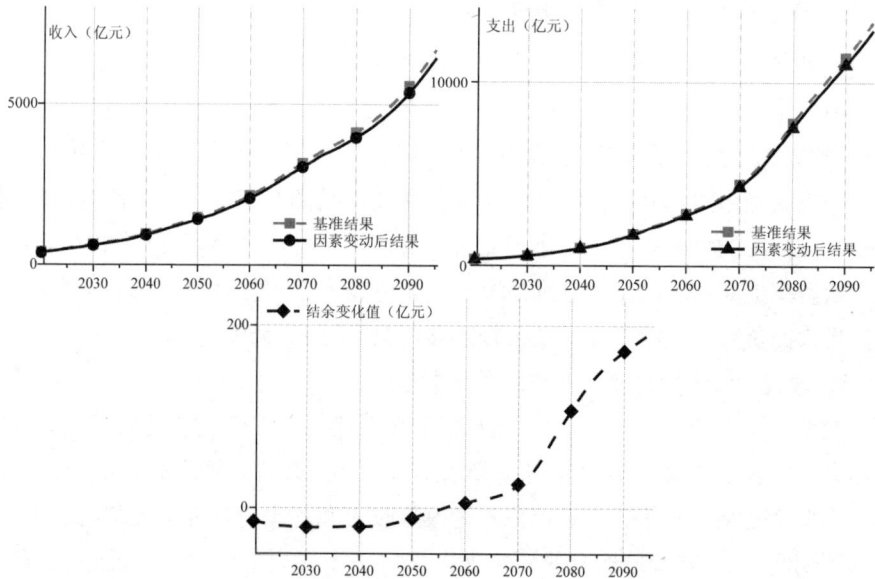

图 5.15 缴费工资占统计平均工资比例对收支结余的影响

第六节 江西省机关事业单位养老保险的精算

一、江西省机关事业单位参保人数

江西省未来各年的城镇分年龄性别人数已由第二章第一节估计得到。在此基础上,进一步可估计出江西省机关事业单位养老保险分年龄性别参保人数,估计过程与北京市机关事业单位养老保险参保人数的统计过程一致。其中,江西省2018年机关事业单位养老保险分年龄性别参保人数为起始分布。

二、江西省经济类参数

(一)缴费工资占统计平均工资的比例

根据《2018年江西省人力资源和社会保障事业发展统计公报》可知,2018年江西省城镇职工基本养老保险的征缴收入为877.81亿元。由《中国人力资源和社会保障年鉴—2019》表5-6得到2018年江西省城镇职工基本养老保险参保职工数为719.72万人。按缴费率28%计算,得年度人均缴费工资为43559元。由

《中国人力资源和社会保障年鉴—2018》可知,2017 年江西省城镇在岗职工平均工资为 63069 元,用该缴费工资除以在岗职工平均工资,得到 2018 年江西省城镇职工缴费工资占统计平均工资的比例约为 69.07%。假设预测期间江西省机关事业单位工作人员的缴费工资占统计平均工资的比例与此相同。

（二）新入职者工资

由薪酬网发布的《2018 年江西省地区毕业生薪酬调查报告》,可知本科学历在国有企业、外商独资企业、外商合资企业和民营企业的起薪分别为 4011、5247、4754 和 3703 元/月,起薪月平均工资为 4428.8 元/月。以此为江西省机关事业单位新入职者工资。

（三）工资增长率

江西省 2014—2019 年 GDP 实际增长率分别为 9.7%、9.1%、9.0%、8.8%、8.7% 和 8.0%。2020—2095 年的 GDP 实际增长率同全国水平的一致,其中 2020—2025 年为 5.7%,2026—2030 年为 4.8%,以后各年保持不变。根据以往经验,一般假设工资增长率高出 GDP 增长率 0 至 1 个百分点,此处取 0.2 个百分点。

（四）劳动参与率

根据《中国人口和就业统计年鉴—2019》表 1-18 可知 2000—2018 年江西省城镇登记失业率,其平均值为 3.34%。因而江西省城镇人口劳动参与率约为 96.66%。设其在预测期维持不变。

三、江西省养老保险类参数

（一）养老保险覆盖率

第三章第一节已估算出 2018 年江西省机关事业单位参保职工数为 98.52 万人。由《中国人力资源和社会保障年鉴—2019》表 2-2 可知,江西省 2018 年的机关事业单位在岗职工年末人数为 135.10 万人。因此,机关事业单位职工参保率约为 72.92%。以此为江西省 2018 年机关事业单位养老保险覆盖率,以后每年增加 1 个百分点,直至达到 100%。

（二）机关事业单位参保职工占城镇参保职工比例

根据《中国人力资源和社会保障年鉴—2019》分地区城镇职工基本养老保险情况表可知,2018 年江西省的城镇职工基本养老保险参保职工人数为 719.72 万人。那么,江西省机关事业单位参保职工占城镇参保职工比例为 98.52/719.72,约等于 13.69%。

四、江西省机关事业单位养老保险收支结余

（一）中情景下收支结余精算结果

将上述估计的参数基准值代入根据第一章陈述的精算模型所编程序进行计算，得到中情景下江西省机关事业单位养老保险各年的收入、支出和结余，如表5.11所示。可见，在中情景下，江西省机关事业单位养老保险的收入和支出均会随年份推移而逐年增长，但支出的增速快于收入的增速，使得机关事业单位养老保险的结余在2063年开始出现负数，以后年份的支付缺口会持续上升，并在预测期末达到最大，为9113亿元。

表5.11　中情景下江西省机关事业单位养老保险2020—2095年收支结余（百亿元）

年度	收入	支出	结余	年度	收入	支出	结余
2020	3.95	3.28	0.67	2058	28.75	26.61	2.14
2021	4.23	3.44	0.79	2059	29.91	28.71	1.19
2022	4.51	3.58	0.93	2060	31.19	30.65	0.54
2023	4.79	3.74	1.05	2061	32.64	32.36	0.28
2024	5.07	3.89	1.18	2062	34.19	34.02	0.16
2025	5.31	4.07	1.25	2063	35.78	35.84	−0.06
2026	5.53	4.34	1.19	2064	37.27	38.28	−1.01
2027	5.82	4.60	1.22	2065	38.80	40.94	−2.14
2028	6.13	4.89	1.23	2066	40.34	43.77	−3.43
2029	6.46	5.20	1.26	2067	41.90	46.80	−4.90
2030	6.83	5.53	1.31	2068	43.44	50.10	−6.66
2031	7.20	5.91	1.29	2069	44.95	53.67	−8.72
2032	7.54	6.31	1.23	2070	46.36	57.64	−11.28
2033	7.88	6.74	1.14	2071	47.84	61.70	−13.86
2034	8.26	7.17	1.10	2072	49.39	65.82	−16.43
2035	8.68	7.61	1.07	2073	51.00	69.98	−18.98
2036	9.09	8.12	0.96	2074	52.42	74.87	−22.46
2037	9.58	8.62	0.96	2075	53.72	80.29	−26.57
2038	10.18	9.09	1.10	2076	55.10	85.65	−30.55

续表

年度	收入	支出	结余	年度	收入	支出	结余
2039	10.81	9.57	1.24	2077	56.63	90.76	−34.13
2040	11.43	10.06	1.38	2078	58.26	95.80	−37.54
2041	12.08	10.59	1.49	2079	59.94	100.91	−40.97
2042	12.78	11.12	1.66	2080	61.67	106.13	−44.45
2043	13.57	11.57	2.00	2081	63.49	111.39	−47.90
2044	14.39	12.06	2.33	2082	65.40	116.65	−51.25
2045	15.20	12.68	2.52	2083	67.41	121.96	−54.55
2046	16.08	13.28	2.81	2084	69.53	127.30	−57.77
2047	16.97	13.98	2.99	2085	71.77	132.66	−60.89
2048	17.89	14.72	3.17	2086	74.13	138.04	−63.90
2049	18.91	15.38	3.53	2087	76.64	143.43	−66.79
2050	19.97	16.11	3.86	2088	79.27	148.90	−69.63
2051	21.01	16.99	4.02	2089	82.02	154.47	−72.46
2052	22.00	18.12	3.88	2090	84.88	160.17	−75.29
2053	22.93	19.54	3.39	2091	87.85	166.02	−78.18
2054	24.06	20.58	3.48	2092	90.91	172.08	−81.16
2055	25.21	21.73	3.48	2093	94.16	178.41	−84.24
2056	26.42	22.99	3.43	2094	97.48	185.04	−87.56
2057	27.65	24.49	3.16	2095	100.87	192.00	−91.13

（二）低、中、高情景下的结余

将低、高情景参数分别代入按精算模型所编程序进行计算,结合中情景,可得低、中、高情景下江西省机关事业单位养老保险各年的结余,如表5.12所示。

表 5.12　低、中、高情景下江西省机关事业单位养老保险的结余（百亿元）

年度	低	中	高	年度	低	中	高
2020	1.47	0.67	−0.63	2058	9.72	2.14	−2.60
2021	1.64	0.79	−0.62	2059	9.37	1.19	−3.73
2022	1.85	0.93	−0.58	2060	9.27	0.54	−4.57
2023	2.04	1.05	−0.57	2061	9.52	0.28	−5.00

续表

年度	低	中	高	年度	低	中	高
2024	2.23	1.18	-0.55	2062	9.91	0.16	-5.31
2025	2.36	1.25	-0.60	2063	10.22	-0.06	-5.73
2026	2.37	1.19	-0.74	2064	9.96	-1.01	-6.91
2027	2.48	1.22	-0.79	2065	9.57	-2.14	-8.31
2028	2.56	1.23	-0.86	2066	9.06	-3.43	-9.88
2029	2.67	1.26	-0.93	2067	8.42	-4.90	-11.64
2030	2.80	1.31	-0.97	2068	7.56	-6.66	-13.72
2031	2.87	1.29	-1.07	2069	6.45	-8.72	-16.12
2032	2.89	1.23	-1.19	2070	4.94	-11.28	-19.04
2033	2.89	1.14	-1.35	2071	3.42	-13.86	-22.00
2034	2.94	1.10	-1.47	2072	1.95	-16.43	-24.98
2035	3.01	1.07	-1.57	2073	0.51	-18.98	-27.96
2036	3.01	0.96	-1.74	2074	-1.69	-22.46	-31.90
2037	3.12	0.96	-1.81	2075	-4.40	-26.57	-36.52
2038	3.38	1.10	-1.75	2076	-6.99	-30.55	-41.02
2039	3.65	1.24	-1.69	2077	-9.24	-34.13	-45.12
2040	3.92	1.38	-1.62	2078	-11.32	-37.54	-49.07
2041	4.18	1.49	-1.58	2079	-13.40	-40.97	-53.06
2042	4.50	1.66	-1.48	2080	-15.50	-44.45	-57.12
2043	4.98	2.00	-1.21	2081	-17.55	-47.90	-61.17
2044	5.47	2.33	-0.95	2082	-19.49	-51.25	-65.13
2045	5.85	2.52	-0.84	2083	-21.36	-54.55	-69.08
2046	6.32	2.81	-0.63	2084	-23.13	-57.77	-72.97
2047	6.73	2.99	-0.52	2085	-24.79	-60.89	-76.78
2048	7.13	3.17	-0.43	2086	-26.33	-63.90	-80.49
2049	7.72	3.53	-0.15	2087	-27.73	-66.79	-84.10
2050	8.30	3.86	0.09	2088	-29.06	-69.63	-87.69

续表

年度	低	中	高	年度	低	中	高
2051	8.74	4.02	0.16	2089	−30.34	−72.46	−91.29
2052	8.94	3.88	−0.08	2090	−31.59	−75.29	−94.92
2053	8.85	3.39	−0.68	2091	−32.85	−78.18	−98.62
2054	9.27	3.48	−0.70	2092	−34.16	−81.16	−102.45
2055	9.61	3.48	−0.81	2093	−35.49	−84.24	−106.42
2056	9.95	3.43	−0.99	2094	−36.98	−87.56	−110.64
2057	10.14	3.16	−1.40	2095	−38.64	−91.13	−115.16

结余的变动趋势如图 5.16 所示。结合表 5.12 可见,江西省机关事业单位养老保险中情景下的结余处于低情景和高情景的结果之间。低情景和高情景下的结余出现负数的起始年份较中情景分别推迟了 11 年和提前了 43 年。低、中、高情景下结余在预测期间的年均降幅分别为 53.5 亿元、122.4 亿元和 152.7 亿元。

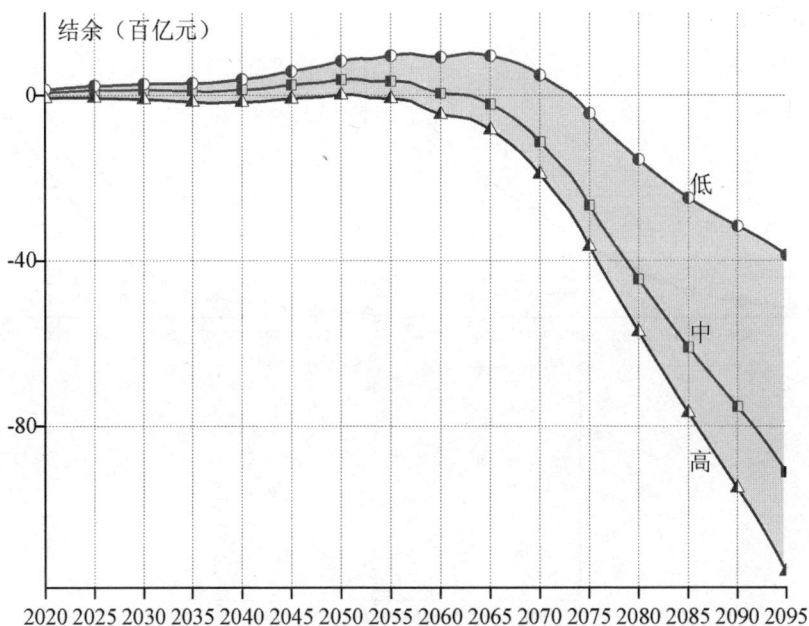

图 5.16 低、中、高情景下结余的变动趋势

（三）某些因素对收支结余的影响

1. 机关事业单位基本养老保险个人缴费率的影响

把机关事业单位基本养老保险个人缴费率提高3个百分点，对江西省机关事业单位养老保险收支结余的影响如图5.17所示。可见，机关事业单位基本养老保险个人缴费率的提高会使收入和支出较基准情况都有所增长。在预测期间，收入较基准情况的增幅先大于后小于支出的增幅，导致机关事业单位基本养老保险个人缴费率提高后的结余较基准情况的变化值先大于零后逐渐变为小于零，之后滑向更大的负数。预测期末的结余较基准情况下降19.25%。

2. 缴费工资占统计平均工资比例的影响

缴费工资占统计平均工资的比例由69.07%降至全国的该比例变动后的水平53.71%，分析其对机关事业单位养老保险收支结余的影响，结果如图5.18所示。可见，缴费工资占统计平均工资比例的降低会使江西省机关事业单位养老保险收入和支出较基准情况都有所下降。在预测期间，收入较基准情况的降幅先大于后小于支出的降幅，导致缴费工资占统计平均工资比例降低后的结余较基准情况的变化值先小于零后逐渐变为大于零，之后呈逐步上升的趋势。预测期末的结余较基准情况上升7.92%。

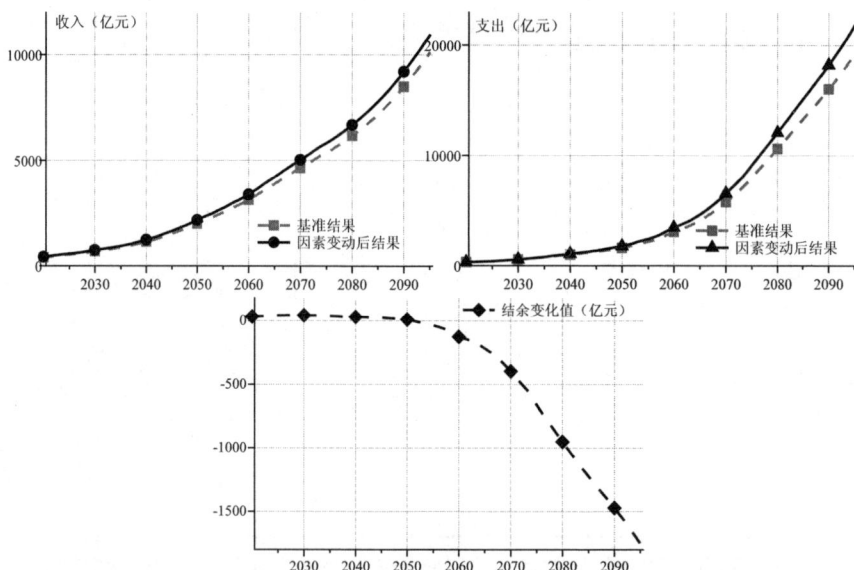

图5.17 机关事业单位基本养老保险个人缴费率对收支结余的影响

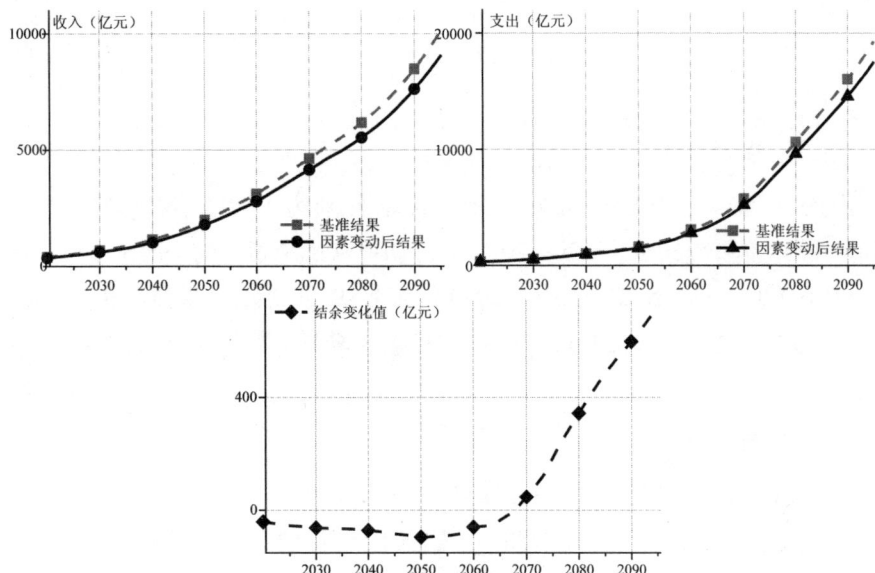

图 5.18　缴费工资占统计平均工资比例对收支结余的影响

第七节　山东省机关事业单位养老保险的精算

一、山东省机关事业单位参保人数

山东省未来各年的城镇分年龄性别人数已由第二章第一节估计得到。在此基础上,进一步可估计出山东省机关事业单位养老保险分年龄性别参保人数,估计过程与北京市机关事业单位养老保险参保人数的统计过程一致。其中,山东省2018 年机关事业单位养老保险分年龄性别参保人数为起始分布。

二、山东省经济类参数

(一)缴费工资占统计平均工资的比例

由于山东省公布的数据不够充分,难以估计该省具体的缴费工资占统计平均工资比例。因此,山东省的缴费工资占统计平均工资比例同全国水平59.08%。

(二)新入职者工资

由薪酬网发布的《2018 年山东省地区毕业生薪酬调查报告》,可知本科学历在国有企业、外商独资企业、外商合资企业和民营企业的起薪分别为4727、5753、5356和4243元/月,起薪月平均工资为5019.8元/月。以此为山东省机关事业单位新入职者工资。

(三)工资增长率

山东省2014—2019年GDP实际增长率分别为8.70%、8.00%、7.60%、7.40%、6.38%和5.50%。2020—2095年的GDP实际增长率同全国水平的一致,其中2020—2025年为5.7%,2026—2030年为4.8%,以后各年保持不变。根据以往经验,一般假设工资增长率高出GDP增长率0至1个百分点,此处取0.2个百分点。

(四)劳动参与率

根据《中国人口和就业统计年鉴—2019》表1-18可知2000—2018年山东省城镇登记失业率,其平均值为3.38%。因而山东省城镇人口劳动参与率约为96.62%。设其在预测期维持不变。

三、山东省养老保险类参数

(一)养老保险覆盖率

第三章第一节已估算出2018年山东省机关事业单位参保职工数为246.81万人。由《中国人力资源和社会保障年鉴—2019》表2-2可知,山东省2018年的机关事业单位在岗职工年末人数为294.10万人。因此,机关事业单位职工参保率约为83.92%。以此为山东省2018年机关事业单位养老保险覆盖率,以后每年增加1个百分点,直至达到100%。

(二)机关事业单位参保职工占城镇参保职工比例

根据《中国人力资源和社会保障年鉴—2019》分地区城镇职工基本养老保险情况表可知,2018年山东省的城镇职工基本养老保险参保职工人数为2085.56万人。那么,山东省机关事业单位参保职工占城镇参保职工比例为246.81/2085.56,约等于11.83%。

四、山东省机关事业单位养老保险收支结余

(一)中情景下收支结余精算结果

将上述估计的参数基准值代入根据第一章陈述的精算模型所编程序进行计算,得到中情景下山东省机关事业单位养老保险各年的收入、支出和结余,如

表5.13所示。可见,在中情景下,山东省机关事业单位养老保险的收入和支出均会随年份推移而逐年增长,但支出的增速快于收入的增速,使得机关事业单位养老保险的结余在2041年开始出现负数,以后年份的支付缺口会持续上升,并在预测期末达到最大,为20228亿元。

表5.13　中情景下山东省机关事业单位养老保险2020—2095年收支结余(百亿元)

年度	收入	支出	结余	年度	收入	支出	结余
2020	10.33	9.35	0.98	2058	53.91	75.82	−21.90
2021	11.10	9.75	1.35	2059	55.63	80.22	−24.59
2022	11.84	10.10	1.74	2060	57.53	84.31	−26.78
2023	12.53	10.52	2.02	2061	59.45	88.51	−29.05
2024	13.30	10.89	2.41	2062	61.49	92.58	−31.09
2025	13.99	11.39	2.60	2063	63.52	96.87	−33.35
2026	14.64	12.07	2.57	2064	65.59	101.20	−35.61
2027	15.42	12.64	2.78	2065	67.64	105.88	−38.24
2028	16.24	13.28	2.96	2066	69.73	110.73	−41.00
2029	17.16	13.89	3.27	2067	71.78	115.90	−44.12
2030	18.04	14.66	3.38	2068	73.69	121.77	−48.07
2031	18.83	15.73	3.10	2069	75.73	127.64	−51.91
2032	19.57	16.69	2.87	2070	77.75	133.95	−56.20
2033	20.28	17.83	2.45	2071	79.93	140.11	−60.17
2034	21.05	18.96	2.09	2072	82.08	146.83	−64.75
2035	21.98	20.02	1.96	2073	84.38	153.62	−69.24
2036	22.94	21.28	1.66	2074	86.56	160.89	−74.33
2037	23.92	22.55	1.36	2075	88.61	168.76	−80.15
2038	24.86	24.08	0.78	2076	90.68	176.80	−86.12
2039	25.89	25.55	0.35	2077	92.84	184.79	−91.95
2040	27.01	26.92	0.09	2078	95.42	191.74	−96.32
2041	28.05	28.37	−0.32	2079	97.79	199.64	−101.85
2042	29.26	29.85	−0.58	2080	100.08	208.12	−108.04

年度	收入	支出	结余	年度	收入	支出	结余
2043	30.62	31.33	−0.71	2081	102.36	216.91	−114.55
2044	32.04	32.92	−0.87	2082	104.69	225.92	−121.23
2045	33.54	34.57	−1.03	2083	107.05	235.10	−128.04
2046	35.15	36.24	−1.09	2084	109.50	244.35	−134.85
2047	36.83	38.03	−1.20	2085	112.04	253.64	−141.60
2048	38.64	39.75	−1.11	2086	114.71	262.93	−148.22
2049	40.39	41.83	−1.44	2087	117.51	272.13	−154.62
2050	42.01	44.46	−2.45	2088	120.43	281.30	−160.87
2051	43.55	47.38	−3.83	2089	123.47	290.48	−167.01
2052	45.05	50.60	−5.55	2090	126.63	299.65	−173.02
2053	46.48	54.11	−7.64	2091	129.89	308.85	−178.97
2054	48.12	57.43	−9.31	2092	133.25	318.20	−184.96
2055	49.80	60.96	−11.16	2093	136.77	327.60	−190.83
2056	51.24	65.45	−14.21	2094	140.45	337.08	−196.62
2057	52.61	70.43	−17.82	2095	144.30	346.58	−202.28

（二）低、中、高情景下的结余

将低、高情景参数分别代入按精算模型所编程序进行计算，结合中情景，可得低、中、高情景下山东省机关事业单位养老保险各年的结余，如表5.14所示。

表5.14　低、中、高情景下山东省机关事业单位养老保险的结余（百亿元）

年度	低	中	高	年度	低	中	高
2020	3.07	0.98	−2.53	2058	−1.90	−21.90	−33.66
2021	3.62	1.35	−2.44	2059	−3.37	−24.59	−36.69
2022	4.18	1.74	−2.32	2060	−4.41	−26.78	−39.23
2023	4.64	2.02	−2.33	2061	−5.50	−29.05	−41.86
2024	5.22	2.41	−2.23	2062	−6.38	−31.09	−44.27
2025	5.59	2.60	−2.37	2063	−7.44	−33.35	−46.92

续表

年度	低	中	高	年度	低	中	高
2026	5.75	2.57	-2.62	2064	-8.49	-35.61	-49.59
2027	6.15	2.78	-2.64	2065	-9.82	-38.24	-52.68
2028	6.53	2.96	-2.69	2066	-11.24	-41.00	-55.93
2029	7.04	3.27	-2.62	2067	-12.95	-44.12	-59.57
2030	7.36	3.38	-2.74	2068	-15.33	-48.07	-64.09
2031	7.31	3.10	-3.23	2069	-17.59	-51.91	-68.52
2032	7.29	2.87	-3.63	2070	-20.18	-56.20	-73.44
2033	7.09	2.45	-4.23	2071	-22.49	-60.17	-78.04
2034	6.96	2.09	-4.76	2072	-25.26	-64.75	-83.32
2035	7.07	1.96	-5.07	2073	-27.89	-69.24	-88.55
2036	7.05	1.66	-5.54	2074	-31.03	-74.33	-94.40
2037	7.04	1.36	-6.01	2075	-34.78	-80.15	-101.02
2038	6.78	0.78	-6.76	2076	-38.65	-86.12	-107.83
2039	6.67	0.35	-7.37	2077	-42.39	-91.95	-114.51
2040	6.75	0.09	-7.79	2078	-44.90	-96.32	-119.70
2041	6.69	-0.32	-8.36	2079	-48.35	-101.85	-126.11
2042	6.80	-0.58	-8.78	2080	-52.32	-108.04	-133.23
2043	7.07	-0.71	-9.07	2081	-56.53	-114.55	-140.71
2044	7.33	-0.87	-9.40	2082	-60.86	-121.23	-148.41
2045	7.63	-1.03	-9.72	2083	-65.26	-128.04	-156.26
2046	8.05	-1.09	-9.95	2084	-69.63	-134.85	-164.14
2047	8.47	-1.20	-10.23	2085	-73.93	-141.60	-171.99
2048	9.09	-1.11	-10.31	2086	-78.08	-148.22	-179.73
2049	9.37	-1.44	-10.82	2087	-82.02	-154.62	-187.27
2050	9.09	-2.45	-12.03	2088	-85.82	-160.87	-194.68
2051	8.50	-3.83	-13.62	2089	-89.49	-167.01	-202.00
2052	7.64	-5.55	-15.55	2090	-93.04	-173.02	-209.22

年度	低	中	高	年度	低	中	高
2053	6.48	-7.64	-17.87	2091	-96.50	-178.97	-216.37
2054	5.72	-9.31	-19.78	2092	-99.97	-184.96	-223.61
2055	4.86	-11.16	-21.89	2093	-103.30	-190.83	-230.76
2056	3.02	-14.21	-25.25	2094	-106.52	-196.62	-237.86
2057	0.74	-17.82	-29.21	2095	-109.59	-202.28	-244.84

结余的变动趋势如图 5.19 所示。结合表 5.14 可见,山东省机关事业单位养老保险中情景下的结余处于低情景和高情景的结果之间。低情景和高情景下的结余出现负数的起始年份较中情景分别推迟了 17 年和提前了 21 年。低、中、高情景下结余在预测期间的年均降幅分别为 150.2 亿元、271.0 亿元和 323.1 亿元。

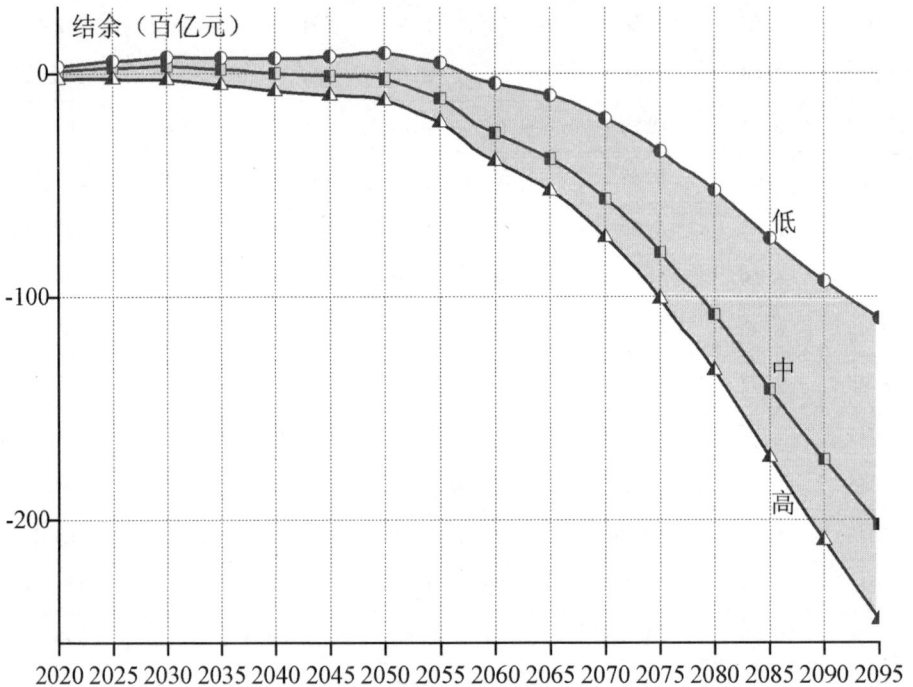

图 5.19　低、中、高情景下结余的变动趋势

（三）某些因素对收支结余的影响

1. 机关事业单位基本养老保险个人缴费率的影响

把机关事业单位基本养老保险个人缴费率提高 3 个百分点,对山东省机关事业单位养老保险收支结余的影响如图 5.20 所示。可见,机关事业单位基本养老保险个人缴费率的提高会使收入和支出较基准情况都有所增长。在预测期间,收入较基准情况的增幅先大于后小于支出的增幅,导致机关事业单位基本养老保险个人缴费率提高后的结余较基准情况的变化值先大于零后逐渐变为小于零,之后滑向更大的负数。预测期末的结余较基准情况下降 16.87%。

2. 缴费工资占统计平均工资比例的影响

缴费工资占统计平均工资比例由 59.08% 降至 53.71%,对山东省机关事业单位养老保险收支结余的影响如图 5.21 所示。可见,缴费工资占统计平均工资比例的降低会使山东省机关事业单位养老保险收入和支出较基准情况都有所下降。在预测期间,收入较基准情况的降幅先大于后小于支出的降幅,导致缴费工资占统计平均工资比例降低后的结余较基准情况的变化值先小于零后逐渐变为大于零,之后呈逐步上升的趋势。预测期末的结余较基准情况上升 3.07%。

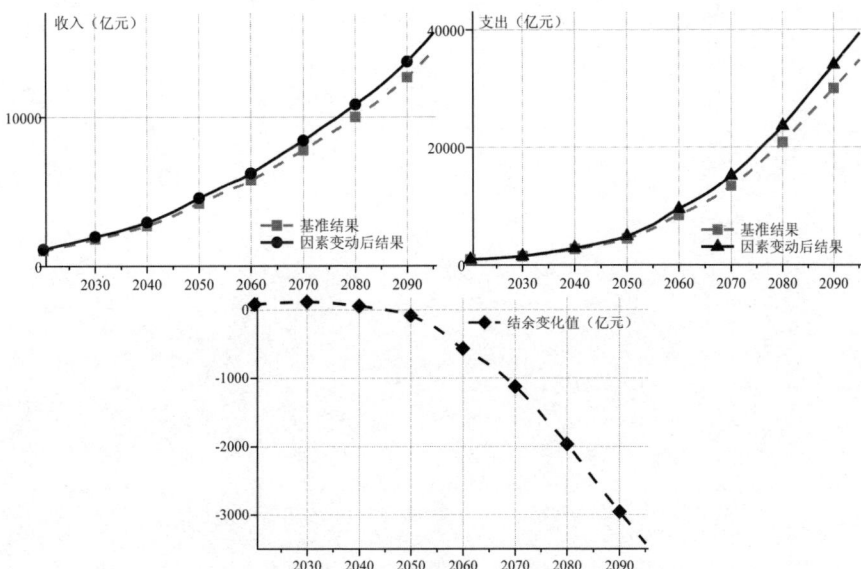

图 5.20　机关事业单位基本养老保险个人缴费率对收支结余的影响

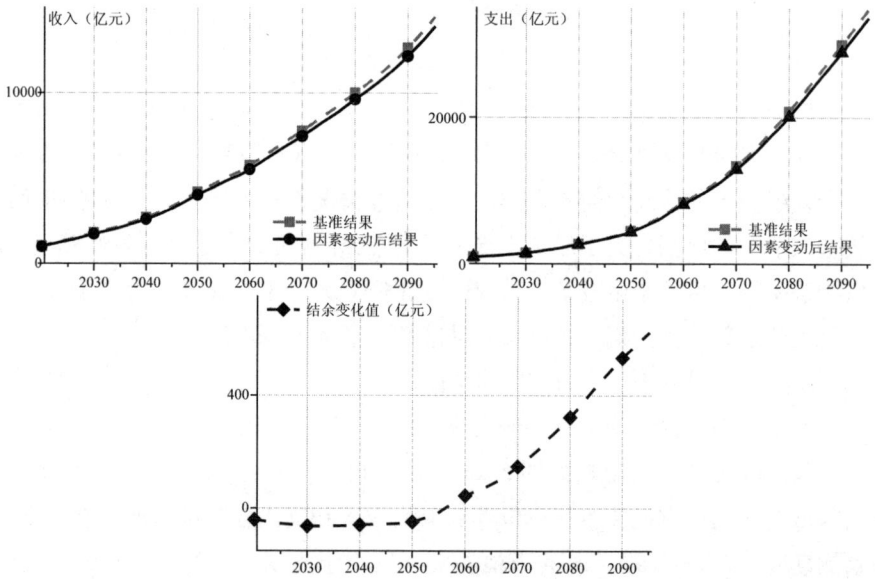

图 5.21 缴费工资占统计平均工资比例对收支结余的影响

第六章

中南地区机关事业单位养老保险的精算报告

第一节 河南省机关事业单位养老保险的精算

一、河南省机关事业单位参保人数

河南省未来各年的城镇分年龄性别人数已由第二章第一节估计得到。在此基础上,进一步可估计出河南省机关事业单位养老保险分年龄性别参保人数,估计过程与北京市机关事业单位养老保险参保人数的一致统计过程。其中,河南省2018年机关事业单位养老保险分年龄性别参保人数为起始分布。

二、河南省经济类参数

(一)缴费工资占统计平均工资的比例

由于河南省公布的数据不够充分,难以估计该省具体的缴费工资占统计平均工资比例。因此,河南省的缴费工资占统计平均工资比例同全国水平59.08%。

(二)新入职者工资

由薪酬网发布的《2018年河南省地区毕业生薪酬调查报告》,可知本科学历在国有企业、外商独资企业、外商合资企业和民营企业的起薪分别为4643、5726、5254和4230元/月,起薪月平均工资为4963.3元/月。以此为河南省机关事业单位新入职者工资。

(三)工资增长率

河南省2014—2019年GDP实际增长率分别为8.90%、8.30%、8.10%、7.80%、7.60%和7.0%。2020—2095年的GDP实际增长率同全国水平的一致,

其中 2020—2025 年为 5.7%,2026—2030 年为 4.8%,以后各年保持不变。根据以往经验,一般假设工资增长率高出 GDP 增长率 0 至 1 个百分点,此处取 0.2 个百分点。

（四）劳动参与率

根据《中国人口和就业统计年鉴—2019》表 1-18 可知 2000—2018 年河南省城镇登记失业率,其平均值为 3.15%。因而河南省城镇人口劳动参与率约为 96.85%。设其在预测期维持不变。

三、河南省养老保险类参数

（一）养老保险覆盖率

第三章第一节已估算出 2018 年河南省机关事业单位参保职工数为 253.88 万人。由《中国人力资源和社会保障年鉴—2019》表 2-2 可知,河南省 2018 年的机关事业单位在岗职工年末人数为 295.10 万人。因此,机关事业单位职工参保率约为 86.03%。以此为河南省 2018 年机关事业单位养老保险覆盖率,以后每年增加 1 个百分点,直至达到 100%。

（二）机关事业单位参保职工占城镇参保职工比例

根据《中国人力资源和社会保障年鉴—2019》分地区城镇职工基本养老保险情况表可知,2018 年河南省的城镇职工基本养老保险参保职工人数为 1520.14 万人。那么,河南省机关事业单位参保职工占城镇参保职工比例为 253.88/1520.14,约等于 16.70%。

四、河南省机关事业单位养老保险收支结余

（一）中情景下收支结余精算结果

将上述估计的参数基准值代入根据第一章陈述的精算模型所编程序进行计算,得到中情景下河南省机关事业单位养老保险各年的收入、支出和结余,如表6.1 所示。可见,在中情景下,河南省机关事业单位养老保险的收入和支出均会随年份推移而逐年增长,但支出的增速快于收入的增速,使得机关事业单位养老保险的结余在 2053 年开始出现负数,以后年份的支付缺口会持续上升,并在预测期末达到最大,为 25111 亿元。

表6.1 中情景下河南省机关事业单位养老保险2020—2095年收支结余（百亿元）

年度	收入	支出	结余	年度	收入	支出	结余
2020	10.55	9.46	1.09	2058	65.91	76.75	−10.84
2021	11.21	9.95	1.26	2059	68.28	80.74	−12.45
2022	11.87	10.34	1.53	2060	70.60	85.33	−14.73
2023	12.58	10.76	1.83	2061	72.35	92.07	−19.71
2024	13.50	11.17	2.33	2062	74.04	99.32	−25.29
2025	14.39	11.68	2.71	2063	76.09	105.75	−29.65
2026	15.08	12.47	2.61	2064	78.23	112.30	−34.08
2027	15.92	13.18	2.73	2065	80.48	118.94	−38.47
2028	16.74	14.01	2.73	2066	82.68	126.01	−43.33
2029	17.62	14.86	2.75	2067	84.76	133.69	−48.92
2030	18.61	15.72	2.89	2068	86.76	141.83	−55.07
2031	19.63	16.68	2.95	2069	88.44	150.78	−62.34
2032	20.57	17.60	2.97	2070	89.79	160.55	−70.76
2033	21.54	18.63	2.92	2071	90.88	171.07	−80.19
2034	22.65	19.63	3.02	2072	91.89	181.79	−89.90
2035	23.87	20.63	3.24	2073	93.17	192.01	−98.84
2036	25.15	21.69	3.46	2074	94.18	203.15	−108.96
2037	26.62	22.80	3.82	2075	94.76	215.57	−120.81
2038	28.36	23.82	4.54	2076	95.39	227.72	−132.33
2039	30.16	24.93	5.24	2077	96.09	239.53	−143.44
2040	32.03	26.04	5.99	2078	97.32	249.62	−152.30
2041	33.79	27.29	6.51	2079	98.88	258.76	−159.88
2042	35.59	28.52	7.07	2080	100.44	267.89	−167.45
2043	37.44	29.87	7.57	2081	102.08	276.83	−174.75
2044	39.28	31.43	7.86	2082	103.81	285.53	−181.72
2045	41.01	33.45	7.56	2083	105.67	293.93	−188.25
2046	42.85	35.45	7.40	2084	107.70	301.99	−194.30

年度	收入	支出	结余	年度	收入	支出	结余
2047	44.69	37.64	7.05	2085	109.81	309.95	−200.15
2048	46.51	40.13	6.38	2086	112.03	317.80	−205.77
2049	48.60	42.34	6.26	2087	114.39	325.53	−211.15
2050	50.67	44.93	5.73	2088	116.88	333.15	−216.27
2051	52.49	48.31	4.18	2089	119.53	340.65	−221.12
2052	54.20	52.21	1.99	2090	122.26	348.13	−225.86
2053	55.65	56.95	−1.30	2091	125.07	355.64	−230.57
2054	57.76	60.14	−2.38	2092	127.93	363.26	−235.33
2055	60.02	63.20	−3.18	2093	130.81	371.04	−240.23
2056	61.78	67.92	−6.14	2094	133.68	379.05	−245.37
2057	63.79	72.27	−8.49	2095	136.49	387.60	−251.11

（二）低、中、高情景下的结余

将低、高情景参数分别代入按精算模型所编程序进行计算，结合中情景，可得低、中、高情景下河南省机关事业单位养老保险各年的结余，如表6.2所示。

表6.2　低、中、高情景下河南省机关事业单位养老保险的结余（百亿元）

年度	低	中	高	年度	低	中	高
2020	3.28	1.09	−2.55	2058	10.02	−10.84	−23.30
2021	3.63	1.26	−2.68	2059	9.54	−12.45	−25.25
2022	4.07	1.53	−2.70	2060	8.53	−14.73	−27.92
2023	4.55	1.83	−2.69	2061	5.32	−19.71	−33.40
2024	5.25	2.33	−2.50	2062	1.64	−25.29	−39.52
2025	5.84	2.71	−2.46	2063	−1.03	−29.65	−44.43
2026	5.93	2.61	−2.81	2064	−3.71	−34.08	−49.42
2027	6.26	2.73	−2.93	2065	−6.32	−38.47	−54.42
2028	6.47	2.73	−3.18	2066	−9.33	−43.33	−59.91
2029	6.72	2.75	−3.40	2067	−12.92	−48.92	−66.17
2030	7.08	2.89	−3.52	2068	−16.96	−55.07	−73.04

年度	收入	支出	结余	年度	收入	支出	结余
2031	7.38	2.95	-3.69	2069	-21.96	-62.34	-81.07
2032	7.61	2.97	-3.86	2070	-27.95	-70.76	-90.29
2033	7.79	2.92	-4.10	2071	-34.80	-80.19	-100.61
2034	8.14	3.02	-4.18	2072	-41.85	-89.90	-111.25
2035	8.61	3.24	-4.15	2073	-48.20	-98.84	-121.16
2036	9.09	3.46	-4.12	2074	-55.49	-108.96	-132.31
2037	9.74	3.82	-3.95	2075	-64.22	-120.81	-145.28
2038	10.77	4.54	-3.42	2076	-72.67	-132.33	-157.93
2039	11.78	5.24	-2.91	2077	-80.78	-143.44	-170.18
2040	12.87	5.99	-2.34	2078	-87.03	-152.30	-180.14
2041	13.74	6.51	-2.00	2079	-92.20	-159.88	-188.81
2042	14.67	7.07	-1.61	2080	-97.36	-167.45	-197.49
2043	15.56	7.57	-1.27	2081	-102.29	-174.75	-205.93
2044	16.29	7.86	-1.15	2082	-106.93	-181.72	-214.03
2045	16.53	7.56	-1.62	2083	-111.20	-188.25	-221.72
2046	16.91	7.40	-1.97	2084	-115.05	-194.30	-228.91
2047	17.17	7.05	-2.50	2085	-118.72	-200.15	-235.93
2048	17.17	6.38	-3.36	2086	-122.19	-205.77	-242.72
2049	17.71	6.26	-3.67	2087	-125.42	-211.15	-249.30
2050	17.94	5.73	-4.41	2088	-128.42	-216.27	-255.64
2051	17.29	4.18	-6.21	2089	-131.16	-221.12	-261.70
2052	16.15	1.99	-8.65	2090	-133.80	-225.86	-267.66
2053	14.07	-1.30	-12.24	2091	-136.40	-230.57	-273.58
2054	13.90	-2.38	-13.57	2092	-139.04	-235.33	-279.58
2055	14.00	-3.18	-14.63	2093	-141.78	-240.23	-285.71
2056	12.29	-6.14	-17.91	2094	-144.71	-245.37	-292.09
2057	11.12	-8.49	-20.59	2095	-148.13	-251.11	-299.15

　　结余的变动趋势如图6.1所示。结合表6.2可见,河南省机关事业单位养老

保险中情景下的结余处于低情景和高情景的结果之间。低情景和高情景下的结余出现负数的起始年份较中情景分别推迟了 10 年和提前了 33 年。低、中、高情景下结余在预测期间的年均降幅分别为 201.9 亿元、336.3 亿元和 395.5 亿元。

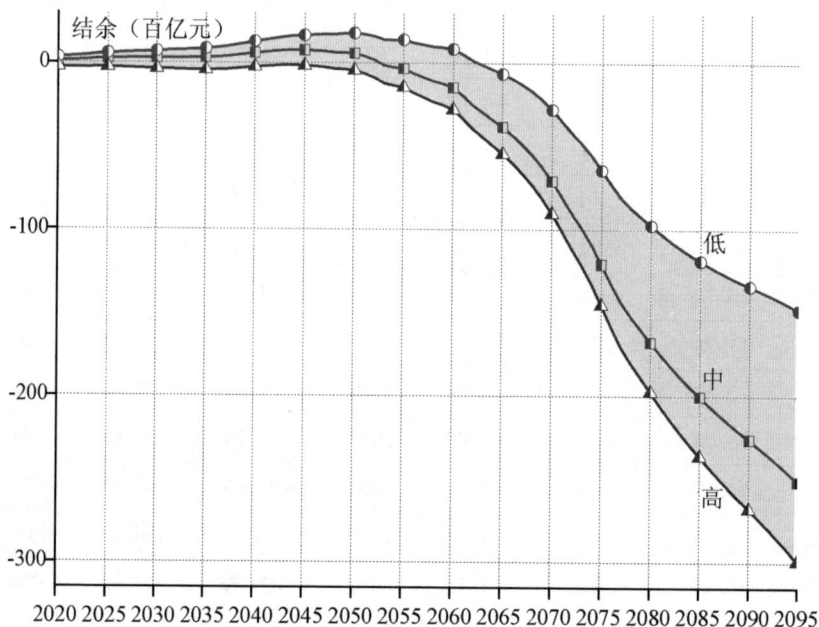

图 6.1　低、中、高情景下结余的变动趋势

（三）某些因素对收支结余的影响

1. 机关事业单位基本养老保险个人缴费率的影响

把机关事业单位基本养老保险个人缴费率提高 3 个百分点，对河南省机关事业单位养老保险收支结余的影响如图 6.2 所示。可见，机关事业单位基本养老保险个人缴费率的提高会使收入和支出较基准情况都有所增长。在预测期间，收入较基准情况的增幅先大于后小于支出的增幅，导致机关事业单位基本养老保险个人缴费率提高后的结余较基准情况的变化值先大于零后逐渐变为小于零，之后滑向更大的负数。预测期末的结余较基准情况下降 15.77%。

2. 缴费工资占统计平均工资比例的影响

缴费工资占统计平均工资比例由 59.08% 降至 53.71%，对河南省机关事业单位养老保险收支结余的影响如图 6.3 所示。可见，缴费工资占统计平均工资比例的降低会使河南省机关事业单位养老保险收入和支出较基准情况都有所下降。在预测期间，收入较基准情况的降幅先大于后小于支出的降幅，导致缴费工资占统计平均工资比例降低后的结余较基准情况的变化值先小于零后逐渐变为大于零,之后呈逐步上升的趋势。预测期末的结余较基准情况上升3.12%。

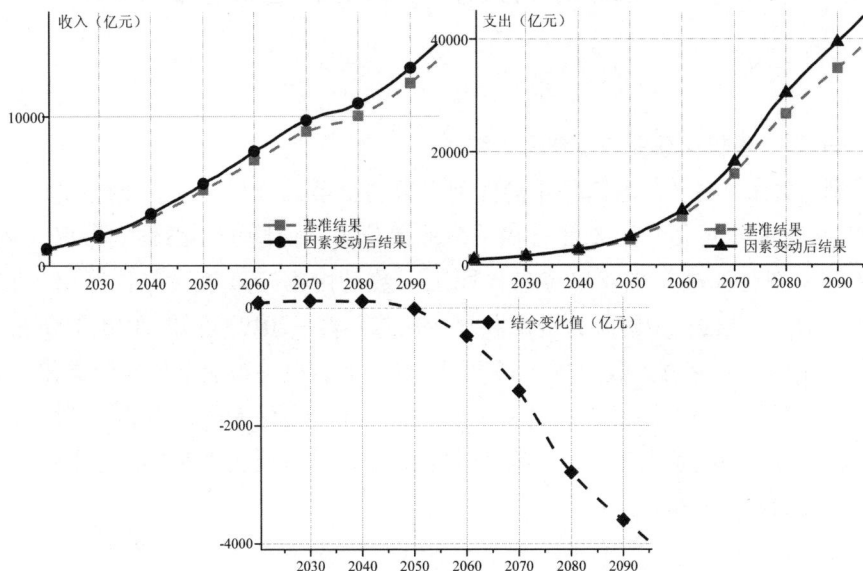

图6.2 机关事业单位基本养老保险个人缴费率对收支结余的影响

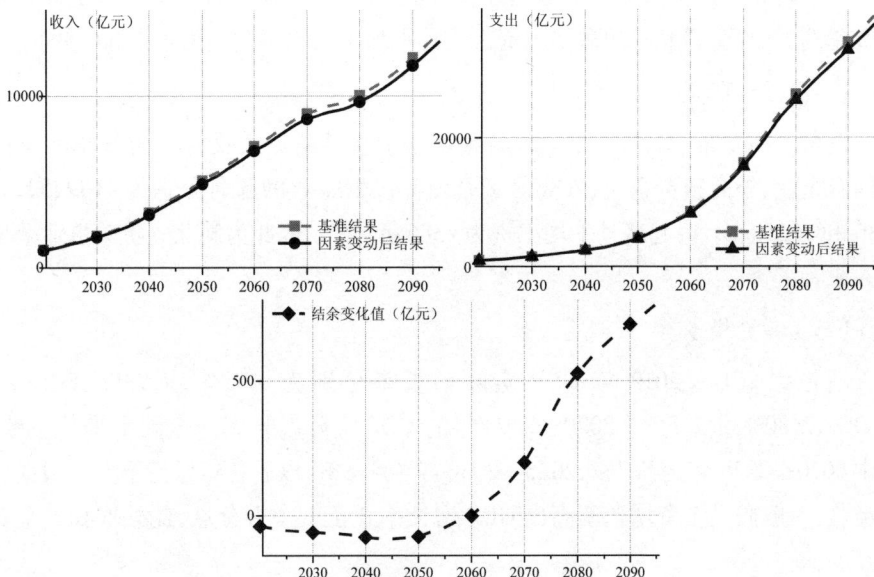

图6.3 缴费工资占统计平均工资比例对收支结余的影响

第二节 湖北省机关事业单位养老保险的精算

一、湖北省机关事业单位参保人数

湖北省未来各年的城镇分年龄性别人数已由第二章第一节估计得到。在此基础上,进一步可估计出湖北省机关事业单位养老保险分年龄性别参保人数。2018年末湖北省机关事业单位参保职工人数已由第三章第一节估算出,约为127.60万人。根据《中国人力资源和社会保障年鉴—2019》可知,2018年湖北省机关事业单位参保总人数为200.15万人,则湖北省机关事业单位参保退休人数为72.55万人。假设湖北省机关事业单位养老保险参保人员分年龄性别分布与该省城镇分年龄性别人数分布一致,于是估计出湖北省机关事业单位分年龄性别参保人数的起始分布。

二、湖北省经济类参数

(一)缴费工资占统计平均工资的比例

由于湖北省公布的数据不够充分,难以估计该省具体的缴费工资占统计平均工资比例。因此,湖北省的缴费工资占统计平均工资比例同全国水平59.08%。

(二)新入职者工资

由薪酬网发布的《2018年湖北省地区毕业生薪酬调查报告》,可知本科学历在国有企业、外商独资企业、外商合资企业和民营企业的起薪分别为4109、5224、4586和3625元/月,起薪月平均工资为4386元/月。以此为湖北省机关事业单位新入职者工资。

(三)工资增长率

湖北省2014—2019年GDP实际增长率分别为9.70%、7.93%、8.10%、7.80%、7.80%和7.5%。2020—2095年的GDP实际增长率同全国水平的一致,其中2020—2025年为5.7%,2026—2030年为4.8%,以后各年保持不变。根据以往经验,一般假设工资增长率高出GDP增长率0至1个百分点,此处取0.2个百分点。

(四)劳动参与率

根据《中国人口和就业统计年鉴—2019》表1-18可知2000—2018年湖北省

城镇登记失业率,其平均值为 3.70%。因而湖北省城镇人口劳动参与率约为 96.30%。设其在预测期维持不变。

三、湖北省养老保险类参数

(一)养老保险覆盖率

前面已知 2018 年湖北省机关事业单位参保职工数为 127.60 万人。由《中国人力资源和社会保障年鉴—2019》表 2－2 可知,湖北省 2018 年的机关事业单位在岗职工年末人数为 186.50 万人。因此,机关事业单位职工参保率约为 68.42%。以此为湖北省 2018 年机关事业单位养老保险覆盖率,以后每年增加 1 个百分点,直至达到 100%。

(二)机关事业单位参保职工占城镇参保职工比例

根据《中国人力资源和社会保障年鉴—2019》分地区城镇职工基本养老保险情况表可知,2018 年湖北省的城镇职工基本养老保险参保职工人数为 1047.48 万人。那么,湖北省机关事业单位参保职工占城镇参保职工比例为 127.60/1047.48,约等于 12.18%。

四、湖北省机关事业单位养老保险收支结余

(一)中情景下收支结余精算结果

将上述估计的参数基准值代入根据第一章陈述的精算模型所编程序进行计算,得到中情景下湖北省机关事业单位养老保险各年的收入、支出和结余,如表 6.3 所示。可见,在中情景下,湖北省机关事业单位养老保险的收入和支出均会随年份推移而逐年增长。机关事业单位养老保险的结余在 2020 年开始出现负数,紧接着在 2021 年转为正数,之后在 2035 年又转为负数,以后年份的支付缺口会持续上升,并在预测期末达到最大,为 9489 亿元。

表 6.3　中情景下湖北省机关事业单位养老保险 2020—2095 年收支结余(百亿元)

年度	收入	支出	结余	年度	收入	支出	结余
2020	4.74	4.79	－0.05	2058	22.58	34.16	－11.58
2021	5.07	4.99	0.08	2059	23.09	36.40	－13.31
2022	5.41	5.19	0.22	2060	23.66	38.54	－14.88
2023	5.78	5.37	0.41	2061	24.17	40.94	－16.78

续表

年度	收入	支出	结余	年度	收入	支出	结余
2024	6.18	5.57	0.61	2062	24.70	43.30	−18.60
2025	6.53	5.84	0.68	2063	25.28	45.53	−20.25
2026	6.86	6.18	0.68	2064	25.96	47.44	−21.48
2027	7.22	6.48	0.74	2065	26.71	49.23	−22.52
2028	7.60	6.75	0.85	2066	27.46	51.07	−23.61
2029	7.99	7.05	0.93	2067	28.17	53.03	−24.86
2030	8.35	7.45	0.90	2068	28.87	55.12	−26.26
2031	8.64	7.99	0.65	2069	29.53	57.37	−27.84
2032	8.91	8.46	0.45	2070	30.20	59.67	−29.47
2033	9.20	8.96	0.24	2071	30.87	62.03	−31.16
2034	9.51	9.47	0.04	2072	31.49	64.64	−33.16
2035	9.88	9.97	−0.09	2073	32.17	67.21	−35.04
2036	10.21	10.59	−0.38	2074	32.81	70.01	−37.20
2037	10.60	11.19	−0.60	2075	33.43	72.94	−39.50
2038	11.00	11.84	−0.85	2076	34.02	76.01	−41.99
2039	11.42	12.49	−1.06	2077	34.59	79.14	−44.55
2040	11.88	13.13	−1.25	2078	35.23	82.06	−46.83
2041	12.34	13.76	−1.42	2079	35.92	84.88	−48.97
2042	12.81	14.40	−1.59	2080	36.56	87.85	−51.29
2043	13.34	15.03	−1.69	2081	37.15	91.00	−53.85
2044	13.90	15.67	−1.76	2082	37.69	94.32	−56.63
2045	14.51	16.32	−1.81	2083	38.20	97.76	−59.56
2046	15.17	16.99	−1.82	2084	38.68	101.32	−62.64
2047	15.84	17.73	−1.89	2085	39.13	104.97	−65.84
2048	16.59	18.45	−1.87	2086	39.58	108.68	−69.10
2049	17.35	19.23	−1.87	2087	40.02	112.37	−72.35
2050	18.11	20.14	−2.03	2088	40.50	116.00	−75.50

续表

年度	收入	支出	结余	年度	收入	支出	结余
2051	18.82	21.22	-2.40	2089	40.99	119.57	-78.58
2052	19.48	22.53	-3.05	2090	41.51	123.06	-81.55
2053	20.08	24.00	-3.92	2091	42.06	126.47	-84.42
2054	20.73	25.47	-4.74	2092	42.63	129.82	-87.19
2055	21.36	27.05	-5.69	2093	43.22	133.10	-89.88
2056	21.85	29.12	-7.27	2094	43.86	136.30	-92.44
2057	22.23	31.56	-9.34	2095	44.53	139.42	-94.89

（二）低、中、高情景下的结余

将低、高情景参数分别代入按精算模型所编程序进行计算,结合中情景,可得低、中、高情景下湖北省机关事业单位养老保险各年的结余,如表6.4所示。

表6.4　低、中、高情景下湖北省机关事业单位养老保险的结余（百亿元）

年度	低	中	高	年度	低	中	高
2020	1.02	-0.05	-1.86	2058	-2.68	-11.58	-16.91
2021	1.24	0.08	-1.87	2059	-3.82	-13.31	-18.78
2022	1.47	0.22	-1.87	2060	-4.81	-14.88	-20.50
2023	1.74	0.41	-1.83	2061	-6.06	-16.78	-22.56
2024	2.04	0.61	-1.78	2062	-7.25	-18.60	-24.55
2025	2.21	0.68	-1.88	2063	-8.30	-20.25	-26.37
2026	2.30	0.68	-2.00	2064	-9.00	-21.48	-27.76
2027	2.46	0.74	-2.06	2065	-9.52	-22.52	-28.98
2028	2.66	0.85	-2.06	2066	-10.09	-23.61	-30.25
2029	2.84	0.93	-2.10	2067	-10.80	-24.86	-31.70
2030	2.91	0.90	-2.25	2068	-11.63	-26.26	-33.31
2031	2.77	0.65	-2.60	2069	-12.61	-27.84	-35.12
2032	2.67	0.45	-2.88	2070	-13.62	-29.47	-36.99
2033	2.56	0.24	-3.17	2071	-14.68	-31.16	-38.90
2034	2.47	0.04	-3.45	2072	-15.98	-33.16	-41.17

年度	低	中	高	年度	低	中	高
2035	2.45	− 0.09	− 3.66	2073	− 17.17	− 35.04	− 43.33
2036	2.28	− 0.38	− 4.03	2074	− 18.58	− 37.20	− 45.78
2037	2.20	− 0.60	− 4.32	2075	− 20.11	− 39.50	− 48.40
2038	2.08	− 0.85	− 4.65	2076	− 21.79	− 41.99	− 51.21
2039	2.02	− 1.06	− 4.93	2077	− 23.54	− 44.55	− 54.10
2040	1.98	− 1.25	− 5.19	2078	− 25.04	− 46.83	− 56.69
2041	1.97	− 1.42	− 5.42	2079	− 26.44	− 48.97	− 59.16
2042	1.95	− 1.59	− 5.66	2080	− 27.99	− 51.29	− 61.82
2043	2.02	− 1.69	− 5.81	2081	− 29.74	− 53.85	− 64.73
2044	2.12	− 1.76	− 5.95	2082	− 31.66	− 56.63	− 67.87
2045	2.26	− 1.81	− 6.05	2083	− 33.71	− 59.56	− 71.19
2046	2.44	− 1.82	− 6.12	2084	− 35.88	− 62.64	− 74.66
2047	2.59	− 1.89	− 6.24	2085	− 38.15	− 65.84	− 78.26
2048	2.84	− 1.87	− 6.28	2086	− 40.47	− 69.10	− 81.94
2049	3.07	− 1.87	− 6.35	2087	− 42.77	− 72.35	− 85.60
2050	3.18	− 2.03	− 6.57	2088	− 44.98	− 75.50	− 89.17
2051	3.12	− 2.40	− 7.00	2089	− 47.13	− 78.58	− 92.67
2052	2.82	− 3.05	− 7.72	2090	− 49.20	− 81.55	− 96.07
2053	2.34	− 3.92	− 8.68	2091	− 51.18	− 84.42	− 99.35
2054	1.91	− 4.74	− 9.58	2092	− 53.07	− 87.19	− 102.54
2055	1.39	− 5.69	− 10.62	2093	− 54.90	− 89.88	− 105.65
2056	0.34	− 7.27	− 12.32	2094	− 56.62	− 92.44	− 108.64
2057	− 1.11	− 9.34	− 14.52	2095	− 58.25	− 94.89	− 111.51

　　结余的变动趋势如图6.4所示。结合表6.4可见,湖北省机关事业单位养老保险中情景下的结余处于低情景和高情景的结果之间。低情景下的结余出现负数的起始年份较中情景推迟了37年。低、中、高情景下结余在预测期间的年均降幅分别为79.0亿元、126.4亿元和146.2亿元。

结余（百亿元）

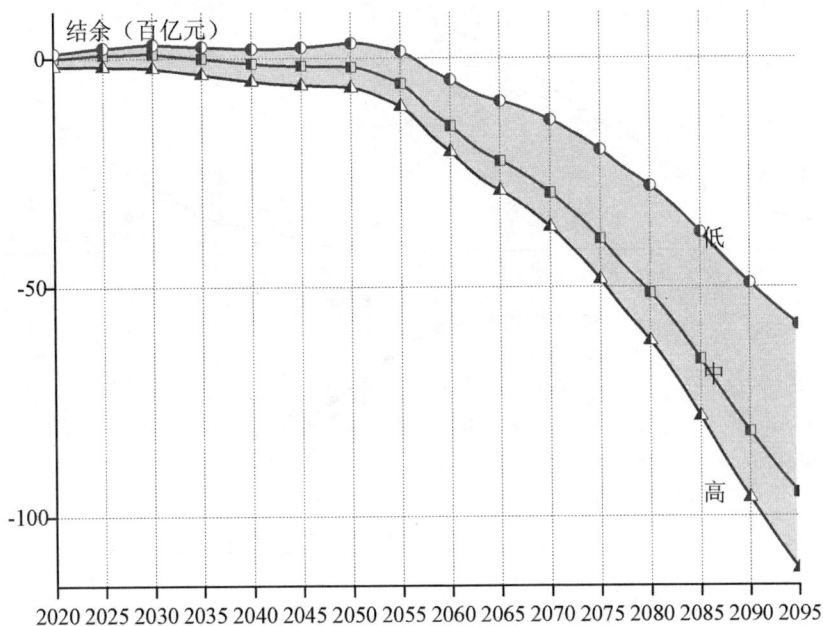

图6.4　低、中、高情景下结余的变动趋势

（三）某些因素对收支结余的影响

1. 机关事业单位基本养老保险个人缴费率的影响

把机关事业单位基本养老保险个人缴费率提高3个百分点，对湖北省机关事业单位养老保险收支结余的影响如图6.5所示。可见，机关事业单位基本养老保险个人缴费率的提高会使收入和支出较基准情况都有所增长。在预测期间，收入较基准情况的增幅先大于后小于支出的增幅，导致机关事业单位基本养老保险个人缴费率提高后的结余较基准情况的变化值先大于零后逐渐变为小于零，之后滑向更大的负数。预测期末的结余较基准情况下降15.56%。

2. 缴费工资占统计平均工资比例的影响

缴费工资占统计平均工资比例由59.08%降至53.71%，对湖北省机关事业单位养老保险收支结余的影响如图6.6所示。可见，缴费工资占统计平均工资比例的降低会使湖北省机关事业单位养老保险收入和支出较基准情况都有所下降。在预测期间，收入较基准情况的降幅先大于后小于支出的降幅，导致缴费工资占统计平均工资比例降低后的结余较基准情况的变化值先小于零后逐渐变为大于零，之后呈逐步上升的趋势。预测期末的结余较基准情况上升3.17%。

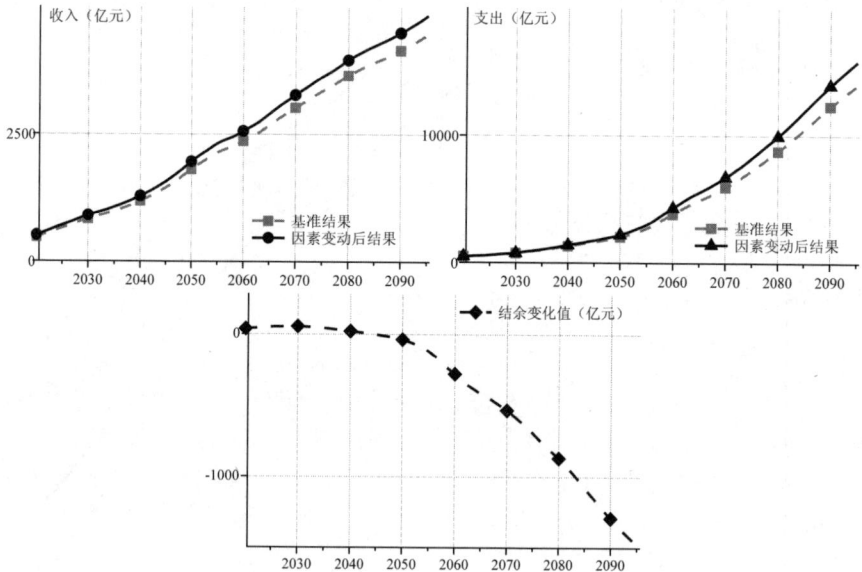

图 6.5 机关事业单位基本养老保险个人缴费率对收支结余的影响

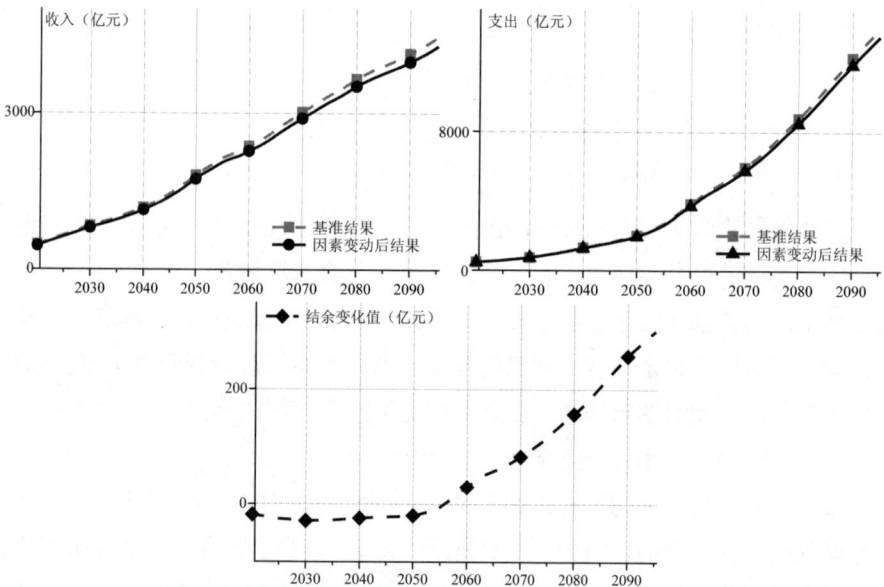

图 6.6 缴费工资占统计平均工资比例对收支结余的影响

第三节　湖南省机关事业单位养老保险的精算

一、湖南省机关事业单位参保人数

湖南省未来各年的城镇分年龄性别人数已由第二章第一节估计得到。在此基础上,进一步可估计出湖南省机关事业单位养老保险分年龄性别参保人数。根据《2018 年度湖南省人力资源和社会保障统计简报》可知,2018 年末全省机关事业单位参保离退休人数为 91.0 万人。2018 年末湖南省机关事业单位参保职工人数已由第三章第一节估算出,约为 177.97 万人。假设湖南省机关事业单位养老保险参保人员分年龄性别分布与该省城镇分年龄性别人数分布一致,于是估计出湖南省机关事业单位分年龄性别参保人数的起始分布。

二、湖南省经济类参数

(一)缴费工资占统计平均工资的比例

根据《2018 年度湖南省人力资源和社会保障统计简报》可知,2018 年湖南省企业职工基本养老保险和机关事业单位基本养老保险的征缴收入分别为 1000 亿元和 437 亿元。那么,城镇职工基本养老保险的征缴收入为 1437 亿元。由《中国人力资源和社会保障年鉴—2019》表 5 - 6 得到 2018 年湖南省城镇职工基本养老保险参保职工数为 947.87 万人。按缴费率 28% 计算,得年度人均缴费工资为54144 元。由《中国人力资源和社会保障年鉴—2018》可知,2017 年湖南省城镇在岗职工平均工资为 65994 元,用该缴费工资除以在岗职工平均工资,得到 2018 年湖南省城镇职工缴费工资占统计平均工资的比例约为 82.04%。假设预测期间湖南省机关事业单位工作人员的缴费工资占统计平均工资的比例与此相同。

(二)新入职者工资

由薪酬网发布的《2018 年湖南省地区毕业生薪酬调查报告》,可知本科学历在国有企业、外商独资企业、外商合资企业和民营企业的起薪分别为 4102、5280、4627 和 3620 元/月,起薪月平均工资为 4407.3 元/月。以此为湖南省机关事业单位新入职者工资。

(三)工资增长率

湖南省 2014—2019 年 GDP 实际增长率分别为 9.50%、8.60%、7.90%、

8.00%、7.80%和7.60%。2020—2095年的GDP实际增长率同全国水平的一致，其中2020—2025年为5.7%，2026—2030年为4.8%，以后各年保持不变。根据以往经验，一般假设工资增长率高出GDP增长率0至1个百分点，此处取0.2个百分点。

（四）劳动参与率

根据《中国人口和就业统计年鉴—2019》表1-18可知2000—2018年湖南省城镇登记失业率，其平均值为4.14%。因而湖南省城镇人口劳动参与率约为95.86%。设其在预测期维持不变。

三、湖南省养老保险类参数

（一）养老保险覆盖率

前面已知2018年湖南省机关事业单位参保职工数为177.97万人。由《中国人力资源和社会保障年鉴—2019》表2-2可知，湖南省2018年的机关事业单位在岗职工年末人数为182.80万人。因此，机关事业单位职工参保率约为97.36%。以此为湖南省2018年机关事业单位养老保险覆盖率，以后每年增加1个百分点，直至达到100%。

（二）机关事业单位参保职工占城镇参保职工比例

根据《中国人力资源和社会保障年鉴—2019》分地区城镇职工基本养老保险情况表可知，2018年湖南省的城镇职工基本养老保险参保职工人数为947.87万人。那么，湖南省机关事业单位参保职工占城镇参保职工比例为177.97/947.87，约等于18.78%。

四、湖南省机关事业单位养老保险收支结余

（一）中情景下收支结余精算结果

将上述估计的参数基准值代入根据第一章陈述的精算模型所编程序进行计算，得到中情景下湖南省机关事业单位养老保险各年的收入、支出和结余，如表6.5所示。可见，在中情景下，湖南省机关事业单位养老保险的收入和支出均会随年份推移而逐年增长，但支出的增速快于收入的增速，使得机关事业单位养老保险的结余在2056年开始出现负数，以后年份的支付缺口会持续上升，并在预测期末达到最大，为19485亿元。

表 6.5　中情景下湖南省机关事业单位养老保险 2020—2095 年收支结余(百亿元)

年度	收入	支出	结余	年度	收入	支出	结余
2020	7.79	6.02	1.77	2058	51.36	54.10	-2.74
2021	8.34	6.34	2.00	2059	53.21	57.24	-4.03
2022	8.89	6.59	2.30	2060	54.92	61.04	-6.11
2023	9.47	6.87	2.60	2061	56.57	65.40	-8.83
2024	10.11	7.13	2.98	2062	58.22	70.04	-11.82
2025	10.66	7.47	3.19	2063	60.01	74.60	-14.59
2026	11.06	8.08	2.98	2064	61.66	79.91	-18.25
2027	11.63	8.64	2.99	2065	63.28	85.63	-22.35
2028	12.25	9.25	3.00	2066	64.81	91.72	-26.91
2029	12.95	9.85	3.10	2067	66.23	98.17	-31.95
2030	13.73	10.45	3.29	2068	67.66	104.74	-37.08
2031	14.49	11.17	3.32	2069	68.82	111.97	-43.15
2032	15.18	11.88	3.30	2070	69.63	120.02	-50.39
2033	15.92	12.61	3.31	2071	70.26	128.63	-58.37
2034	16.77	13.35	3.42	2072	70.85	137.34	-66.49
2035	17.73	14.05	3.69	2073	71.53	145.86	-74.33
2036	18.71	14.82	3.89	2074	72.05	155.04	-82.99
2037	19.87	15.64	4.22	2075	72.23	165.20	-92.98
2038	21.23	16.46	4.77	2076	72.43	175.16	-102.72
2039	22.69	17.24	5.45	2077	72.66	184.93	-112.28
2040	24.17	18.08	6.09	2078	73.07	193.96	-120.89
2041	25.69	18.88	6.82	2079	73.95	201.50	-127.55
2042	27.12	19.77	7.35	2080	75.03	208.44	-133.41
2043	28.57	20.70	7.87	2081	76.19	215.12	-138.94
2044	30.04	21.74	8.30	2082	77.44	221.54	-144.10
2045	31.41	23.15	8.25	2083	78.76	227.82	-149.06
2046	32.92	24.46	8.46	2084	80.17	233.91	-153.74

年度	收入	支出	结余	年度	收入	支出	结余
2047	34.45	25.90	8.55	2085	81.67	239.81	-158.14
2048	35.98	27.54	8.45	2086	83.29	245.50	-162.21
2049	37.71	28.95	8.76	2087	85.03	251.02	-165.99
2050	39.50	30.48	9.01	2088	86.87	256.44	-169.57
2051	41.00	32.79	8.22	2089	88.80	261.79	-172.99
2052	42.34	35.68	6.66	2090	90.79	267.10	-176.31
2053	43.22	39.70	3.52	2091	92.83	272.41	-179.58
2054	44.64	42.48	2.16	2092	94.89	277.81	-182.92
2055	46.26	44.96	1.30	2093	96.90	283.41	-186.51
2056	47.73	48.26	-0.53	2094	98.85	289.29	-190.44
2057	49.52	51.08	-1.56	2095	100.71	295.56	-194.85

（二）低、中、高情景下的结余

将低、高情景参数分别代入按精算模型所编程序进行计算，结合中情景，可得低、中、高情景下湖南省机关事业单位养老保险各年的结余，如表6.6所示。

表6.6　低、中、高情景下湖南省机关事业单位养老保险的结余（百亿元）

年度	低	中	高	年度	低	中	高
2020	3.22	1.77	-0.63	2058	12.20	-2.74	-11.60
2021	3.59	2.00	-0.59	2059	11.80	-4.03	-13.17
2022	4.00	2.30	-0.48	2060	10.76	-6.11	-15.58
2023	4.43	2.60	-0.37	2061	9.21	-8.83	-18.65
2024	4.93	2.98	-0.19	2062	7.47	-11.82	-22.02
2025	5.27	3.19	-0.20	2063	5.92	-14.59	-25.20
2026	5.18	2.98	-0.56	2064	3.67	-18.25	-29.31
2027	5.34	2.99	-0.71	2065	1.08	-22.35	-33.91
2028	5.48	3.00	-0.88	2066	-1.90	-26.91	-38.98
2029	5.74	3.10	-0.95	2067	-5.26	-31.95	-44.54

续表

年度	低	中	高	年度	低	中	高
2030	6.09	3.29	−0.93	2068	−8.70	−37.08	−50.25
2031	6.28	3.32	−1.06	2069	−12.95	−43.15	−56.92
2032	6.42	3.30	−1.21	2070	−18.20	−50.39	−64.80
2033	6.59	3.31	−1.33	2071	−24.07	−58.37	−73.48
2034	6.88	3.42	−1.35	2072	−30.03	−66.49	−82.34
2035	7.32	3.69	−1.22	2073	−35.74	−74.33	−90.94
2036	7.72	3.89	−1.15	2074	−42.07	−82.99	−100.42
2037	8.27	4.22	−0.96	2075	−49.49	−92.98	−111.30
2038	9.05	4.77	−0.56	2076	−56.71	−102.72	−121.95
2039	9.97	5.45	−0.03	2077	−63.78	−112.28	−132.43
2040	10.86	6.09	0.46	2078	−70.07	−120.89	−141.95
2041	11.84	6.82	1.05	2079	−74.75	−127.55	−149.48
2042	12.65	7.35	1.45	2080	−78.77	−133.41	−156.20
2043	13.45	7.87	1.84	2081	−82.50	−138.94	−162.60
2044	14.19	8.30	2.13	2082	−85.92	−144.10	−168.64
2045	14.54	8.25	1.95	2083	−89.16	−149.06	−174.48
2046	15.12	8.46	2.01	2084	−92.16	−153.74	−180.06
2047	15.64	8.55	1.95	2085	−94.92	−158.14	−185.36
2048	16.01	8.45	1.70	2086	−97.39	−162.21	−190.32
2049	16.78	8.76	1.86	2087	−99.60	−165.99	−195.01
2050	17.53	9.01	1.95	2088	−101.64	−169.57	−199.52
2051	17.37	8.22	0.97	2089	−103.53	−172.99	−203.86
2052	16.59	6.66	−0.79	2090	−105.31	−176.31	−208.09
2053	14.42	3.52	−4.17	2091	−107.07	−179.58	−212.28
2054	13.80	2.16	−5.73	2092	−108.87	−182.92	−216.54
2055	13.64	1.30	−6.80	2093	−110.88	−186.51	−221.06
2056	12.70	−0.53	−8.87	2094	−113.18	−190.44	−225.92
2057	12.50	−1.56	−10.15	2095	−115.87	−194.85	−231.30

结余的变动趋势如图 6.7 所示。结合表 6.6 可见,湖南省机关事业单位养老保险中情景下的结余处于低情景和高情景的结果之间。低情景和高情景下的结余出现负数的起始年份较中情景分别推迟了 10 年和提前了 36 年。低、中、高情景下结余在预测期间的年均降幅分别为 158.8 亿元、262.1 亿元和 307.6 亿元。

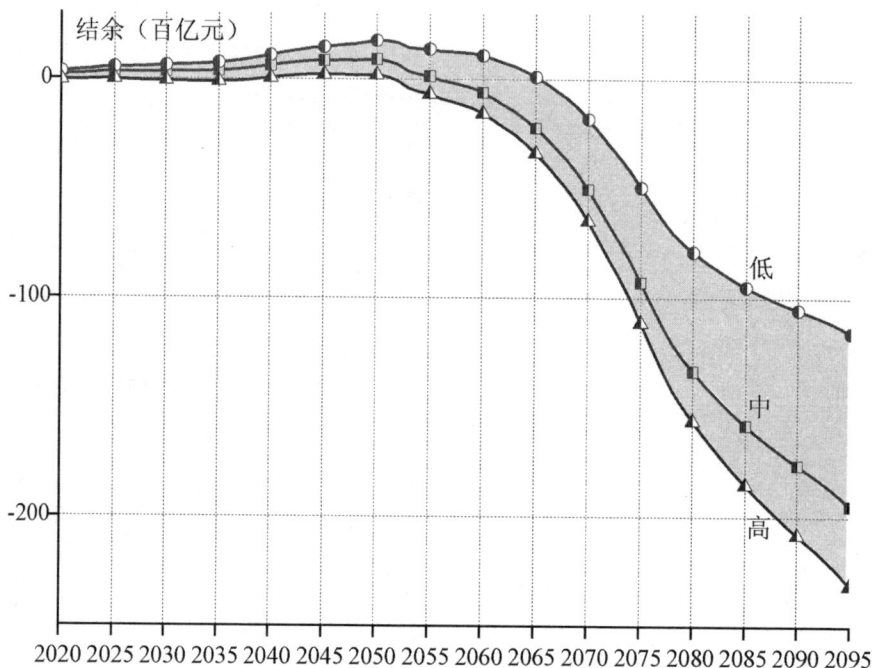

图 6.7 低、中、高情景下结余的变动趋势

(三)某些因素对收支结余的影响

1. 机关事业单位基本养老保险个人缴费率的影响

把机关事业单位基本养老保险个人缴费率提高 3 个百分点,对湖南省机关事业单位养老保险收支结余的影响如图 6.8 所示。可见,机关事业单位基本养老保险个人缴费率的提高会使收入和支出较基准情况都有所增长。在预测期间,收入较基准情况的增幅先大于后小于支出的增幅,导致机关事业单位基本养老保险个人缴费率提高后的结余较基准情况的变化值先大于零后逐渐变为小于零,之后滑向更大的负数。预测期末的结余较基准情况下降 15.92%。

2. 缴费工资占统计平均工资比例的影响

上文已知 2018 年湖南省企业职工基本养老保险的征缴收入为 1000 亿元。根据《中国人力资源和社会保障年鉴—2019》可知,2018 年湖南省企业职工基本养老保险参保职工人数为769.9 万人。按缴费率28%计算,得年度人均缴费工资为

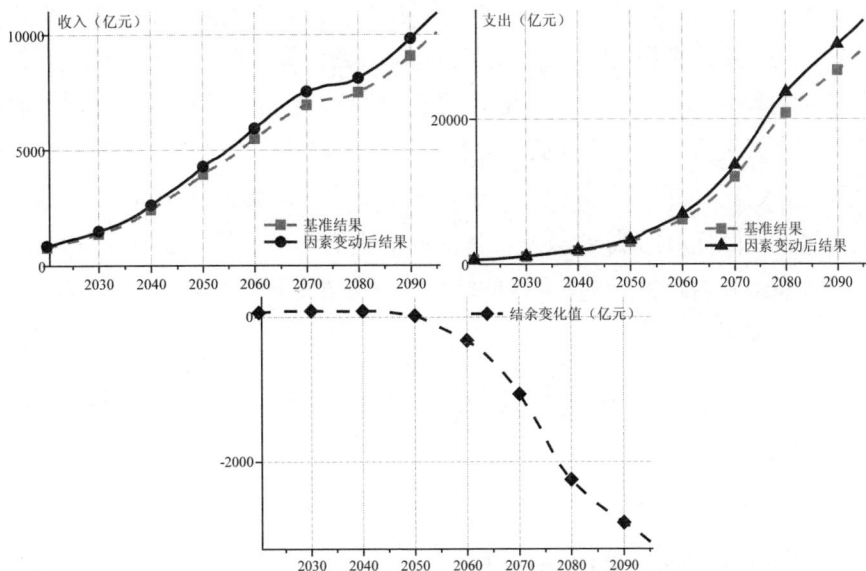

图 6.8　机关事业单位基本养老保险个人缴费率对收支结余的影响

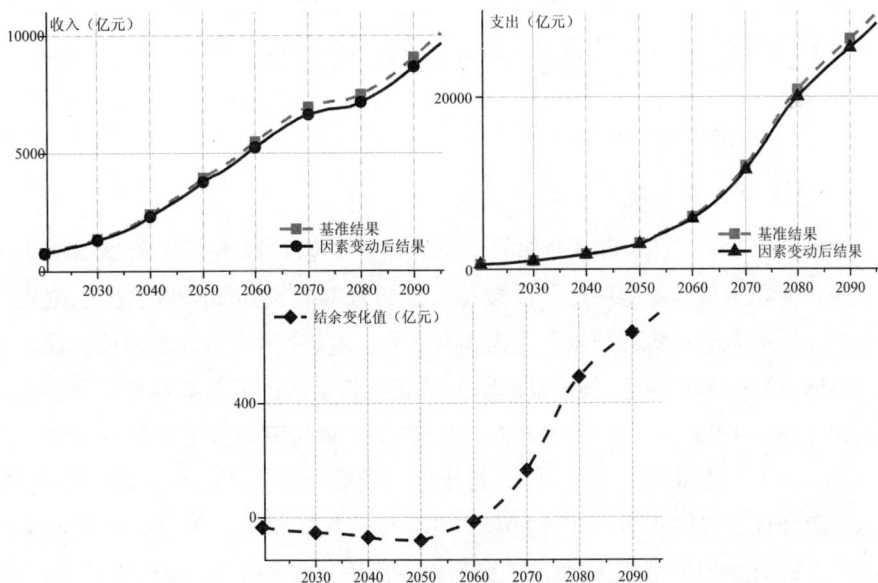

图 6.9　缴费工资占统计平均工资比例对收支结余的影响

46388 元。再根据《中国人力资源和社会保障年鉴—2018》可知,2017 年湖南省企业在岗职工平均工资为 61896 元,用该缴费工资除以在岗职工平均工资,得到企业职工缴费工资占统计平均工资的比例约为 74.95%。以此为湖南省机关事业单位缴费工资占统计平均工资比例变动后的取值,分析其对机关事业单位养老保险收支结余的影响,结果如图 6.9 所示。可见,缴费工资占统计平均工资比例的降低会使湖南省机关事业单位养老保险收入和支出较基准情况都有所下降。在预测期间,收入较基准情况的降幅先大于后小于支出的降幅,导致缴费工资占统计平均工资比例降低后的结余,较基准情况的变化值先小于零后逐渐变为大于零,之后呈逐步上升的趋势。预测期末的结余较基准情况上升 3.65%。

第四节　广东省机关事业单位养老保险的精算

一、广东省机关事业单位参保人数

广东省未来各年的城镇分年龄性别人数已由第二章第一节估计得到。在此基础上,进一步可估计出广东省机关事业单位养老保险分年龄性别参保人数,估计过程与北京市机关事业单位养老保险参保人数的统计过程一致。其中,广东省 2018 年机关事业单位养老保险分年龄性别参保人数为起始分布。

二、广东省经济类参数

（一）缴费工资占统计平均工资的比例

根据《2017 年度广东省社会保险信息披露》可知,2017 年广东省城镇职工及其中的企业职工基本养老保险的征缴收入分别为 3143 亿元和 2802 亿元,则机关事业单位基本养老保险的征缴收入为 341 亿元。由《中国人力资源和社会保障年鉴—2018》可知,2017 年广东省城镇职工及其中的企业职工基本养老保险参保职工人数分别为 4718 万人和 4538 万人,则机关事业单位基本养老保险参保职工人数为 180 万人。按缴费率 28% 计算,得年度人均缴费工资为 67659 元。由《中国人力资源和社会保障年鉴—2017》可得 2016 年广东省机关事业单位在岗职工加权平均工资为 88617 元,用该缴费工资除以在岗职工平均工资,得到 2017 年广东省城镇职工缴费工资占统计平均工资的比例约为 76.35%。假设预测期间广东省机关事业单位工作人员的缴费工资占统计平均工资的比例与此相同。

（二）新入职者工资

由薪酬网发布的《2018年广东省地区毕业生薪酬调查报告》，可知本科学历在国有企业、外商独资企业、外商合资企业和民营企业的起薪分别为5019、6359、5602和4431元/月，起薪月平均工资为5352.8元/月。以此为广东省机关事业单位新入职者工资。

（三）工资增长率

广东省2014—2019年GDP实际增长率分别为7.80%、8.0%、7.50%、7.50%、6.80%和6.3%。2020—2095年的GDP实际增长率同全国水平的一致，其中2020—2025年为5.7%，2026—2030年为4.8%，以后各年保持不变。根据以往经验，一般假设工资增长率高出GDP增长率0至1个百分点，此处取0.2个百分点。

（四）劳动参与率

根据《中国人口和就业统计年鉴—2019》表1-18可知2000—2018年广东省城镇登记失业率，其平均值为2.59%。因而广东省城镇人口劳动参与率约为97.41%。设其在预测期维持不变。

三、广东省养老保险类参数

（一）养老保险覆盖率

第三章第一节已估算出2018年广东省机关事业单位参保职工数为216.39万人。由《中国人力资源和社会保障年鉴—2019》表2-2可知，广东省2018年的机关事业单位在岗职工年末人数为310.2万人。因此，机关事业单位职工参保率约为69.76%。以此为广东省2018年机关事业单位养老保险覆盖率，以后每年增加1个百分点，直至达到100%。

（二）机关事业单位参保职工占城镇参保职工比例

根据《中国人力资源和社会保障年鉴—2019》分地区城镇职工基本养老保险情况表可知，2018年广东省的城镇职工基本养老保险参保职工人数为4283.04万人。那么，广东省机关事业单位参保职工占城镇参保职工比例为216.39/4283.04，约等于5.05%。

四、广东省机关事业单位养老保险收支结余

（一）中情景下收支结余精算结果

将上述估计的参数基准值代入根据第一章陈述的精算模型所编程序进行计

算,得到中情景下广东省机关事业单位养老保险各年的收入、支出和结余,如表6.7所示。可见,在中情景下,广东省机关事业单位养老保险的收入和支出均会随年份推移而逐年增长,但支出的增速快于收入的增速,使得机关事业单位养老保险的结余在2039年开始出现负数,以后年份的支付缺口会持续上升,并在预测期末达到最大,为15868亿元。

表6.7 中情景下广东省机关事业单位养老保险2020—2095年收支结余(百亿元)

年度	收入	支出	结余	年度	收入	支出	结余
2020	10.46	8.63	1.83	2058	41.09	68.42	−27.33
2021	11.00	8.94	2.07	2059	42.71	70.63	−27.93
2022	11.61	9.22	2.40	2060	44.44	72.82	−28.38
2023	12.24	9.51	2.73	2061	46.25	75.06	−28.80
2024	12.92	9.80	3.12	2062	48.18	77.26	−29.08
2025	13.54	10.17	3.36	2063	50.23	79.47	−29.24
2026	14.07	10.76	3.31	2064	52.32	81.72	−29.40
2027	14.66	11.34	3.32	2065	54.44	84.11	−29.67
2028	15.20	12.02	3.18	2066	56.52	86.76	−30.24
2029	15.79	12.72	3.07	2067	58.52	89.87	−31.35
2030	16.44	13.44	2.99	2068	60.46	93.35	−32.90
2031	17.05	14.31	2.74	2069	62.33	97.24	−34.91
2032	17.59	15.16	2.42	2070	64.04	101.78	−37.74
2033	18.16	16.11	2.05	2071	65.64	106.83	−41.19
2034	18.82	17.05	1.77	2072	67.32	111.99	−44.67
2035	19.56	18.04	1.52	2073	69.12	117.10	−47.98
2036	20.29	19.17	1.12	2074	70.79	122.74	−51.96
2037	21.04	20.41	0.63	2075	72.27	129.07	−56.81
2038	21.89	21.64	0.25	2076	73.72	135.59	−61.87
2039	22.77	22.95	−0.18	2077	75.34	141.72	−66.38
2040	23.61	24.33	−0.71	2078	77.23	147.16	−69.94
2041	24.37	25.85	−1.48	2079	78.92	153.41	−74.49

年度	收入	支出	结余	年度	收入	支出	结余
2042	25.14	27.62	−2.48	2080	80.52	160.15	−79.63
2043	25.98	29.44	−3.46	2081	82.08	167.20	−85.12
2044	26.80	31.52	−4.73	2082	83.65	174.40	−90.75
2045	27.55	33.93	−6.39	2083	85.27	181.70	−96.42
2046	28.37	36.34	−7.97	2084	87.05	189.05	−102.00
2047	29.20	38.92	−9.73	2085	88.93	196.41	−107.49
2048	29.99	41.72	−11.73	2086	90.90	203.78	−112.88
2049	30.86	44.50	−13.64	2087	93.01	211.14	−118.13
2050	31.69	47.51	−15.83	2088	95.20	218.45	−123.25
2051	32.69	50.24	−17.55	2089	97.62	225.73	−128.11
2052	33.66	53.18	−19.52	2090	100.16	232.96	−132.80
2053	34.56	56.38	−21.82	2091	102.78	240.29	−137.51
2054	35.61	59.18	−23.57	2092	105.45	247.82	−142.36
2055	36.75	61.90	−25.15	2093	108.09	255.58	−147.48
2056	38.09	64.14	−26.05	2094	110.73	263.63	−152.89
2057	39.56	66.23	−26.66	2095	113.36	272.04	−158.68

（二）低、中、高情景下的结余

将低、高情景参数分别代入按精算模型所编程序进行计算,结合中情景,可得低、中、高情景下广东省机关事业单位养老保险各年的结余,如表6.8所示。

表6.8 低、中、高情景下广东省机关事业单位养老保险的结余(百亿元)

年度	低	中	高	年度	低	中	高
2020	3.84	1.83	−1.50	2058	−9.68	−27.33	−37.57
2021	4.22	2.07	−1.49	2059	−9.57	−27.93	−38.40
2022	4.70	2.40	−1.39	2060	−9.30	−28.38	−39.10
2023	5.19	2.73	−1.30	2061	−8.99	−28.80	−39.78
2024	5.73	3.12	−1.16	2062	−8.53	−29.08	−40.32
2025	6.13	3.36	−1.18	2063	−7.96	−29.24	−40.77

年度	低	中	高	年度	低	中	高
2026	6.23	3.31	−1.43	2064	−7.38	−29.40	−41.23
2027	6.40	3.32	−1.61	2065	−6.88	−29.67	−41.83
2028	6.43	3.18	−1.95	2066	−6.62	−30.24	−42.72
2029	6.50	3.07	−2.26	2067	−6.81	−31.35	−44.19
2030	6.60	2.99	−2.54	2068	−7.34	−32.90	−46.11
2031	6.54	2.74	−2.97	2069	−8.26	−34.91	−48.52
2032	6.39	2.42	−3.43	2070	−9.85	−37.74	−51.78
2033	6.21	2.05	−3.95	2071	−11.94	−41.19	−55.70
2034	6.13	1.77	−4.37	2072	−14.02	−44.67	−59.69
2035	6.09	1.52	−4.76	2073	−15.91	−47.98	−63.52
2036	5.92	1.12	−5.32	2074	−18.37	−51.96	−68.04
2037	5.69	0.63	−5.95	2075	−21.55	−56.81	−73.47
2038	5.58	0.25	−6.47	2076	−24.90	−61.87	−79.13
2039	5.44	−0.18	−7.04	2077	−27.79	−66.38	−84.22
2040	5.22	−0.71	−7.71	2078	−29.89	−69.94	−88.35
2041	4.79	−1.48	−8.60	2079	−32.81	−74.49	−93.52
2042	4.18	−2.48	−9.74	2080	−36.19	−79.63	−99.31
2043	3.61	−3.46	−10.85	2081	−39.85	−85.12	−105.49
2044	2.81	−4.73	−12.27	2082	−43.61	−90.75	−111.82
2045	1.70	−6.39	−14.08	2083	−47.39	−96.42	−118.21
2046	0.70	−7.97	−15.82	2084	−51.04	−102.00	−124.54
2047	−0.42	−9.73	−17.74	2085	−54.59	−107.49	−130.80
2048	−1.73	−11.73	−19.91	2086	−58.03	−112.88	−136.99
2049	−2.93	−13.64	−22.01	2087	−61.33	−118.13	−143.06
2050	−4.33	−15.83	−24.39	2088	−64.50	−123.25	−149.02
2051	−5.30	−17.55	−26.31	2089	−67.40	−128.11	−154.76

续表

年度	低	中	高	年度	低	中	高
2052	−6.43	−19.52	−28.49	2090	−70.13	−132.80	−160.34
2053	−7.85	−21.82	−31.01	2091	−72.87	−137.51	−165.98
2054	−8.79	−23.57	−32.97	2092	−75.69	−142.36	−171.80
2055	−9.58	−25.15	−34.77	2093	−78.72	−147.48	−177.91
2056	−9.78	−26.05	−35.87	2094	−81.98	−152.89	−184.35
2057	−9.72	−26.66	−36.69	2095	−85.52	−158.68	−191.23

结余的变动趋势如图6.10所示。结合表6.8可见，广东省机关事业单位养老保险中情景下的结余处于低情景和高情景的结果之间。低情景和高情景下的结余出现负数的起始年份较中情景分别推迟了8年和提前了19年。低、中、高情景下结余在预测期间的年均降幅分别为119.2亿元、214.0亿元和253.0亿元。

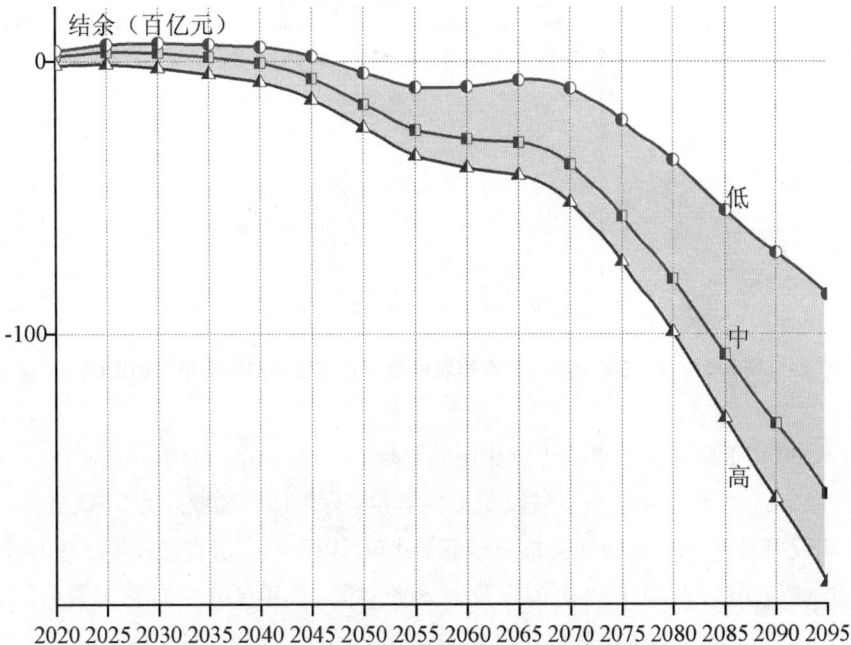

图6.10　低、中、高情景下结余的变动趋势

（三）某些因素对收支结余的影响

1. 机关事业单位基本养老保险个人缴费率的影响

把机关事业单位基本养老保险个人缴费率提高 3 个百分点,对广东省机关事业单位养老保险收支结余的影响如图 6.11 所示。可见,机关事业单位基本养老保险个人缴费率的提高会使收入和支出较基准情况都有所增长。在预测期间,收入较基准情况的增幅先大于后小于支出的增幅,导致机关事业单位基本养老保险个人缴费率提高后的结余较基准情况的变化值先大于零后逐渐变为小于零,之后滑向更大的负数。预测期末的结余较基准情况下降 17.33%。

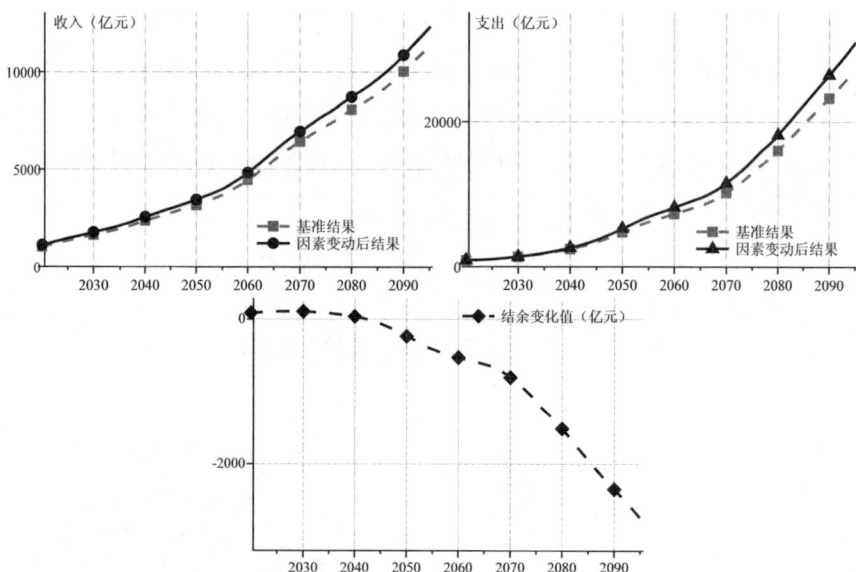

图 6.11　机关事业单位基本养老保险个人缴费率对收支结余的影响

2. 缴费工资占统计平均工资比例的影响

上文已知 2017 年广东省城镇职工基本养老保险的征缴收入为 3143 亿元。根据《2017 年度广东省社会保险信息披露》可知,2017 年广东省城镇职工基本养老保险缴费人数为 3253 万人。按缴费率 28% 计算,得年度人均缴费工资为 34507元。再根据《中国人力资源和社会保障年鉴—2017》可知,2016 年广东省企业在岗职工平均工资为 72848 元,用缴费工资除以企业在岗职工平均工资得到 2016 年广东省城镇职工缴费工资占统计平均工资的比例约为 47.37%。以此为广东省机关事业单位缴费工资占统计平均工资比例变动后的取值,分析其对机关事业单位养老保险收支结余的影响,结果如图 6.12 所示。可见,缴费工资占统计平均工资比例的降低会使广东省机关事业单位养老保险收入和支出较基准情况都有所下降。在预测期间,收入较基准情况的降幅先大于后小于支出的降幅,导致缴费工资占统计平均工资比例降低后的结余较基准情况的变化值先小于零后逐渐变为大于零,之后呈逐步上升的趋势。预测期末的结余较基准情况上升15.15%。

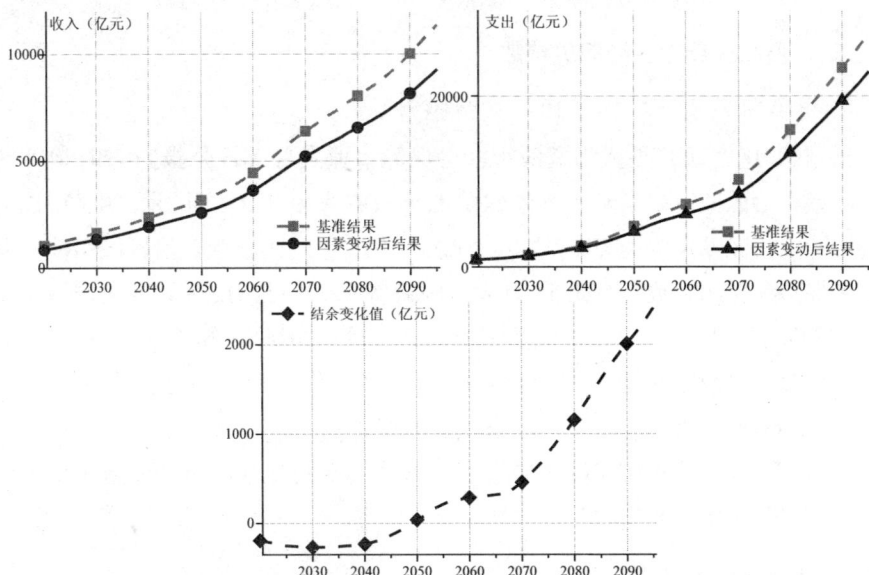

图6.12　缴费工资占统计平均工资比例对收支结余的影响

第五节　广西壮族自治区机关事业单位养老保险的精算

一、广西壮族自治区机关事业单位参保人数

广西壮族自治区未来各年的城镇分年龄性别人数已由第二章第一节估计得到。在此基础上,进一步可估计出广西壮族自治区机关事业单位养老保险分年龄性别参保人数。2018年末广西壮族自治区机关事业单位参保职工人数已由第三章第一节估算出,约为112.20万人。根据《2018年度广西人力资源和社会保障事业发展统计公报》可知,2018年末广西企业职工基本养老保险参保总人数为654.42万人,再由《中国人力资源和社会保障年鉴—2019》可知,2018年末广西城镇职工基本养老保险参保总人数为825.90万人,则2018年末广西机关事业单位

基本养老保险参保总人数为171.48万人,进而可知2018年末广西机关事业单位基本养老保险参保退休人数为59.28万人。假设广西壮族自治区机关事业单位养老保险参保人员分年龄性别分布与该省城镇分年龄性别人数分布一致,于是估计出广西壮族自治区机关事业单位分年龄性别参保人数的起始分布。

二、广西壮族自治区经济类参数

(一)缴费工资占统计平均工资的比例

根据《2018年度广西人力资源和社会保障事业发展统计公报》可知,2018年广西壮族自治区城镇职工基本养老保险的征缴收入为820.76亿元。由《中国人力资源和社会保障年鉴—2019》表5-6得到2018年广西壮族自治区城镇职工基本养老保险参保职工数为565.54万人。按缴费率28%计算,得年度人均缴费工资为51832元。由《中国人力资源和社会保障年鉴—2018》可知,2017年广西壮族自治区城镇在岗职工平均工资为66456元,用该缴费工资除以在岗职工平均工资,得到2018年广西壮族自治区城镇职工缴费工资占统计平均工资的比例约为77.99%。假设预测期间广西壮族自治区机关事业单位工作人员的缴费工资占统计平均工资的比例与此相同。

(二)新入职者工资

由于薪酬网没有具体公布《2018年广西壮族自治区地区毕业生薪酬调查报告》,故参考全国机关事业单位新入职者月平均工资水平4857元/月,以此作为广西壮族自治区机关事业单位新入职者工资。

(三)工资增长率

广西壮族自治区2014—2019年GDP实际增长率分别为8.50%、8.10%、7.30%、7.30%、6.80%和6.0%。2020—2095年的GDP实际增长率同全国水平的一致,其中2020—2025年为5.7%,2026—2030年为4.8%,以后各年保持不变。根据以往经验,一般假设工资增长率高出GDP增长率0至1个百分点,此处取0.2个百分点。

(四)劳动参与率

根据《中国人口和就业统计年鉴—2019》表1-18可知2000—2018年广西壮族自治区城镇登记失业率,其平均值为3.43%。因而广西壮族自治区城镇人口劳动参与率约为96.57%。设其在预测期维持不变。

三、广西壮族自治区养老保险类参数

(一)养老保险覆盖率

前面已知 2018 年广西壮族自治区机关事业单位参保职工数为 112.20 万人。由《中国人力资源和社会保障年鉴—2019》表 2-2 可知,广西壮族自治区 2018 年的机关事业单位在岗职工年末人数为 156.60 万人。因此,机关事业单位职工参保率约为 71.65%。以此为广西壮族自治区 2018 年机关事业单位养老保险覆盖率,以后每年增加 1 个百分点,直至达到 100%。

(二)机关事业单位参保职工占城镇参保职工比例

根据《中国人力资源和社会保障年鉴—2019》分地区城镇职工基本养老保险情况表可知,2018 年广西壮族自治区的城镇职工基本养老保险参保职工人数为565.54 万人。那么,广西壮族自治区机关事业单位参保职工占城镇参保职工比例为 112.20/565.54,约等于 19.84%。

四、广西壮族自治区机关事业单位养老保险收支结余

(一)中情景下收支结余精算结果

将上述估计的参数基准值代入根据第一章陈述的精算模型所编程序进行计算,得到中情景下广西壮族自治区机关事业单位养老保险各年的收入、支出和结余,如表 6.9 所示。可见,在中情景下,广西壮族自治区机关事业单位养老保险的收入和支出均会随年份推移而逐年增长,但支出的增速快于收入的增速,使得机关事业单位养老保险的结余在 2074 年开始出现负数,以后年份的支付缺口会持续上升,并在预测期末达到最大,为 15412 亿元。

表 6.9 中情景下广西壮族自治区机关事业单位养老保险 2020—2095 年收支结余(百亿元)

年度	收入	支出	结余	年度	收入	支出	结余
2020	5.20	4.27	0.93	2058	52.78	36.95	15.83
2021	5.56	4.45	1.12	2059	55.57	39.12	16.46
2022	5.89	4.60	1.29	2060	58.56	41.34	17.22
2023	6.25	4.73	1.52	2061	61.65	43.94	17.71
2024	6.62	4.88	1.73	2062	64.78	47.12	17.66
2025	7.01	5.07	1.94	2063	68.08	50.48	17.61
2026	7.37	5.39	1.98	2064	71.43	54.46	16.97

续表

年度	收入	支出	结余	年度	收入	支出	结余
2027	7.87	5.69	2.18	2065	74.93	58.78	16.15
2028	8.38	6.03	2.35	2066	78.66	63.19	15.47
2029	8.93	6.37	2.55	2067	82.62	67.79	14.83
2030	9.51	6.72	2.79	2068	86.79	72.70	14.09
2031	10.11	7.12	2.99	2069	90.97	78.34	12.63
2032	10.65	7.54	3.11	2070	95.00	84.84	10.17
2033	11.21	8.00	3.20	2071	99.05	91.89	7.17
2034	11.85	8.46	3.39	2072	103.26	99.18	4.08
2035	12.58	8.93	3.66	2073	107.71	106.43	1.28
2036	13.33	9.46	3.86	2074	111.83	115.20	−3.36
2037	14.22	10.06	4.15	2075	115.50	125.79	−10.29
2038	15.30	10.69	4.61	2076	119.06	137.04	−17.98
2039	16.47	11.32	5.16	2077	122.67	148.57	−25.90
2040	17.67	11.99	5.68	2078	126.62	159.58	−32.96
2041	18.88	12.69	6.19	2079	130.53	171.32	−40.79
2042	20.18	13.51	6.67	2080	134.40	183.80	−49.40
2043	21.61	14.41	7.20	2081	138.28	196.87	−58.59
2044	23.18	15.35	7.83	2082	142.18	210.48	−68.30
2045	24.87	16.40	8.46	2083	146.33	223.97	−77.63
2046	26.68	17.38	9.31	2084	150.81	237.16	−86.35
2047	28.53	18.47	10.06	2085	155.67	250.01	−94.34
2048	30.42	19.67	10.75	2086	160.93	262.52	−101.59
2049	32.43	20.77	11.66	2087	166.55	274.97	−108.42
2050	34.48	22.04	12.44	2088	172.55	287.38	−114.83
2051	36.39	23.80	12.59	2089	178.94	299.77	−120.83
2052	38.23	25.94	12.30	2090	185.74	312.22	−126.47
2053	40.09	28.25	11.84	2091	192.95	324.82	−131.86
2054	42.41	29.72	12.69	2092	200.53	337.77	−137.24
2055	44.96	31.00	13.96	2093	208.46	351.16	−142.69
2056	47.43	32.94	14.49	2094	216.74	365.06	−148.32
2057	50.03	34.95	15.08	2095	225.35	379.47	−154.12

（二）低、中、高情景下的结余

将低、高情景参数分别代入按精算模型所编程序进行计算,结合中情景,可得低、中、高情景下广西壮族自治区机关事业单位养老保险各年的结余,如表6.10所示。

表6.10　低、中、高情景下广西壮族自治区机关事业单位养老保险的结余（百亿元）

年度	低	中	高	年度	低	中	高
2020	1.93	0.93	−0.71	2058	27.01	15.83	8.84
2021	2.19	1.12	−0.65	2059	28.33	16.46	9.19
2022	2.45	1.29	−0.60	2060	29.80	17.22	9.66
2023	2.75	1.52	−0.49	2061	31.10	17.71	9.81
2024	3.04	1.73	−0.40	2062	32.02	17.66	9.39
2025	3.32	1.94	−0.33	2063	32.98	17.61	8.92
2026	3.45	1.98	−0.39	2064	33.52	16.97	7.82
2027	3.75	2.18	−0.30	2065	33.97	16.15	6.50
2028	4.01	2.35	−0.25	2066	34.58	15.47	5.30
2029	4.32	2.55	−0.15	2067	35.29	14.83	4.10
2030	4.66	2.79	−0.03	2068	35.98	14.09	2.76
2031	4.96	2.99	0.06	2069	36.12	12.63	0.67
2032	5.18	3.11	0.10	2070	35.42	10.17	−2.49
2033	5.39	3.20	0.11	2071	34.32	7.17	−6.23
2034	5.69	3.39	0.21	2072	33.22	4.08	−10.11
2035	6.08	3.66	0.39	2073	32.43	1.28	−13.73
2036	6.42	3.86	0.50	2074	30.14	−3.36	−19.29
2037	6.86	4.15	0.69	2075	25.98	−10.29	−27.23
2038	7.49	4.61	1.04	2076	21.21	−17.98	−35.98
2039	8.22	5.16	1.48	2077	16.27	−25.90	−45.00
2040	8.94	5.68	1.89	2078	12.09	−32.96	−53.18
2041	9.66	6.19	2.30	2079	7.33	−40.79	−62.20
2042	10.37	6.67	2.66	2080	1.99	−49.40	−72.08

续表

年度	低	中	高	年度	低	中	高
2043	11.16	7.20	3.07	2081	-3.77	-58.59	-82.59
2044	12.08	7.83	3.56	2082	-9.90	-68.30	-93.70
2045	13.03	8.46	4.06	2083	-15.67	-77.63	-104.47
2046	14.20	9.31	4.76	2084	-20.86	-86.35	-114.65
2047	15.31	10.06	5.36	2085	-25.39	-94.34	-124.15
2048	16.39	10.75	5.90	2086	-29.22	-101.59	-132.92
2049	17.69	11.66	6.64	2087	-32.63	-108.42	-141.35
2050	18.90	12.44	7.25	2088	-35.60	-114.83	-149.39
2051	19.58	12.59	7.21	2089	-38.13	-120.83	-157.07
2052	19.90	12.30	6.71	2090	-40.27	-126.47	-164.44
2053	20.08	11.84	6.04	2091	-42.09	-131.86	-171.63
2054	21.43	12.69	6.69	2092	-43.80	-137.24	-178.87
2055	23.19	13.96	7.75	2093	-45.45	-142.69	-186.27
2056	24.35	14.49	8.03	2094	-47.14	-148.32	-193.91
2057	25.61	15.08	8.37	2095	-48.86	-154.12	-201.81

结余的变动趋势如图 6.13 所示。结合表 6.10 可见,广西壮族自治区机关事业单位养老保险中情景下的结余处于低情景和高情景的结果之间。低情景和高情景下的结余出现负数的起始年份较中情景分别推迟了 7 年和提前了 54 年。低、中、高情景下结余在预测期间的年均降幅分别为 67.7 亿元、206.7 亿元和268.1 亿元。

（三）某些因素对收支结余的影响

1. 机关事业单位基本养老保险个人缴费率的影响

把机关事业单位基本养老保险个人缴费率提高 3 个百分点,对广西壮族自治区机关事业单位养老保险收支结余的影响如图 6.14 所示。可见,机关事业单位基本养老保险个人缴费率的提高会使收入和支出较基准情况都有所增长。在预测期间,收入较基准情况的增幅先大于后小于支出的增幅,导致机关事业单位基本养老保险个人缴费率提高后的结余较基准情况的变化值先大于零后逐渐变为小于零,之后滑向更大的负数。预测期末的结余较基准情况下降21.55%。

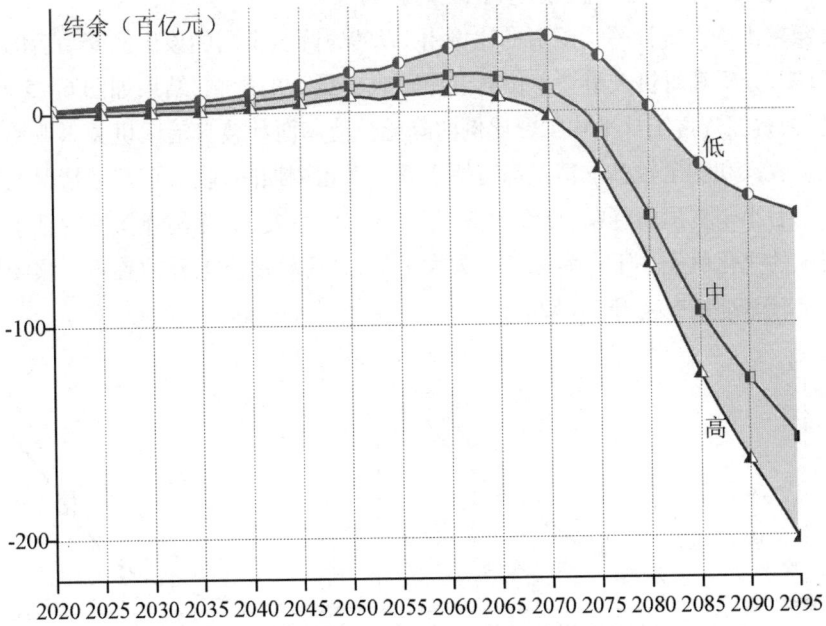

图 6.13　低、中、高情景下结余的变动趋势

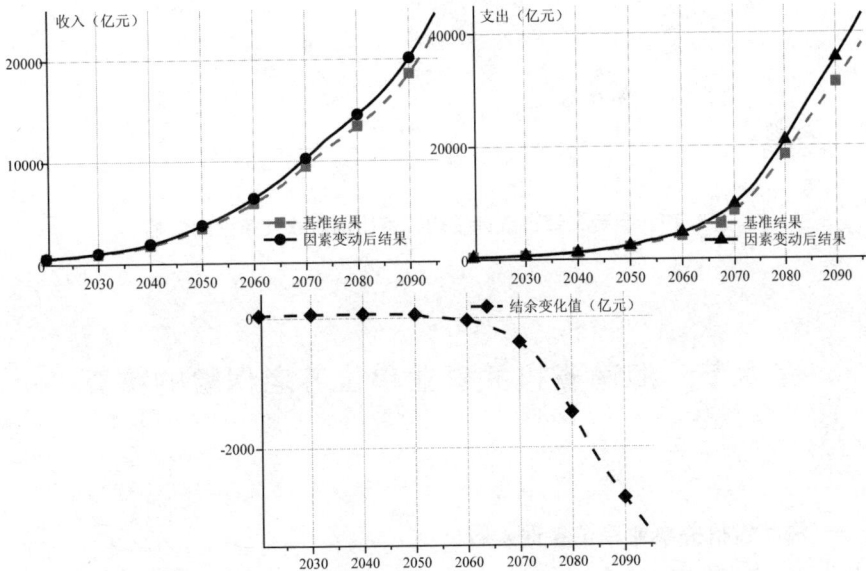

图 6.14　机关事业单位基本养老保险个人缴费率对收支结余的影响

2. 缴费工资占统计平均工资比例的影响

缴费工资占统计平均工资的比例由 77.99% 降至全国的该比例变动后的水平 53.71%,分析其对机关事业单位养老保险收支结余的影响,结果如图 6.15 所示。可见,缴费工资占统计平均工资比例的降低会使广西壮族自治区机关事业单位养老保险收入和支出较基准情况都有所下降。在预测期间,收入较基准情况的降幅先大于后小于支出的降幅,导致缴费工资占统计平均工资比例降低后的结余较基准情况的变化值先小于零后逐渐变为大于零,之后呈逐步上升的趋势。预测期末的结余较基准情况上升 11.52%。

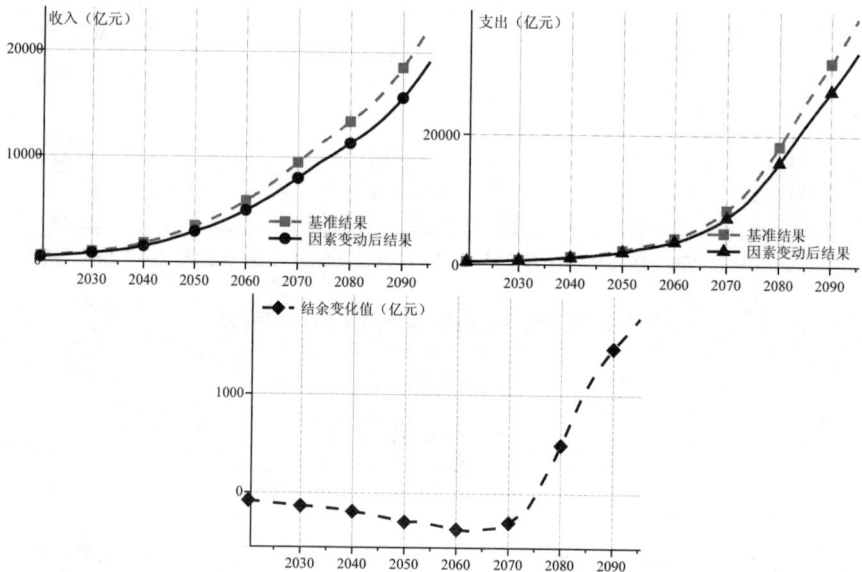

图 6.15　缴费工资占统计平均工资比例对收支结余的影响

第六节　海南省机关事业单位养老保险的精算

一、海南省机关事业单位参保人数

海南省未来各年的城镇分年龄性别人数已由第二章第一节估计得到。在此基础上,进一步可估计出海南省机关事业单位养老保险分年龄性别参保人数,估计过程与北京市机关事业单位养老保险参保人数的统计过程一致。其中,海南省

2018 年机关事业单位养老保险分年龄性别参保人数为起始分布。

二、海南省经济类参数

（一）缴费工资占统计平均工资的比例

根据《2018 年海南省社会保险情况》可知 2018 年海南省城镇职工基本养老保险的征缴收入为 230.93 亿元。由《中国人力资源和社会保障年鉴—2019》表 5－6 得到 2018 年海南省城镇职工基本养老保险参保职工数为 187.47 万人。按缴费率 28% 计算，得年度人均缴费工资为 43994 元。由《中国人力资源和社会保障年鉴—2018》可知，2017 年海南省城镇在岗职工平均工资为 69062 元，用该缴费工资除以在岗职工平均工资，得到 2018 年海南省城镇职工缴费工资占统计平均工资的比例约为 63.70%。假设预测期间海南省机关事业单位工作人员的缴费工资占统计平均工资的比例与此相同。

（二）新入职者工资

由薪酬网发布的《2018 年海南省地区毕业生薪酬调查报告》，可知本科学历在国有企业、外商独资企业、外商合资企业和民营企业的起薪分别为 4501、5869、5378 和 4019 元/月，起薪月平均工资为 4941.75 元/月。以此为海南省机关事业单位新入职者工资。

（三）工资增长率

海南省 2014—2019 年 GDP 实际增长率分别为 8.50%、7.80%、7.50%、7.0%、5.80% 和 5.8%。2020—2095 年的 GDP 实际增长率同全国水平的一致，其中 2020—2025 年为 5.7%，2026—2030 年为 4.8%，以后各年保持不变。根据以往经验，一般假设工资增长率高出 GDP 增长率 0 至 1 个百分点，此处取 0.2 个百分点。

（四）劳动参与率

根据《中国人口和就业统计年鉴—2019》表 1－18 可知 2000—2018 年海南省城镇登记失业率，其平均值为 2.89%。因而海南省城镇人口劳动参与率约为 97.11%。设其在预测期维持不变。

三、海南省养老保险类参数

（一）养老保险覆盖率

第三章第一节已估算出 2018 年海南省机关事业单位参保职工数为 22.74 万人。由《中国人力资源和社会保障年鉴—2019》表 2－2 可知，海南省 2018 年的机关事业单位在岗职工年末人数为 34.70 万人。因此,机关事业单位职工参保率约为 65.52%。以此为海南省 2018 年机关事业单位养老保险覆盖率,以后每年增加 1 个百分点,直至达到 100%。

(二)机关事业单位参保职工占城镇参保职工比例

根据《中国人力资源和社会保障年鉴—2019》分地区城镇职工基本养老保险情况表可知,2018 年海南省的城镇职工基本养老保险参保职工人数为 187.47 万人。那么,海南省机关事业单位参保职工占城镇参保职工比例为 22.74/187.47,约等于 12.13%。

四、海南省机关事业单位养老保险收支结余

(一)中情景下收支结余精算结果

将上述估计的参数基准值代入根据第一章陈述的精算模型所编程序进行计算,得到中情景下海南省机关事业单位养老保险各年的收入、支出和结余,如表 6.11 所示。可见,在中情景下,海南省机关事业单位养老保险的收入和支出均会随年份推移而逐年增长,但支出的增速快于收入的增速,使得机关事业单位养老保险的结余在 2046 年开始出现负数,以后年份的支付缺口会持续上升,并在预测期末达到最大,为 1726 亿元。

表 6.11　中情景下海南省机关事业单位养老保险 2020—2095 年收支结余(百亿元)

年度	收入	支出	结余	年度	收入	支出	结余
2020	0.95	0.83	0.12	2058	4.88	6.55	−1.67
2021	1.01	0.86	0.15	2059	5.10	6.75	−1.65
2022	1.06	0.89	0.18	2060	5.33	6.97	−1.64
2023	1.11	0.91	0.20	2061	5.55	7.29	−1.75
2024	1.17	0.94	0.23	2062	5.76	7.66	−1.90
2025	1.23	0.98	0.25	2063	6.01	7.96	−1.95
2026	1.28	1.03	0.24	2064	6.27	8.27	−2.00
2027	1.34	1.09	0.25	2065	6.54	8.62	−2.08
2028	1.40	1.14	0.25	2066	6.80	9.00	−2.20
2029	1.46	1.21	0.26	2067	7.06	9.42	−2.35
2030	1.53	1.27	0.26	2068	7.32	9.89	−2.57

续表

年度	收入	支出	结余	年度	收入	支出	结余
2031	1.61	1.34	0.27	2069	7.55	10.45	−2.90
2032	1.67	1.42	0.25	2070	7.76	11.11	−3.35
2033	1.74	1.50	0.24	2071	7.95	11.82	−3.87
2034	1.82	1.57	0.24	2072	8.14	12.56	−4.42
2035	1.90	1.66	0.24	2073	8.34	13.30	−4.95
2036	1.99	1.76	0.23	2074	8.51	14.19	−5.68
2037	2.09	1.86	0.24	2075	8.64	15.18	−6.54
2038	2.22	1.97	0.25	2076	8.78	16.15	−7.37
2039	2.34	2.07	0.27	2077	8.93	17.09	−8.17
2040	2.47	2.19	0.28	2078	9.13	17.90	−8.77
2041	2.59	2.32	0.26	2079	9.33	18.71	−9.38
2042	2.70	2.47	0.23	2080	9.53	19.55	−10.02
2043	2.82	2.65	0.17	2081	9.74	20.40	−10.66
2044	2.94	2.83	0.11	2082	9.95	21.24	−11.29
2045	3.06	3.03	0.03	2083	10.18	22.07	−11.88
2046	3.18	3.25	−0.07	2084	10.45	22.87	−12.43
2047	3.30	3.49	−0.19	2085	10.73	23.66	−12.93
2048	3.42	3.74	−0.33	2086	11.03	24.43	−13.39
2049	3.55	3.99	−0.44	2087	11.36	25.18	−13.82
2050	3.68	4.25	−0.58	2088	11.71	25.93	−14.23
2051	3.80	4.53	−0.73	2089	12.08	26.68	−14.61
2052	3.91	4.88	−0.97	2090	12.46	27.45	−14.99
2053	4.01	5.26	−1.25	2091	12.87	28.23	−15.36
2054	4.16	5.52	−1.36	2092	13.29	29.05	−15.76
2055	4.33	5.77	−1.44	2093	13.71	29.92	−16.20
2056	4.50	6.05	−1.55	2094	14.14	30.84	−16.70
2057	4.68	6.31	−1.63	2095	14.56	31.82	−17.26

（二）低、中、高情景下的结余

将低、高情景参数分别代入按精算模型所编程序进行计算,结合中情景,可得低、中、高情景下海南省机关事业单位养老保险各年的结余,如表6.12所示。

表6.12　低、中、高情景下海南省机关事业单位养老保险的结余(百亿元)

年度	低	中	高	年度	低	中	高
2020	0.31	0.12	−0.20	2058	0.08	−1.67	−2.69
2021	0.35	0.15	−0.18	2059	0.17	−1.65	−2.70
2022	0.39	0.18	−0.18	2060	0.25	−1.64	−2.72
2023	0.43	0.20	−0.18	2061	0.24	−1.75	−2.86
2024	0.48	0.23	−0.17	2062	0.19	−1.90	−3.05
2025	0.51	0.25	−0.18	2063	0.23	−1.95	−3.13
2026	0.52	0.24	−0.20	2064	0.28	−2.00	−3.22
2027	0.54	0.25	−0.21	2065	0.30	−2.08	−3.34
2028	0.56	0.25	−0.23	2066	0.29	−2.20	−3.51
2029	0.58	0.26	−0.24	2067	0.26	−2.35	−3.71
2030	0.60	0.26	−0.26	2068	0.18	−2.57	−3.97
2031	0.62	0.27	−0.27	2069	0.00	−2.90	−4.36
2032	0.63	0.25	−0.29	2070	−0.28	−3.35	−4.87
2033	0.63	0.24	−0.32	2071	−0.62	−3.87	−5.45
2034	0.65	0.24	−0.33	2072	−0.98	−4.42	−6.07
2035	0.67	0.24	−0.35	2073	−1.32	−4.95	−6.67
2036	0.68	0.23	−0.37	2074	−1.82	−5.68	−7.48
2037	0.71	0.24	−0.38	2075	−2.42	−6.54	−8.42
2038	0.75	0.25	−0.38	2076	−3.01	−7.37	−9.34
2039	0.80	0.27	−0.38	2077	−3.56	−8.17	−10.22
2040	0.84	0.28	−0.39	2078	−3.96	−8.77	−10.91
2041	0.85	0.26	−0.42	2079	−4.35	−9.38	−11.60
2042	0.86	0.23	−0.46	2080	−4.77	−10.02	−12.33
2043	0.84	0.17	−0.54	2081	−5.19	−10.66	−13.06

续表

年度	低	中	高	年度	低	中	高
2044	0.82	0.11	− 0.61	2082	− 5.59	− 11.29	− 13.78
2045	0.79	0.03	− 0.71	2083	− 5.97	− 11.88	− 14.47
2046	0.75	− 0.07	− 0.82	2084	− 6.30	− 12.43	− 15.10
2047	0.69	− 0.19	− 0.97	2085	− 6.59	− 12.93	− 15.71
2048	0.62	− 0.33	− 1.12	2086	− 6.84	− 13.39	− 16.27
2049	0.57	− 0.44	− 1.25	2087	− 7.06	− 13.82	− 16.80
2050	0.50	− 0.58	− 1.41	2088	− 7.25	− 14.23	− 17.31
2051	0.43	− 0.73	− 1.58	2089	− 7.43	− 14.61	− 17.80
2052	0.28	− 0.97	− 1.84	2090	− 7.59	− 14.99	− 18.29
2053	0.09	− 1.25	− 2.15	2091	− 7.75	− 15.36	− 18.78
2054	0.07	− 1.36	− 2.28	2092	− 7.92	− 15.76	− 19.31
2055	0.06	− 1.44	− 2.39	2093	− 8.12	− 16.20	− 19.87
2056	0.04	− 1.55	− 2.52	2094	− 8.36	− 16.70	− 20.50
2057	0.04	− 1.63	− 2.63	2095	− 8.65	− 17.26	− 21.19

结余的变动趋势如图 6.16 所示。结合表 6.12 可见,海南省机关事业单位养老保险中情景下的结余处于低情景和高情景的结果之间。低情景和高情景下的结余出现负数的起始年份较中情景分别推迟了 24 年和提前了 26 年。低、中、高情景下结余在预测期间的年均降幅分别为 11.9 亿元、23.2 亿元和 28.0 亿元。

(三)某些因素对收支结余的影响

1. 机关事业单位基本养老保险个人缴费率的影响

把机关事业单位基本养老保险个人缴费率提高 3 个百分点,对海南省机关事业单位养老保险收支结余的影响如图 6.17 所示。可见,机关事业单位基本养老保险个人缴费率的提高会使收入和支出较基准情况都有所增长。在预测期间,收入较基准情况的增幅先大于后小于支出的增幅,导致机关事业单位基本养老保险个人缴费率提高后的结余较基准情况的变化值先大于零后逐渐变为小于零,之后滑向更大的负数。预测期末的结余较基准情况下降 17.68%。

2. 缴费工资占统计平均工资比例的影响

缴费工资占统计平均工资的比例由 63.70% 降至全国的该比例变动后的水平 53.71%,分析其对机关事业单位养老保险收支结余的影响,结果如图 6.18 所示。

可见,缴费工资占统计平均工资比例的降低会使海南省机关事业单位养老保险收

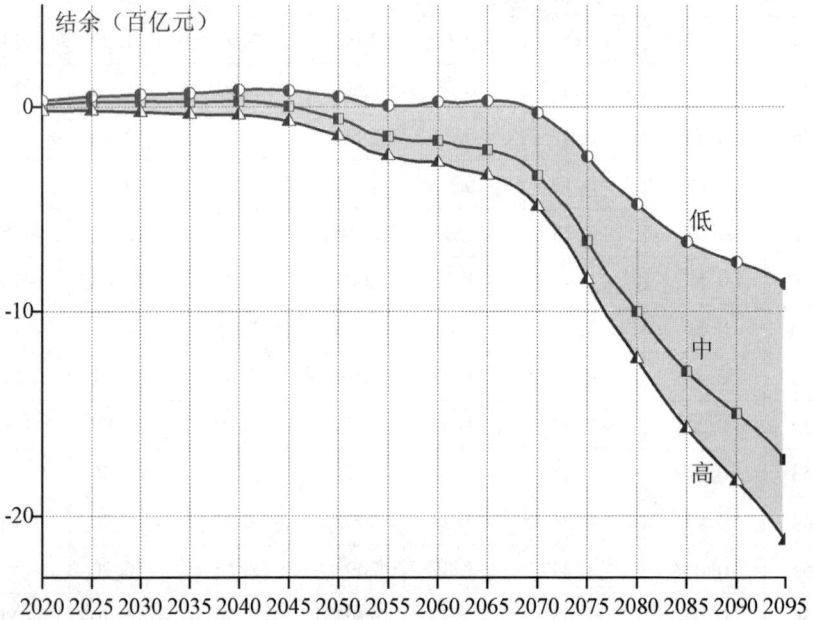

图 6.16 低、中、高情景下结余的变动趋势

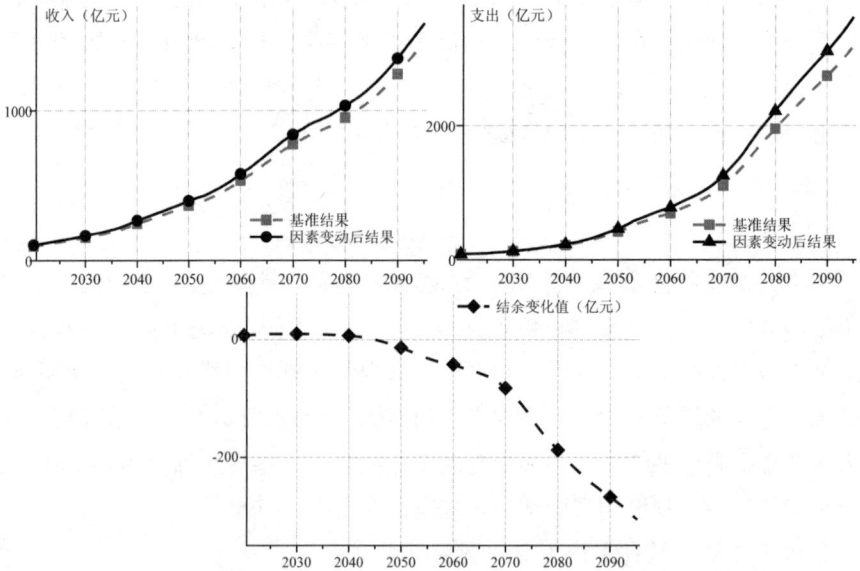

图 6.17 机关事业单位基本养老保险个人缴费率对收支结余的影响

入和支出较基准情况都有所下降。在预测期间,收入较基准情况的降幅先大于后小于支出的降幅,导致缴费工资占统计平均工资比例降低后的结余较基准情况的变化值先小于零后逐渐变为大于零,之后呈逐步上升的趋势。预测期末的结余较基准情况上升 5.47%。

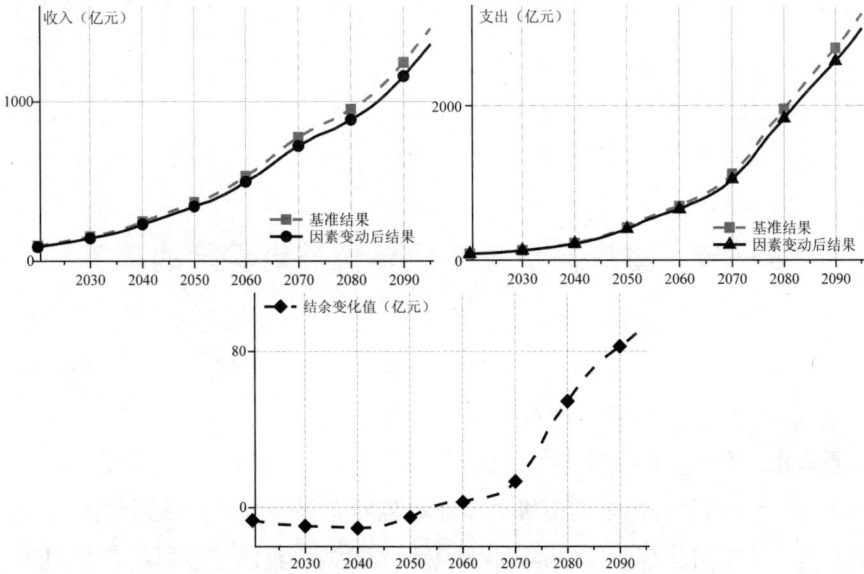

图 6.18　缴费工资占统计平均工资比例对收支结余的影响

第七章

西南地区机关事业单位养老保险的精算报告

第一节 重庆市机关事业单位养老保险的精算

一、重庆市机关事业单位参保人数

重庆市未来各年的城镇分年龄性别人数已由第二章第一节估计得到。在此基础上,进一步可估计出重庆市机关事业单位养老保险分年龄性别参保人数,估计过程与北京市机关事业单位养老保险参保人数的一致统计过程。其中,重庆市2018年机关事业单位养老保险分年龄性别参保人数为起始分布。

二、重庆市经济类参数

（一）缴费工资占统计平均工资的比例

由于重庆市公布的数据不够充分,难以估计该省具体的缴费工资占统计平均工资比例。因此,重庆市的缴费工资占统计平均工资比例同全国水平59.08%。

（二）新入职者工资

由薪酬网发布的《2018年重庆市地区毕业生薪酬调查报告》,可知本科学历在国有企业、外商独资企业、外商合资企业和民营企业的起薪分别为4658、5629、5385和4014元/月,起薪月平均工资为4921.5元/月。以此为重庆市机关事业单位新入职者工资。

（三）工资增长率

重庆市2014—2019年GDP实际增长率分别为10.90%、11.0%、10.70%、9.30%、6.0%和6.3%。2020—2095年的GDP实际增长率同全国水平的一致,其

中 2020—2025 年为 5.7%，2026—2030 年为 4.8%，以后各年保持不变。根据以往经验，一般假设工资增长率高出 GDP 增长率 0 至 1 个百分点，此处取 0.2 个百分点。

（四）劳动参与率

根据《中国人口和就业统计年鉴—2019》表 1 - 18 可知 2000—2018 年重庆市城镇登记失业率，其平均值为 3.74%。因而重庆市城镇人口劳动参与率约为 96.26%。设其在预测期维持不变。

三、重庆市养老保险类参数

（一）养老保险覆盖率

第三章第一节已估算出 2018 年重庆市机关事业单位参保职工数为 67.96 万人。由《中国人力资源和社会保障年鉴—2019》表 2 - 2 可知，重庆市 2018 年的机关事业单位在岗职工年末人数为 93.30 万人。因此，机关事业单位职工参保率约为 72.84%。以此为重庆市 2018 年机关事业单位养老保险覆盖率，以后每年增加 1 个百分点，直至达到 100%。

（二）机关事业单位参保职工占城镇参保职工比例

根据《中国人力资源和社会保障年鉴—2019》分地区城镇职工基本养老保险情况表可知，2018 年重庆市的城镇职工基本养老保险参保职工人数为 662.45 万人。那么，重庆市机关事业单位参保职工占城镇参保职工比例为 67.96/662.45，约等于 10.26%。

四、重庆市机关事业单位养老保险收支结余

（一）中情景下收支结余精算结果

将上述估计的参数基准值代入根据第一章陈述的精算模型所编程序进行计算，得到中情景下重庆市机关事业单位养老保险各年的收入、支出和结余，如表 7.1 所示。可见，在中情景下，重庆市机关事业单位养老保险的收入和支出均会随年份推移而逐年增长，但支出的增速快于收入的增速，使得机关事业单位养老保险的结余在 2067 年开始出现负数，以后年份的支付缺口会持续上升，并在预测期末达到最大，为 7328 亿元。

表7.1　中情景下重庆市机关事业单位养老保险2020—2095年收支结余(百亿元)

年度	收入	支出	结余	年度	收入	支出	结余
2020	2.79	2.41	0.38	2058	21.57	17.63	3.94
2021	2.92	2.55	0.36	2059	22.62	18.87	3.76
2022	3.08	2.68	0.40	2060	23.74	20.17	3.57
2023	3.25	2.80	0.45	2061	24.87	21.63	3.24
2024	3.46	2.92	0.54	2062	26.05	23.21	2.84
2025	3.66	3.05	0.61	2063	27.26	24.87	2.39
2026	3.81	3.30	0.51	2064	28.49	26.71	1.78
2027	3.99	3.54	0.45	2065	29.70	28.72	0.97
2028	4.17	3.79	0.37	2066	30.90	30.85	0.05
2029	4.36	4.06	0.30	2067	32.09	33.16	-1.07
2030	4.60	4.31	0.29	2068	33.26	35.66	-2.40
2031	4.83	4.61	0.21	2069	34.43	38.32	-3.89
2032	5.04	4.93	0.11	2070	35.55	41.30	-5.75
2033	5.27	5.27	0.00	2071	36.65	44.50	-7.85
2034	5.56	5.58	-0.02	2072	37.80	47.73	-9.93
2035	5.90	5.87	0.03	2073	39.09	50.84	-11.75
2036	6.26	6.16	0.09	2074	40.38	54.07	-13.69
2037	6.62	6.48	0.14	2075	41.66	57.53	-15.88
2038	7.03	6.78	0.25	2076	42.97	61.11	-18.14
2039	7.47	7.08	0.39	2077	44.33	64.72	-20.38
2040	7.94	7.35	0.59	2078	45.86	68.05	-22.19
2041	8.43	7.56	0.87	2079	47.37	71.70	-24.32
2042	8.97	7.79	1.18	2080	48.91	75.54	-26.64
2043	9.53	8.07	1.47	2081	50.49	79.52	-29.03
2044	10.07	8.47	1.60	2082	52.11	83.67	-31.56
2045	10.61	8.99	1.63	2083	53.78	87.96	-34.19
2046	11.27	9.35	1.92	2084	55.51	92.38	-36.87

续表

年度	收入	支出	结余	年度	收入	支出	结余
2047	11.96	9.73	2.24	2085	57.31	96.92	−39.61
2048	12.67	10.18	2.49	2086	59.18	101.56	−42.39
2049	13.41	10.71	2.70	2087	61.11	106.38	−45.27
2050	14.18	11.28	2.90	2088	63.09	111.36	−48.27
2051	15.00	11.84	3.16	2089	65.13	116.48	−51.35
2052	15.85	12.45	3.41	2090	67.22	121.74	−54.52
2053	16.72	13.15	3.57	2091	69.36	127.16	−57.80
2054	17.64	13.82	3.82	2092	71.52	132.84	−61.32
2055	18.62	14.52	4.10	2093	73.68	138.75	−65.07
2056	19.56	15.47	4.09	2094	75.86	144.92	−69.06
2057	20.55	16.47	4.09	2095	78.04	151.32	−73.28

（二）低、中、高情景下的结余

将低、高情景参数分别代入按精算模型所编程序进行计算，结合中情景，可得低、中、高情景下重庆市机关事业单位养老保险各年的结余，如表7.2所示。

表7.2　低、中、高情景下重庆市机关事业单位养老保险的结余（百亿元）

年度	低	中	高	年度	低	中	高
2020	0.95	0.38	−0.57	2058	9.09	3.94	0.52
2021	0.98	0.36	−0.67	2059	9.27	3.76	0.22
2022	1.06	0.40	−0.71	2060	9.47	3.57	−0.09
2023	1.17	0.45	−0.73	2061	9.56	3.24	−0.56
2024	1.30	0.54	−0.73	2062	9.61	2.84	−1.12
2025	1.43	0.61	−0.74	2063	9.64	2.39	−1.73
2026	1.37	0.51	−0.91	2064	9.54	1.78	−2.51
2027	1.37	0.45	−1.03	2065	9.29	0.97	−3.52
2028	1.35	0.37	−1.17	2066	8.94	0.05	−4.64
2029	1.34	0.30	−1.31	2067	8.43	−1.07	−5.96
2030	1.39	0.29	−1.39	2068	7.77	−2.40	−7.51

年度	低	中	高	年度	低	中	高
2031	1.38	0.21	-1.53	2069	6.98	-3.89	-9.25
2032	1.33	0.11	-1.68	2070	5.90	-5.75	-11.37
2033	1.29	0.00	-1.84	2071	4.63	-7.85	-13.76
2034	1.34	-0.02	-1.92	2072	3.40	-9.93	-16.16
2035	1.46	0.03	-1.92	2073	2.41	-11.75	-18.30
2036	1.60	0.09	-1.92	2074	1.33	-13.69	-20.58
2037	1.73	0.14	-1.92	2075	0.07	-15.88	-23.12
2038	1.92	0.25	-1.86	2076	-1.26	-18.14	-25.77
2039	2.15	0.39	-1.77	2077	-2.54	-20.38	-28.40
2040	2.43	0.59	-1.63	2078	-3.45	-22.19	-30.60
2041	2.79	0.87	-1.40	2079	-4.62	-24.32	-33.15
2042	3.19	1.18	-1.14	2080	-5.90	-26.64	-35.91
2043	3.57	1.47	-0.90	2081	-7.24	-29.03	-38.77
2044	3.83	1.60	-0.82	2082	-8.67	-31.56	-41.80
2045	4.00	1.63	-0.84	2083	-10.15	-34.19	-44.94
2046	4.42	1.92	-0.60	2084	-11.65	-36.87	-48.16
2047	4.87	2.24	-0.34	2085	-13.18	-39.61	-51.45
2048	5.28	2.49	-0.14	2086	-14.71	-42.39	-54.80
2049	5.66	2.70	0.00	2087	-16.30	-45.27	-58.29
2050	6.05	2.90	0.14	2088	-17.96	-48.27	-61.90
2051	6.49	3.16	0.33	2089	-19.67	-51.35	-65.63
2052	6.95	3.41	0.51	2090	-21.43	-54.52	-69.46
2053	7.33	3.57	0.60	2091	-23.26	-57.80	-73.42
2054	7.81	3.82	0.77	2092	-25.27	-61.32	-77.65
2055	8.32	4.10	0.97	2093	-27.45	-65.07	-82.13
2056	8.59	4.09	0.87	2094	-29.81	-69.06	-86.88
2057	8.89	4.09	0.77	2095	-32.34	-73.28	-91.89

结余的变动趋势如图7.1所示。结合表7.2可见,重庆市机关事业单位养老

保险中情景下的结余处于低情景和高情景的结果之间。低情景和高情景下的结余出现负数的起始年份较中情景分别推迟了9年和提前了47年。低、中、高情景下结余在预测期间的年均降幅分别为44.4亿元、98.2亿元和121.8亿元。

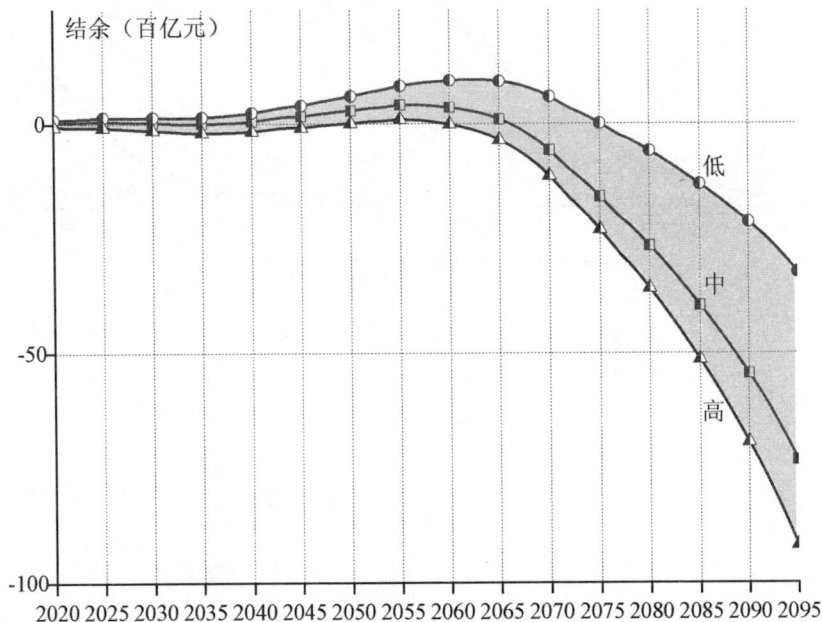

图7.1　低、中、高情景下结余的变动趋势

（三）某些因素对收支结余的影响

1. 机关事业单位基本养老保险个人缴费率的影响

把机关事业单位基本养老保险个人缴费率提高3个百分点,对重庆市机关事业单位养老保险收支结余的影响如图7.2所示。可见,机关事业单位基本养老保险个人缴费率的提高会使收入和支出较基准情况都有所增长。在预测期间,收入较基准情况的增幅先大于后小于支出的增幅,导致机关事业单位基本养老保险个人缴费率提高后的结余较基准情况的变化值先大于零后逐渐变为小于零,之后滑向更大的负数。预测期末的结余较基准情况下降18.90%。

2. 缴费工资占统计平均工资比例的影响

缴费工资占统计平均工资比例由59.08%降至53.71%,对重庆市机关事业单位养老保险收支结余的影响如图7.3所示。可见,缴费工资占统计平均工资比例的降低会使重庆市机关事业单位养老保险收入和支出较基准情况都有所下降。在预测期间,收入较基准情况的降幅先大于后小于支出的降幅,导致缴费工资占统计平均工资比例降低后的结余较基准情况的变化值先小于零后逐渐变为大于零,之后呈逐步上升的趋势。预测期末的结余较基准情况上升2.94%。

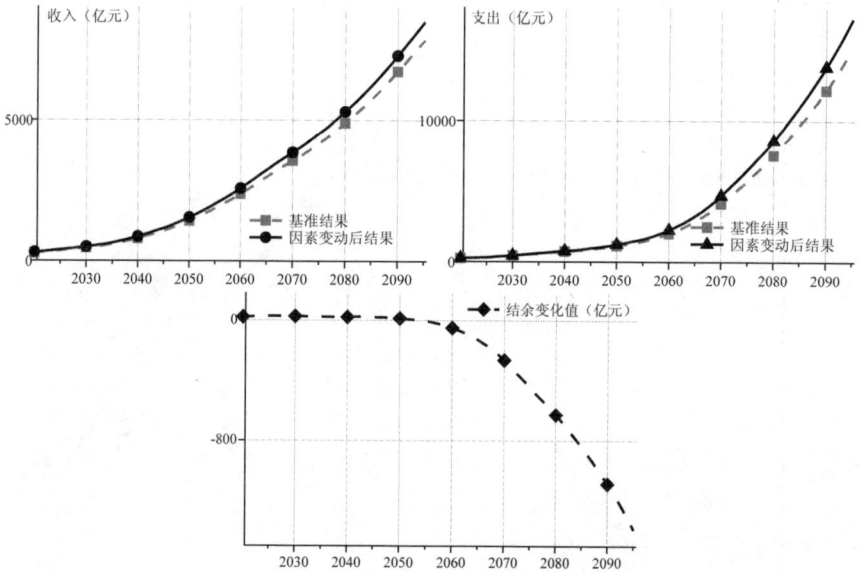

图7.2 机关事业单位基本养老保险个人缴费率对收支结余的影响

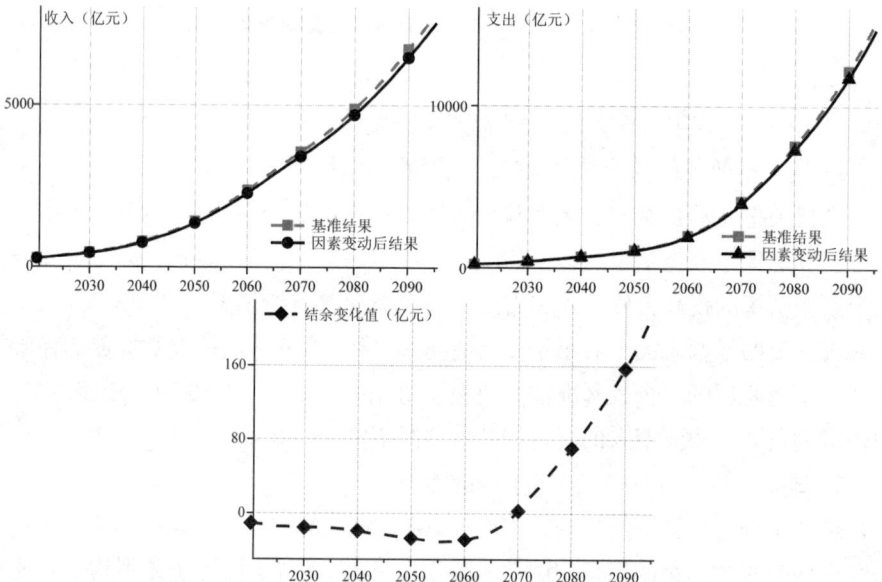

图7.3 缴费工资占统计平均工资比例对收支结余的影响

第二节 四川省机关事业单位养老保险的精算

一、四川省机关事业单位参保人数

四川省未来各年的城镇分年龄性别人数已由第二章第一节估计得到。在此基础上,进一步可估计出四川省机关事业单位养老保险分年龄性别参保人数。2018 年末四川省机关事业单位参保职工人数已由第三章第一节估算出,约为192.52 万人。根据《2018 年四川省人力资源和社会保障事业发展统计公报》可知,2018 年末全省机关事业单位参保总人数为 294.5 万人,则 2018 年四川省机关事业单位参保退休人数为 101.98 万人。假设四川省机关事业单位养老保险参保人员分年龄性别分布与该省城镇分年龄性别人数分布一致,于是估计出四川省机关事业单位分年龄性别参保人数的起始分布。

二、四川省经济类参数

(一)缴费工资占统计平均工资的比例

根据《2018 年四川省人力资源和社会保障事业发展统计公报》可知,2018 年四川省机关事业单位基本养老保险的征缴收入为 382.6 亿元。前面已知 2018 年四川省机关事业单位参保职工数为 192.52 万人。按缴费率 28% 计算,得年度人均缴费工资为 70975 元。由《中国人力资源和社会保障年鉴—2018》可得 2017 年四川省机关事业单位在岗职工平均工资为 82223 元,用该缴费工资除以在岗职工平均工资,得到 2018 年四川省城镇职工缴费工资占统计平均工资的比例约为86.32%。假设预测期间四川省机关事业单位工作人员的缴费工资占统计平均工资的比例与此相同。

(二)新入职者工资

由薪酬网发布的《2018 年四川省地区毕业生薪酬调查报告》,可知本科学历在国有企业、外商独资企业、外商合资企业和民营企业的起薪分别为 4656、5629、5119 和 4033 元/月,起薪月平均工资为 4859.3 元/月。以此为四川省机关事业单位新入职者工资。

(三)工资增长率

四川省 2014—2019 年 GDP 实际增长率分别为 8.50%、7.90%、7.70%、

8.0%、8.20%和7.5%。2020—2095年的GDP实际增长率同全国水平的一致,其中2020—2025年为5.7%,2026—2030年为4.8%,以后各年保持不变。根据以往经验,一般假设工资增长率高出GDP增长率0至1个百分点,此处取0.2个百分点。

(四)劳动参与率

根据《中国人口和就业统计年鉴—2019》表1-18可知2000—2018年四川省城镇登记失业率,其平均值为4.22%。因而四川省城镇人口劳动参与率约为95.78%。设其在预测期维持不变。

三、四川省养老保险类参数

(一)养老保险覆盖率

前面已知2018年四川省机关事业单位参保职工数为192.52万人。由《中国人力资源和社会保障年鉴—2019》表2-2可知,四川省2018年的机关事业单位在岗职工年末人数为253.80万人。因此,机关事业单位职工参保率约为75.86%。以此为四川省2018年机关事业单位养老保险覆盖率,以后每年增加1个百分点,直至达到100%。

(二)机关事业单位参保职工占城镇参保职工比例

根据《中国人力资源和社会保障年鉴—2019》分地区城镇职工基本养老保险情况表可知,2018年四川省的城镇职工基本养老保险参保职工人数为1662.09万人。那么,四川省机关事业单位参保职工占城镇参保职工比例为192.52/1662.09,约等于11.58%。

四、四川省机关事业单位养老保险收支结余

(一)中情景下收支结余精算结果

将上述估计的参数基准值代入根据第一章陈述的精算模型所编程序进行计算,得到中情景下四川省机关事业单位养老保险各年的收入、支出和结余,如表7.3所示。可见,在中情景下,四川省机关事业单位养老保险的收入和支出均会随年份推移而逐年增长,但支出的增速快于收入的增速,使得机关事业单位养老保险的结余在2040年开始出现负数,之后在2051年变为正数,在2065年又变为负数,以后年份的支付缺口会持续上升,并在预测期末达到最大,为15547亿元。

表 7.3　中情景下四川省机关事业单位养老保险 2020—2095 年收支结余（百亿元）

年度	收入	支出	结余	年度	收入	支出	结余
2020	9.00	7.72	1.28	2058	58.59	48.26	10.33
2021	9.28	8.11	1.17	2059	61.71	51.23	10.48
2022	9.57	8.55	1.02	2060	64.76	54.93	9.83
2023	9.96	8.97	0.98	2061	67.81	59.09	8.72
2024	10.39	9.38	1.01	2062	70.78	63.90	6.88
2025	10.84	9.86	0.98	2063	73.55	69.70	3.85
2026	11.43	10.44	0.99	2064	76.35	75.82	0.54
2027	12.14	10.95	1.18	2065	79.33	82.00	−2.67
2028	12.89	11.50	1.39	2066	82.34	88.58	−6.24
2029	13.80	11.98	1.83	2067	85.59	95.12	−9.53
2030	14.66	12.61	2.05	2068	88.84	102.26	−13.42
2031	15.49	13.42	2.07	2069	92.31	109.18	−16.87
2032	16.33	14.07	2.26	2070	95.96	116.01	−20.05
2033	17.21	14.72	2.49	2071	99.74	122.98	−23.23
2034	18.18	15.35	2.83	2072	103.86	129.52	−25.66
2035	19.08	16.16	2.91	2073	108.14	136.22	−28.07
2036	19.68	17.58	2.10	2074	112.51	143.23	−30.72
2037	20.40	18.85	1.56	2075	117.08	150.35	−33.27
2038	21.07	20.27	0.79	2076	121.93	157.49	−35.55
2039	21.77	21.71	0.07	2077	127.19	164.43	−37.25
2040	22.56	23.07	−0.51	2078	132.73	171.67	−38.93
2041	23.30	24.70	−1.40	2079	138.32	180.00	−41.68
2042	24.23	26.28	−2.04	2080	144.06	189.10	−45.04
2043	25.24	27.96	−2.72	2081	149.99	198.89	−48.90
2044	26.40	29.57	−3.17	2082	156.24	208.91	−52.67
2045	27.69	31.05	−3.36	2083	162.77	219.32	−56.54

年度	收入	支出	结余	年度	收入	支出	结余
2046	29.10	32.42	-3.32	2084	169.56	230.20	-60.64
2047	30.62	33.76	-3.14	2085	176.56	241.72	-65.16
2048	32.28	35.04	-2.76	2086	183.65	254.19	-70.54
2049	34.10	36.24	-2.15	2087	190.82	267.65	-76.83
2050	36.09	37.41	-1.32	2088	198.06	282.12	-84.06
2051	38.41	38.23	0.18	2089	205.38	297.57	-92.19
2052	40.92	39.05	1.87	2090	212.80	313.95	-101.16
2053	43.60	39.96	3.64	2091	220.30	331.35	-111.05
2054	46.34	41.25	5.09	2092	227.94	349.60	-121.66
2055	49.14	42.90	6.23	2093	235.77	368.56	-132.79
2056	52.24	44.32	7.92	2094	243.87	388.05	-144.18
2057	55.44	45.96	9.48	2095	252.29	407.76	-155.47

(二)低、中、高情景下的结余

将低、高情景参数分别代入按精算模型所编程序进行计算,结合中情景,可得低、中、高情景下四川省机关事业单位养老保险各年的结余,如表 7.4 所示。

表 7.4 低、中、高情景下四川省机关事业单位养老保险的结余(百亿元)

年度	低	中	高	年度	低	中	高
2020	3.08	1.28	-1.70	2058	24.29	10.33	0.64
2021	3.10	1.17	-2.05	2059	25.35	10.48	0.50
2022	3.10	1.02	-2.44	2060	25.79	9.83	-0.49
2023	3.21	0.98	-2.74	2061	25.87	8.72	-1.96
2024	3.38	1.01	-2.96	2062	25.38	6.88	-4.22
2025	3.50	0.98	-3.26	2063	23.93	3.85	-7.72
2026	3.67	0.99	-3.45	2064	22.29	0.54	-11.53
2027	4.03	1.18	-3.47	2065	20.78	-2.67	-15.28
2028	4.40	1.39	-3.48	2066	19.01	-6.24	-19.42

年度	低	中	高	年度	低	中	高
2029	5.02	1.83	-3.26	2067	17.54	-9.53	-23.32
2030	5.43	2.05	-3.24	2068	15.62	-13.42	-27.87
2031	5.63	2.07	-3.42	2069	14.10	-16.87	-32.00
2032	5.99	2.26	-3.38	2070	12.84	-20.05	-35.88
2033	6.40	2.49	-3.30	2071	11.62	-23.23	-39.80
2034	6.92	2.83	-3.11	2072	11.08	-25.66	-43.00
2035	7.20	2.91	-3.17	2073	10.60	-28.07	-46.22
2036	6.64	2.10	-4.13	2074	9.95	-30.72	-49.71
2037	6.35	1.56	-4.82	2075	9.42	-33.27	-53.13
2038	5.87	0.79	-5.72	2076	9.16	-35.55	-56.30
2039	5.44	0.07	-6.59	2077	9.48	-37.25	-58.90
2040	5.17	-0.51	-7.29	2078	9.89	-38.93	-61.54
2041	4.62	-1.40	-8.32	2079	9.52	-41.68	-65.34
2042	4.34	-2.04	-9.10	2080	8.74	-45.04	-69.84
2043	4.06	-2.72	-9.93	2081	7.63	-48.90	-74.91
2044	4.02	-3.17	-10.53	2082	6.68	-52.67	-79.94
2045	4.24	-3.36	-10.86	2083	5.74	-56.54	-85.14
2046	4.70	-3.32	-10.96	2084	4.69	-60.64	-90.63
2047	5.30	-3.14	-10.92	2085	3.38	-65.16	-96.63
2048	6.10	-2.76	-10.68	2086	1.44	-70.54	-103.57
2049	7.14	-2.15	-10.21	2087	-1.16	-76.83	-111.51
2050	8.40	-1.32	-9.53	2088	-4.45	-84.06	-120.49
2051	10.28	0.18	-8.17	2089	-8.40	-92.19	-130.47
2052	12.37	1.87	-6.63	2090	-12.94	-101.16	-141.37
2053	14.57	3.64	-5.01	2091	-18.15	-111.05	-153.30
2054	16.54	5.09	-3.74	2092	-23.86	-121.66	-166.05
2055	18.28	6.23	-2.79	2093	-29.88	-132.79	-179.39

续表

年度	低	中	高	年度	低	中	高
2056	20.52	7.92	−1.31	2094	−36.02	−144.18	−193.08
2057	22.69	9.48	0.04	2095	−41.97	−155.47	−206.72

　　结余的变动趋势如图 7.4 所示。结合表 7.4 可见,四川省机关事业单位养老保险中情景下的结余处于低情景和高情景的结果之间。低情景和高情景下的结余出现负数的起始年份较中情景分别推迟了 47 年和提前了 20 年。低、中、高情景下结余在预测期间的年均降幅分别为 60.1 亿元、209.0 亿元和 273.4 亿元。

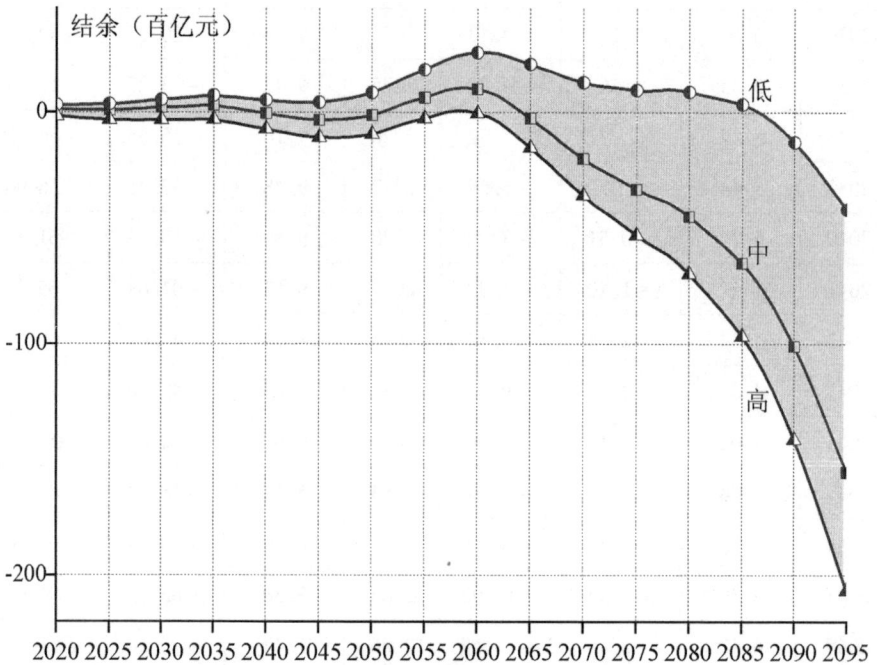

图 7.4　低、中、高情景下结余的变动趋势

（三）某些因素对收支结余的影响

1. 机关事业单位基本养老保险个人缴费率的影响

　　把机关事业单位基本养老保险个人缴费率提高 3 个百分点,对四川省机关事业单位养老保险收支结余的影响如图 7.5 所示。可见,机关事业单位基本养老保险个人缴费率的提高会使收入和支出较基准情况都有所增长。在预测期间,收入较基准情况的增幅先大于后小于支出的增幅,导致机关事业单位基本养老保险个

人缴费率提高后的结余较基准情况的变化值先大于零后逐渐变为小于零,之后滑向更大的负数。预测期末的结余较基准情况下降22.73%。

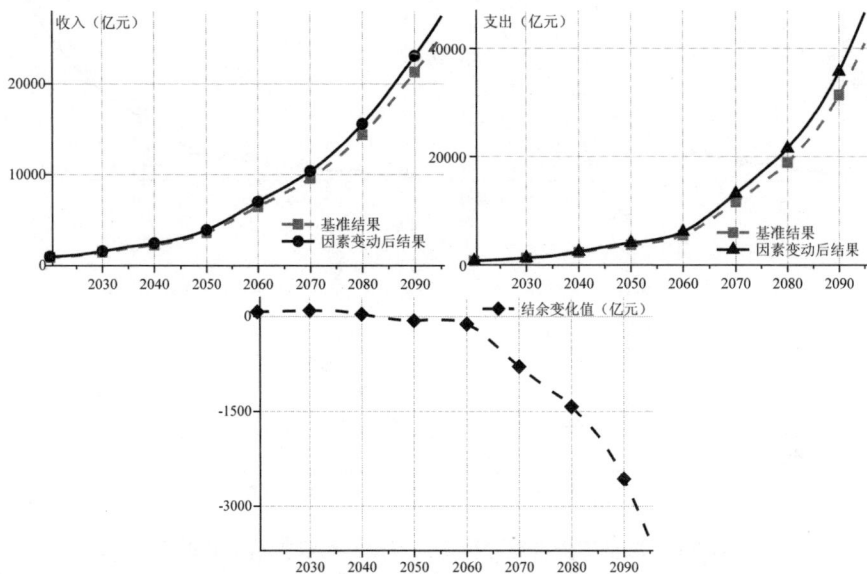

图7.5 机关事业单位基本养老保险个人缴费率对收支结余的影响

2. 缴费工资占统计平均工资比例的影响

根据《2018年四川省人力资源和社会保障事业发展统计公报》可知,2018年四川省城镇职工基本养老保险的征缴收入为2081亿元。根据《中国人力资源和社会保障年鉴—2019》可知,2018年四川省城镇职工基本养老保险参保职工人数为1662.09万人。按缴费率28%计算,得年度人均缴费工资为44715元。再根据《中国人力资源和社会保障年鉴—2018》可知,2017年四川省城镇职工在岗职工平均工资为71631元,用该缴费工资除以在岗职工平均工资,得到城镇职工缴费工资占统计平均工资的比例约为62.42%。以此为四川省机关事业单位缴费工资占统计平均工资比例变动后的取值,分析其对机关事业单位养老保险收支结余的影响,结果如图7.6所示。可见,缴费工资占统计平均工资比例的降低会使四川省机关事业单位养老保险收入和支出较基准情况都有所下降。在预测期间,收入较基准情况的降幅先大于后小于支出的降幅,导致缴费工资占统计平均工资比例降低后的结余较基准情况的变化值先小于零后逐渐变为大于零,之后呈逐步上升的趋势。预测期末的结余较基准情况上升10.74%。

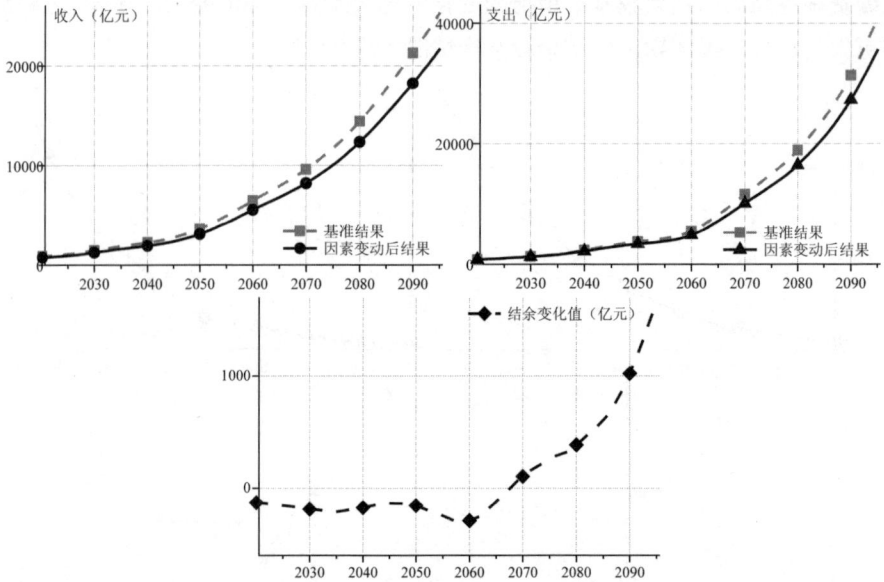

图7.6　缴费工资占统计平均工资比例对收支结余的影响

第三节　贵州省机关事业单位养老保险的精算

一、贵州省机关事业单位参保人数

贵州省未来各年的城镇分年龄性别人数已由第二章第一节估计得到。在此基础上,进一步可估计出贵州省机关事业单位养老保险分年龄性别参保人数。根据《中国人力资源和社会保障年鉴—2019》可知,2018年贵州省机关事业单位参保离退休人数为39.70万人。2018年末贵州省机关事业单位参保职工人数已由第三章第一节估算出,约为104.29万人。假设贵州省机关事业单位养老保险参保人员分年龄性别分布与该省城镇分年龄性别人数分布一致,于是估计出贵州省机关事业单位分年龄性别参保人数的起始分布。

二、贵州省经济类参数

（一）缴费工资占统计平均工资的比例

根据《2018年贵州省人力资源和社会保障事业统计公报》可知,2018年贵州省城镇职工基本养老保险的征缴收入为 610.2 亿元。由《中国人力资源和社会保障年鉴—2019》表 5-6 得到 2018 年贵州省城镇职工基本养老保险参保职工数为 490.09 万人。按缴费率 28% 计算,得年度人均缴费工资为 44467 元。由《中国人力资源和社会保障年鉴—2018》可知,2017 年贵州省城镇在岗职工平均工资为 75109 元,用该缴费工资除以在岗职工平均工资,得到 2018 年贵州省城镇职工缴费工资占统计平均工资的比例约为 59.20%。假设预测期间贵州省机关事业单位工作人员的缴费工资占统计平均工资的比例与此相同。

(二)新入职者工资

由薪酬网发布的《2018 年贵州省地区毕业生薪酬调查报告》,可知本科学历在国有企业、外商独资企业、外商合资企业和民营企业的起薪分别为 4176、5068、4819 和 3716 元/月,起薪月平均工资为 4444.8 元/月。以此为贵州省机关事业单位新入职者工资。

(三)工资增长率

贵州省 2014—2019 年 GDP 实际增长率分别为 10.80%、10.70%、10.50%、10.20%、9.10% 和 8.30%。2020—2095 年的 GDP 实际增长率同全国水平的一致,其中 2020—2025 年为 5.7%,2026—2030 年为 4.8%,以后各年保持不变。根据以往经验,一般假设工资增长率高出 GDP 增长率 0 至 1 个百分点,此处取 0.2 个百分点。

(四)劳动参与率

根据《中国人口和就业统计年鉴—2019》表 1-18 可知 2000—2018 年贵州省城镇登记失业率,其平均值为 3.69%。因而贵州省城镇人口劳动参与率约为 96.31%。设其在预测期维持不变。

三、贵州省养老保险类参数

(一)养老保险覆盖率

前面已知 2018 年贵州省机关事业单位参保职工数为 104.29 万人。由《中国人力资源和社会保障年鉴—2019》表 2-2 可知,贵州省 2018 年的机关事业单位在岗职工年末人数为 127.70 万人。因此,机关事业单位职工参保率约为 81.67%。以此为贵州省 2018 年机关事业单位养老保险覆盖率,以后每年增加 1 个百分点,直至达到 100%。

(二)机关事业单位参保职工占城镇参保职工比例

根据《中国人力资源和社会保障年鉴—2019》分地区城镇职工基本养老保险

情况表可知,2018 年贵州省的城镇职工基本养老保险参保职工人数为 490.09 万人。那么,贵州省机关事业单位参保职工占城镇参保职工比例为 104.29/490.09,约等于 21.28%。

四、贵州省机关事业单位养老保险收支结余

(一)中情景下收支结余精算结果

将上述估计的参数基准值代入根据第一章陈述的精算模型所编程序进行计算,得到中情景下贵州省机关事业单位养老保险各年的收入、支出和结余,如表 7.5 所示。可见,在中情景下,贵州省机关事业单位养老保险的收入和支出均会随年份推移而逐年增长,但支出的增速快于收入的增速,使得机关事业单位养老保险的结余在 2064 年开始出现负数,以后年份的支付缺口会持续上升,并在预测期末达到最大,为 10705 亿元。

表 7.5　中情景下贵州省机关事业单位养老保险 2020—2095 年收支结余(百亿元)

年度	收入	支出	结余	年度	收入	支出	结余
2020	4.01	2.61	1.40	2058	31.72	28.44	3.29
2021	4.30	2.76	1.54	2059	33.04	30.44	2.59
2022	4.56	2.90	1.67	2060	34.41	32.50	1.91
2023	4.84	3.04	1.80	2061	35.86	34.65	1.20
2024	5.15	3.18	1.97	2062	37.41	36.80	0.61
2025	5.44	3.35	2.09	2063	39.03	39.03	0.00
2026	5.71	3.62	2.09	2064	40.58	41.82	-1.24
2027	6.07	3.88	2.19	2065	42.19	44.73	-2.54
2028	6.43	4.18	2.25	2066	43.86	47.80	-3.94
2029	6.81	4.50	2.30	2067	45.61	50.89	-5.28
2030	7.21	4.82	2.39	2068	47.43	54.16	-6.73
2031	7.61	5.21	2.40	2069	49.18	57.88	-8.70
2032	7.95	5.61	2.34	2070	50.89	61.99	-11.10
2033	8.31	6.05	2.26	2071	52.68	66.30	-13.62
2034	8.71	6.51	2.20	2072	54.49	70.76	-16.27
2035	9.17	6.96	2.21	2073	56.37	75.31	-18.94

年度	收入	支出	结余	年度	收入	支出	结余
2036	9.66	7.44	2.22	2074	58.05	80.69	−22.65
2037	10.25	7.97	2.27	2075	59.44	87.05	−27.61
2038	10.94	8.50	2.44	2076	60.88	93.37	−32.49
2039	11.66	9.04	2.62	2077	62.36	99.68	−37.33
2040	12.42	9.57	2.85	2078	64.06	105.43	−41.38
2041	13.18	10.06	3.13	2079	65.75	111.34	−45.59
2042	13.97	10.61	3.36	2080	67.45	117.46	−50.01
2043	14.83	11.16	3.67	2081	69.16	123.79	−54.63
2044	15.74	11.79	3.95	2082	70.91	130.25	−59.35
2045	16.68	12.53	4.15	2083	72.71	136.81	−64.10
2046	17.69	13.26	4.44	2084	74.55	143.48	−68.93
2047	18.77	14.04	4.73	2085	76.54	149.97	−73.43
2048	19.87	14.86	5.00	2086	78.70	156.27	−77.57
2049	21.01	15.71	5.31	2087	81.03	162.41	−81.38
2050	22.15	16.72	5.43	2088	83.55	168.39	−84.85
2051	23.16	18.06	5.10	2089	86.21	174.38	−88.18
2052	24.13	19.65	4.48	2090	89.01	180.40	−91.40
2053	25.09	21.39	3.70	2091	91.94	186.49	−94.55
2054	26.42	22.38	4.03	2092	95.01	192.68	−97.67
2055	27.83	23.34	4.49	2093	98.32	199.00	−100.67
2056	29.10	24.91	4.19	2094	101.76	205.55	−103.79
2057	30.42	26.53	3.89	2095	105.31	212.36	−107.05

（二）低、中、高情景下的结余

　　将低、高情景参数分别代入按精算模型所编程序进行计算,结合中情景,可得低、中、高情景下贵州省机关事业单位养老保险各年的结余,如表7.6所示。

表7.6 低、中、高情景下贵州省机关事业单位养老保险的结余(百亿元)

年度	低	中	高	年度	低	中	高
2020	2.09	1.40	0.28	2058	11.40	3.29	-1.71
2021	2.29	1.54	0.33	2059	11.27	2.59	-2.60
2022	2.47	1.67	0.37	2060	11.18	1.91	-3.49
2023	2.66	1.80	0.41	2061	11.09	1.20	-4.42
2024	2.89	1.97	0.49	2062	11.11	0.61	-5.25
2025	3.08	2.09	0.50	2063	11.15	0.00	-6.10
2026	3.14	2.09	0.43	2064	10.68	-1.24	-7.62
2027	3.30	2.19	0.45	2065	10.20	-2.54	-9.22
2028	3.44	2.25	0.43	2066	9.64	-3.94	-10.93
2029	3.57	2.30	0.40	2067	9.16	-5.28	-12.59
2030	3.74	2.39	0.41	2068	8.61	-6.73	-14.37
2031	3.83	2.40	0.34	2069	7.62	-8.70	-16.71
2032	3.85	2.34	0.22	2070	6.30	-11.10	-19.49
2033	3.86	2.26	0.07	2071	4.90	-13.62	-22.44
2034	3.89	2.20	-0.06	2072	3.44	-16.27	-25.54
2035	4.00	2.21	-0.12	2073	1.98	-18.94	-28.69
2036	4.12	2.22	-0.18	2074	-0.32	-22.65	-32.92
2037	4.29	2.27	-0.21	2075	-3.66	-27.61	-38.47
2038	4.59	2.44	-0.12	2076	-6.92	-32.49	-43.94
2039	4.91	2.62	-0.03	2077	-10.14	-37.33	-49.39
2040	5.28	2.85	0.12	2078	-12.70	-41.38	-54.04
2041	5.70	3.13	0.31	2079	-15.38	-45.59	-58.87
2042	6.10	3.36	0.46	2080	-18.21	-50.01	-63.95
2043	6.58	3.67	0.68	2081	-21.18	-54.63	-69.25
2044	7.05	3.95	0.87	2082	-24.21	-59.35	-74.68
2045	7.45	4.15	0.96	2083	-27.23	-64.10	-80.18
2046	7.97	4.44	1.15	2084	-30.30	-68.93	-85.78

续表

年度	低	中	高	年度	低	中	高
2047	8.51	4.73	1.33	2085	−33.07	−73.43	−91.05
2048	9.04	5.00	1.49	2086	−35.52	−77.57	−95.98
2049	9.62	5.31	1.68	2087	−37.67	−81.38	−100.60
2050	10.06	5.43	1.68	2088	−39.48	−84.85	−104.88
2051	10.11	5.10	1.22	2089	−41.16	−88.18	−109.06
2052	9.92	4.48	0.45	2090	−42.70	−91.40	−113.14
2053	9.61	3.70	−0.48	2091	−44.16	−94.55	−117.17
2054	10.29	4.03	−0.28	2092	−45.56	−97.67	−121.19
2055	11.08	4.49	0.03	2093	−46.79	−100.67	−125.14
2056	11.25	4.19	−0.44	2094	−48.08	−103.79	−129.23
2057	11.44	3.89	−0.92	2095	−49.45	−107.05	−133.51

结余的变动趋势如图7.7所示。结合表7.6可见,贵州省机关事业单位养老保险中情景下的结余处于低情景和高情景的结果之间。低情景和高情景下的结余出现负数的起始年份较中情景分别推迟了10年和提前了30年。低、中、高情景下结余在预测期间的年均降幅分别为68.7亿元、144.6亿元和178.4亿元。

（三）某些因素对收支结余的影响

1. 机关事业单位基本养老保险个人缴费率的影响

把机关事业单位基本养老保险个人缴费率提高3个百分点,对贵州省机关事业单位养老保险收支结余的影响如图7.8所示。可见,机关事业单位基本养老保险个人缴费率的提高会使收入和支出较基准情况都有所增长。在预测期间,收入较基准情况的增幅先大于后小于支出的增幅,导致机关事业单位基本养老保险个人缴费率提高后的结余较基准情况的变化值先大于零后逐渐变为小于零,之后滑向更大的负数。预测期末的结余较基准情况下降18.37%。

2. 缴费工资占统计平均工资比例的影响

缴费工资占统计平均工资的比例由59.20%降至全国的该比例变动后的水平53.71%,分析其对机关事业单位养老保险收支结余的影响,结果如图7.9所示。可见,缴费工资占统计平均工资比例的降低会使贵州省机关事业单位养老保险收入和支出较基准情况都有所下降。在预测期间,收入较基准情况的降幅先大于后

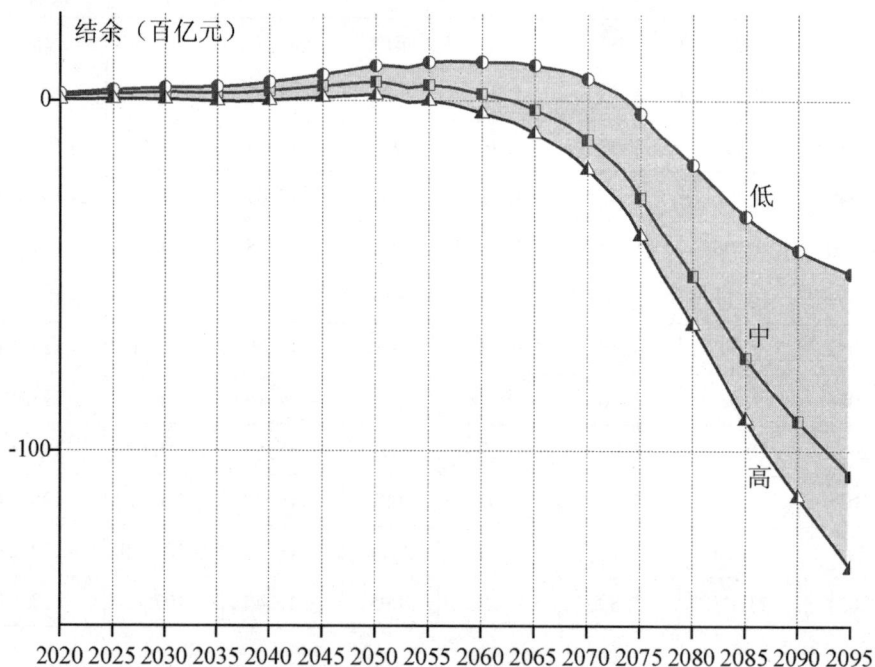

图 7.7 低、中、高情景下结余的变动趋势

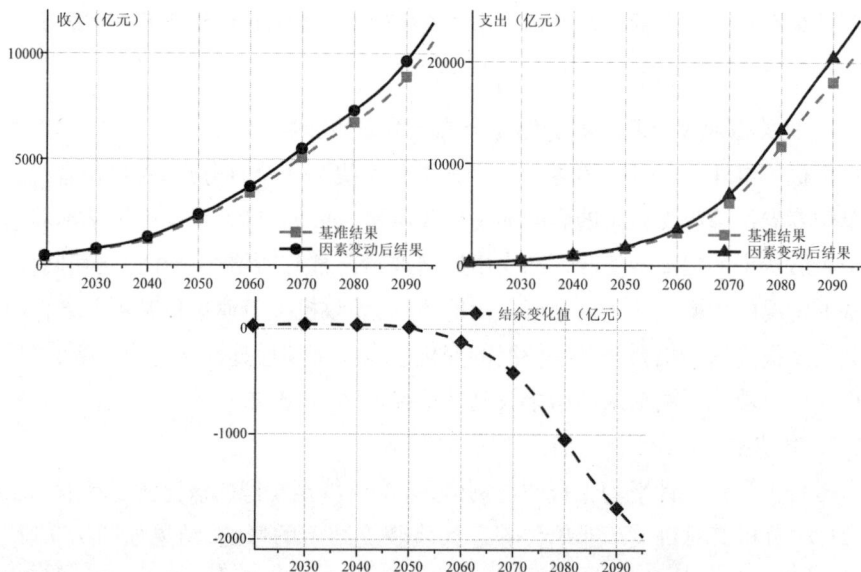

图 7.8 机关事业单位基本养老保险个人缴费率对收支结余的影响

小于支出的降幅,导致缴费工资占统计平均工资比例降低后的结余较基准情况的变化值先小于零后逐渐变为大于零,之后呈逐步上升的趋势。预测期末的结余较基准情况上升3.03%。

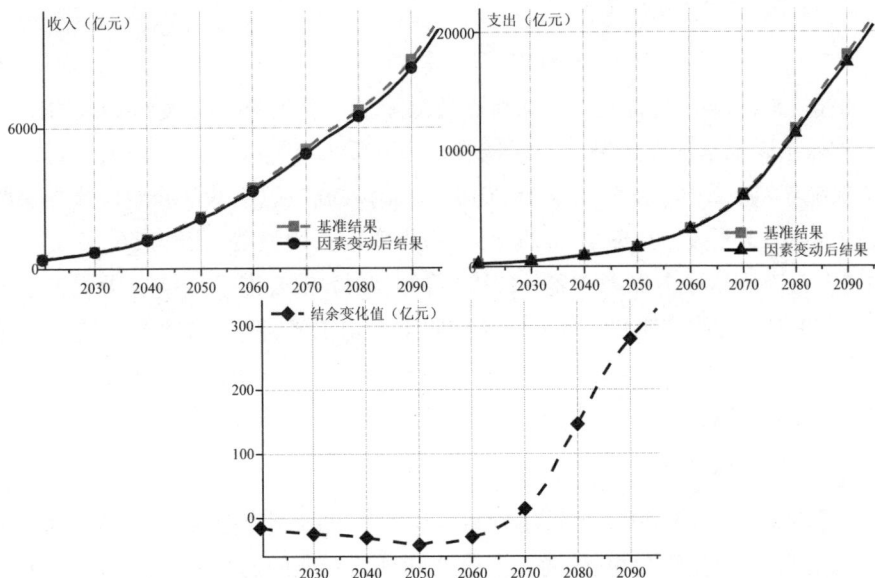

图7.9 缴费工资占统计平均工资比例对收支结余的影响

第四节 云南省机关事业单位养老保险的精算

一、云南省机关事业单位参保人数

云南省未来各年的城镇分年龄性别人数已由第二章第一节估计得到。在此基础上,进一步可估计出云南省机关事业单位养老保险分年龄性别参保人数。2018年末云南省机关事业单位参保职工人数已由第三章第一节估算出,约为123.67万人。根据《2018年云南省人力资源和社会保障事业发展统计公报》可知,2018年云南省企业职工基本养老保险参保离退休人数为126.32万人,再根据《中国人力资源和社会保障年鉴—2019》可知,2018年云南省城镇职工基本养老保险参保离退休人数为175.99万人,则2018年云南省机关事业单位参保离退休人数为49.67万人。假设云南省机关事业单位养老保险参保人员分年龄性别分布与该省城镇分年龄性别人数分布一致,于是估计出云南省机关事业单位分年龄性别参保人数的起始分布。

二、云南省经济类参数

(一)缴费工资占统计平均工资的比例

根据《2018年云南省人力资源和社会保障事业发展统计公报》可知,2018年云南省城镇职工基本养老保险的征缴收入为692.82亿元。由《中国人力资源和社会保障年鉴—2019》表5-6得到2018年云南省城镇职工基本养老保险参保职工数为440.23万人。按缴费率28%计算,得年度人均缴费工资为56206元。由《中国人力资源和社会保障年鉴—2018》可知,2017年云南省城镇在岗职工平均工资为73515元,用该缴费工资除以在岗职工平均工资,得到2018年云南省城镇职工缴费工资占统计平均工资的比例约为76.46%。假设预测期间云南省机关事业单位工作人员的缴费工资占统计平均工资的比例与此相同。

(二)新入职者工资

由薪酬网发布的《2018年云南省地区毕业生薪酬调查报告》,可知本科学历在国有企业、外商独资企业、外商合资企业和民营企业的起薪分别为4182、5088、4796和3712元/月,起薪月平均工资为4444.5元/月。以此为云南省机关事业单位新入职者工资。

(三)工资增长率

云南省2014—2019年GDP实际增长率分别为8.10%、8.70%、8.50%、9.50%、8.90%和8.1%。2020—2095年的GDP实际增长率同全国水平的一致,其中2020—2025年为5.7%,2026—2030年为4.8%,以后各年保持不变。根据以往经验,一般假设工资增长率高出GDP增长率0至1个百分点,此处取0.2个百分点。

(四)劳动参与率

根据《中国人口和就业统计年鉴—2019》表1-18可知2000—2018年云南省城镇登记失业率,其平均值为3.89%。因而云南省城镇人口劳动参与率约为96.11%。设其在预测期维持不变。

三、云南省养老保险类参数

(一)养老保险覆盖率

前面已知2018年云南省机关事业单位参保职工数为123.67万人。由《中国人力资源和社会保障年鉴—2019》表 2 - 2 可知,云南省 2018 年的机关事业单位在岗职工年末人数为 145.80 万人。因此,机关事业单位职工参保率约为 84.82%。以此为云南省 2018 年机关事业单位养老保险覆盖率,以后每年增加 1 个百分点,直至达到 100%。

（二）机关事业单位参保职工占城镇参保职工比例

根据《中国人力资源和社会保障年鉴—2019》分地区城镇职工基本养老保险情况表可知,2018 年云南省的城镇职工基本养老保险参保职工人数为 440.23 万人。那么,云南省机关事业单位参保职工占城镇参保职工比例为 123.67/440.23,约等于 28.09%。

四、云南省机关事业单位养老保险收支结余

（一）中情景下收支结余精算结果

将上述估计的参数基准值代入根据第一章陈述的精算模型所编程序进行计算,得到中情景下云南省机关事业单位养老保险各年的收入、支出和结余,如表 7.7 所示。可见,在中情景下,云南省机关事业单位养老保险的收入和支出均会随年份推移而逐年增长,但支出的增速快于收入的增速,使得机关事业单位养老保险的结余在 2073 年开始出现负数,以后年份的支付缺口会持续上升,并在预测期末达到最大,为 21311 亿元。

表7.7　中情景下云南省机关事业单位养老保险 2020—2095 年收支结余（百亿元）

年度	收入	支出	结余	年度	收入	支出	结余
2020	5.50	3.37	2.13	2058	67.82	48.17	19.66
2021	6.04	3.54	2.50	2059	71.00	52.12	18.88
2022	6.52	3.70	2.82	2060	74.01	57.08	16.93
2023	7.11	3.86	3.24	2061	76.77	63.35	13.42
2024	7.88	4.03	3.85	2062	79.91	69.00	10.91
2025	8.60	4.24	4.36	2063	83.51	73.92	9.59
2026	9.18	4.56	4.61	2064	87.41	78.72	8.69
2027	9.82	4.90	4.93	2065	91.61	83.54	8.08
2028	10.49	5.26	5.23	2066	96.04	88.53	7.51
2029	11.18	5.65	5.53	2067	100.70	93.87	6.83

年度	收入	支出	结余	年度	收入	支出	结余
2030	11.96	6.05	5.91	2068	105.70	99.35	6.34
2031	12.75	6.51	6.24	2069	110.86	105.36	5.50
2032	13.45	7.00	6.45	2070	116.10	112.22	3.88
2033	14.18	7.52	6.67	2071	121.68	119.45	2.23
2034	14.97	8.09	6.89	2072	127.42	127.19	0.23
2035	15.84	8.67	7.18	2073	133.56	134.88	−1.33
2036	16.74	9.30	7.43	2074	139.30	144.53	−5.23
2037	17.82	9.95	7.87	2075	144.78	155.73	−10.94
2038	19.12	10.58	8.54	2076	150.29	167.54	−17.25
2039	20.46	11.27	9.18	2077	155.73	180.27	−24.54
2040	21.88	12.02	9.86	2078	161.29	193.24	−31.95
2041	23.37	12.78	10.59	2079	166.33	208.38	−42.05
2042	25.11	13.56	11.55	2080	171.15	224.90	−53.75
2043	27.10	14.30	12.80	2081	175.88	242.30	−66.42
2044	29.24	15.19	14.05	2082	180.61	260.33	−79.72
2045	31.52	16.22	15.29	2083	185.37	278.89	−93.52
2046	34.03	17.22	16.80	2084	190.12	298.10	−107.98
2047	36.71	18.36	18.35	2085	195.15	317.10	−121.95
2048	39.52	19.54	19.98	2086	200.54	335.76	−135.21
2049	42.50	20.70	21.80	2087	206.39	353.91	−147.52
2050	45.55	22.02	23.53	2088	212.78	371.43	−158.65
2051	48.28	24.29	23.99	2089	219.64	388.63	−168.99
2052	50.92	27.04	23.88	2090	227.04	405.47	−178.43
2053	53.48	30.27	23.21	2091	235.01	421.99	−186.97
2054	56.67	32.31	24.37	2092	243.63	438.20	−194.57
2055	59.83	34.72	25.11	2093	252.92	454.20	−201.28
2056	62.26	39.34	22.92	2094	262.84	470.27	−207.44
2057	64.88	43.92	20.96	2095	273.38	486.48	−213.11

（二）低、中、高情景下的结余

将低、高情景参数分别代入按精算模型所编程序进行计算,结合中情景,可得低、中、高情景下云南省机关事业单位养老保险各年的结余,如表7.8所示。

表7.8 低、中、高情景下云南省机关事业单位养老保险的结余(百亿元)

年度	低	中	高	年度	低	中	高
2020	3.03	2.13	0.71	2058	34.12	19.66	11.20
2021	3.48	2.50	0.95	2059	34.50	18.88	9.99
2022	3.87	2.82	1.15	2060	33.93	16.93	7.53
2023	4.38	3.24	1.45	2061	32.13	13.42	3.44
2024	5.08	3.85	1.92	2062	31.19	10.91	0.36
2025	5.69	4.36	2.28	2063	31.29	9.59	−1.53
2026	6.03	4.61	2.43	2064	31.81	8.69	−3.02
2027	6.44	4.93	2.63	2065	32.63	8.08	−4.26
2028	6.85	5.23	2.82	2066	33.54	7.51	−5.47
2029	7.26	5.53	3.01	2067	34.44	6.83	−6.85
2030	7.76	5.91	3.27	2068	35.59	6.34	−8.06
2031	8.20	6.24	3.49	2069	36.49	5.50	−9.69
2032	8.53	6.45	3.61	2070	36.80	3.88	−12.16
2033	8.87	6.67	3.73	2071	37.20	2.23	−14.71
2034	9.22	6.89	3.84	2072	37.39	0.23	−17.69
2035	9.65	7.18	4.03	2073	38.04	−1.33	−20.27
2036	10.06	7.43	4.18	2074	36.80	−5.23	−25.29
2037	10.67	7.87	4.51	2075	34.08	−10.94	−32.23
2038	11.52	8.54	5.04	2076	30.92	−17.25	−39.82
2039	12.37	9.18	5.56	2077	26.99	−24.54	−48.46
2040	13.27	9.86	6.10	2078	22.99	−31.95	−57.28
2041	14.23	10.59	6.70	2079	16.82	−42.05	−68.91
2042	15.45	11.55	7.52	2080	9.38	−53.75	−82.24

年度	低	中	高	年度	低	中	高
2043	16.97	12.80	8.60	2081	1.20	−66.42	−96.63
2044	18.53	14.05	9.67	2082	−7.43	−79.72	−111.74
2045	20.12	15.29	10.73	2083	−16.41	−93.52	−127.42
2046	22.00	16.80	12.04	2084	−25.87	−107.98	−143.83
2047	23.96	18.35	13.37	2085	−34.86	−121.95	−159.80
2048	26.03	19.98	14.78	2086	−43.20	−135.21	−175.11
2049	28.31	21.80	16.37	2087	−50.66	−147.52	−189.50
2050	30.54	23.53	17.85	2088	−57.05	−158.65	−202.73
2051	31.68	23.99	18.03	2089	−62.69	−168.99	−215.22
2052	32.36	23.88	17.63	2090	−67.49	−178.43	−226.85
2053	32.57	23.21	16.64	2091	−71.43	−186.97	−237.63
2054	34.40	24.37	17.50	2092	−74.46	−194.57	−247.52
2055	35.90	25.11	17.92	2093	−76.60	−201.28	−256.57
2056	34.93	22.92	15.33	2094	−78.15	−207.44	−265.14
2057	34.21	20.96	12.95	2095	−79.14	−213.11	−273.32

结余的变动趋势如图7.10所示。结合表7.8可见,云南省机关事业单位养老保险中情景下的结余处于低情景和高情景的结果之间。低情景和高情景下的结余出现负数的起始年份较中情景分别推迟了9年和提前了10年。低、中、高情景下结余在预测期间的年均降幅分别为109.6亿元、287.0亿元和365.4亿元。

（三）某些因素对收支结余的影响

1. 机关事业单位基本养老保险个人缴费率的影响

把机关事业单位基本养老保险个人缴费率提高3个百分点,对云南省机关事业单位养老保险收支结余的影响如图7.11所示。可见,机关事业单位基本养老保险个人缴费率的提高会使收入和支出较基准情况都有所增长。在预测期间,收入较基准情况的增幅先大于后小于支出的增幅,导致机关事业单位基本养老保险个人缴费率提高后的结余较基准情况的变化值先大于零后逐渐变为小于零,之后滑向更大的负数。预测期末的结余较基准情况下降20.58%。

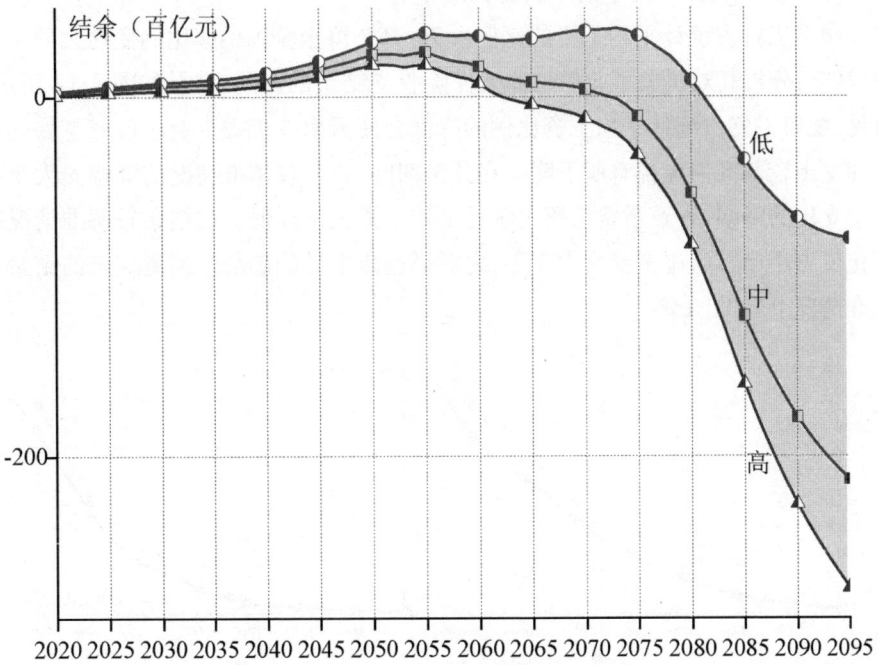

图 7.10　低、中、高情景下结余的变动趋势

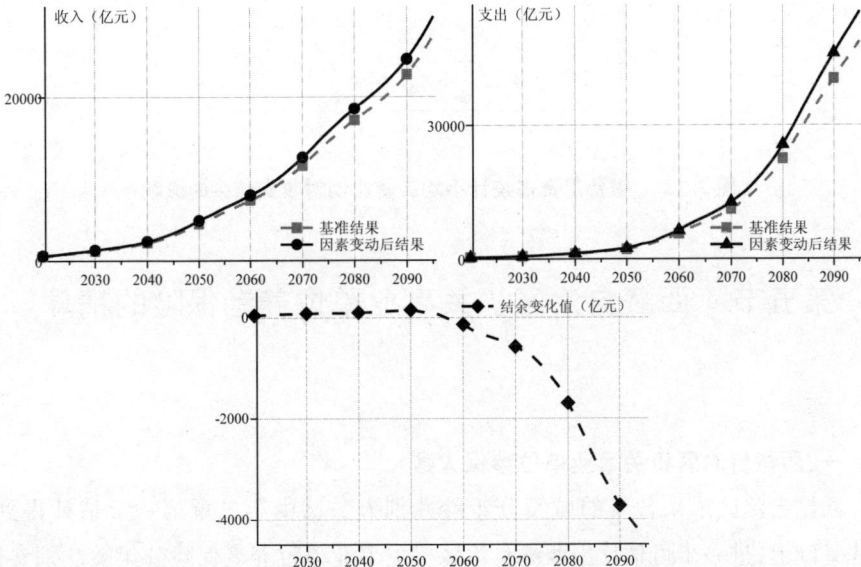

图 7.11　机关事业单位基本养老保险个人缴费率对收支结余的影响

2. 缴费工资占统计平均工资比例的影响

缴费工资占统计平均工资的比例由 76.46% 降至全国的该比例变动后的水平 53.71%,分析其对机关事业单位养老保险收支结余的影响,结果如图 7.12 所示。可见,缴费工资占统计平均工资比例的降低会使云南省机关事业单位养老保险收入和支出较基准情况都有所下降。在预测期间,收入较基准情况的降幅先大于后小于支出的降幅,导致缴费工资占统计平均工资比例降低后的结余较基准情况的变化值先小于零后逐渐变为大于零,之后呈逐步上升的趋势。预测期末的结余较基准情况上升 11.13%。

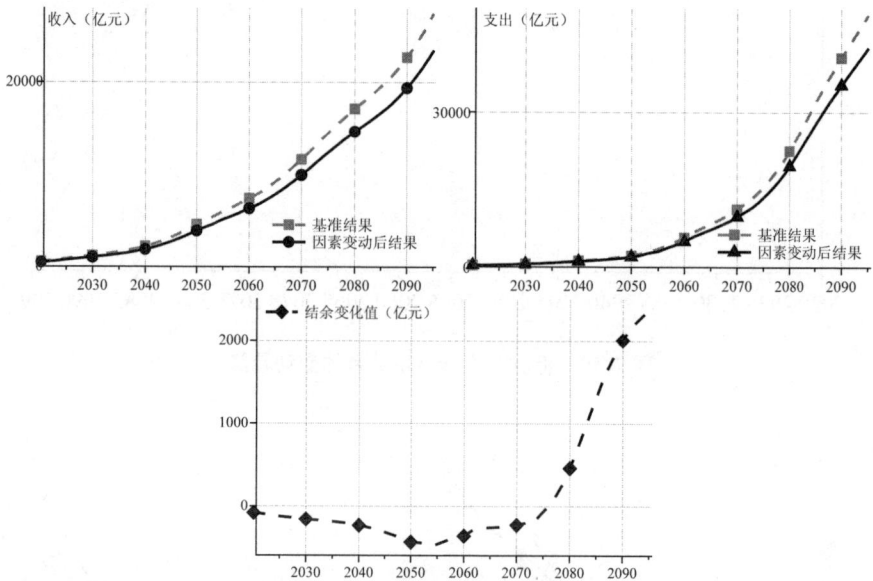

图 7.12　缴费工资占统计平均工资比例对收支结余的影响

第五节　西藏自治区机关事业单位养老保险的精算

一、西藏自治区机关事业单位参保人数

西藏自治区未来各年的城镇分年龄性别人数已由第二章第一节估计得到。在此基础上,进一步可估计出西藏自治区机关事业单位养老保险分年龄性别参保人数,估计过程与北京市机关事业单位养老保险参保人数的一致统计过程。其中,西藏自治区 2018 年机关事业单位养老保险分年龄性别参保人数为起始分布。

二、西藏自治区经济类参数

（一）缴费工资占统计平均工资的比例

由于西藏自治区公布的数据不够充分，难以估计该省具体的缴费工资占统计平均工资比例。因此，西藏自治区的缴费工资占统计平均工资比例同全国水平 59.08%。

（二）新入职者工资

由于薪酬网没有具体公布《2018 年西藏自治区地区毕业生薪酬调查报告》，故参考全国机关事业单位新入职者月平均工资水平 4857 元/月，以此作为西藏自治区机关事业单位新入职者工资。

（三）工资增长率

西藏自治区 2014—2019 年 GDP 实际增长率分别为 10.80%、11.0%、11.50%、10.0%、10.0% 和 8.1%。2020—2095 年的 GDP 实际增长率同全国水平的一致，其中 2020—2025 年为 5.7%，2026—2030 年为 4.8%，以后各年保持不变。根据以往经验，一般假设工资增长率高出 GDP 增长率 0 至 1 个百分点，此处取 0.2 个百分点。

（四）劳动参与率

根据《中国人口和就业统计年鉴—2019》表 1-18 可知 2000—2018 年西藏自治区城镇登记失业率，其平均值为 3.25%。因而西藏自治区城镇人口劳动参与率约为 96.75%。设其在预测期维持不变。

三、西藏自治区养老保险类参数

（一）养老保险覆盖率

第三章第一节已估算出 2018 年西藏自治区机关事业单位参保职工数为 19.93 万人。由《中国人力资源和社会保障年鉴—2019》表 2-2 可知，西藏自治区 2018 年的机关事业单位在岗职工年末人数为 26 万人。因此，机关事业单位职工参保率约为 76.63%。以此为西藏自治区 2018 年机关事业单位养老保险覆盖率，以后每年增加 1 个百分点，直至达到 100%。

（二）机关事业单位参保职工占城镇参保职工比例

根据《中国人力资源和社会保障年鉴—2019》分地区城镇职工基本养老保险情况表可知，2018 年西藏自治区的城镇职工基本养老保险参保职工人数为 36.64

万人。那么,西藏自治区机关事业单位参保职工占城镇参保职工比例为 19.93/ 36.64,约等于 54.38%。

四、西藏自治区机关事业单位养老保险收支结余

(一)中情景下收支结余精算结果

将上述估计的参数基准值代入根据第一章陈述的精算模型所编程序进行计算,得到中情景下西藏自治区机关事业单位养老保险各年的收入、支出和结余,如表7.9所示。可见,在中情景下,西藏自治区机关事业单位养老保险的收入和支出均会随年份推移而逐年增长,但支出的增速快于收入的增速,使得机关事业单位养老保险的结余在2050年开始出现负数,以后年份的支付缺口会持续上升,并在预测期末达到最大,为20694亿元。

表7.9 中情景下西藏自治区机关事业单位养老保险2020—2095年收支结余(百亿元)

年度	收入	支出	结余	年度	收入	支出	结余
2020	0.82	0.69	0.13	2058	6.29	6.22	0.07
2021	0.88	0.70	0.18	2059	6.64	6.56	0.09
2022	0.95	0.73	0.22	2060	7.02	6.88	0.14
2023	1.01	0.75	0.26	2061	7.41	7.22	0.19
2024	1.08	0.77	0.31	2062	7.82	7.55	0.26
2025	1.15	0.80	0.35	2063	8.22	7.92	0.30
2026	1.22	0.84	0.38	2064	8.64	8.29	0.34
2027	1.29	0.88	0.41	2065	9.07	8.70	0.38
2028	1.37	0.93	0.44	2066	9.53	9.12	0.41
2029	1.45	0.97	0.48	2067	10.01	9.56	0.45
2030	1.53	1.03	0.50	2068	10.51	10.03	0.48
2031	1.61	1.10	0.50	2069	11.02	10.57	0.45
2032	1.68	1.18	0.50	2070	11.57	11.11	0.46
2033	1.74	1.26	0.48	2071	12.16	11.64	0.52
2034	1.81	1.35	0.46	2072	12.78	12.21	0.57
2035	1.89	1.45	0.44	2073	13.45	12.77	0.67
2036	1.97	1.56	0.41	2074	14.09	13.50	0.59

年度	收入	支出	结余	年度	收入	支出	结余
2037	2.05	1.67	0.38	2075	14.73	14.35	0.38
2038	2.13	1.80	0.32	2076	15.38	15.27	0.12
2039	2.22	1.92	0.30	2077	16.07	16.20	−0.13
2040	2.32	2.06	0.26	2078	16.80	17.16	−0.37
2041	2.40	2.21	0.19	2079	17.45	18.45	−1.00
2042	2.52	2.37	0.16	2080	18.08	19.96	−1.88
2043	2.67	2.54	0.13	2081	18.72	21.59	−2.87
2044	2.83	2.70	0.13	2082	19.36	23.29	−3.93
2045	3.01	2.87	0.14	2083	20.03	25.06	−5.03
2046	3.19	3.06	0.13	2084	20.72	26.89	−6.17
2047	3.39	3.24	0.15	2085	21.42	28.77	−7.35
2048	3.60	3.45	0.15	2086	22.13	30.71	−8.58
2049	3.82	3.66	0.16	2087	22.84	32.68	−9.84
2050	4.05	3.90	0.15	2088	23.56	34.71	−11.14
2051	4.28	4.17	0.11	2089	24.29	36.77	−12.47
2052	4.52	4.43	0.09	2090	25.04	38.88	−13.84
2053	4.78	4.71	0.07	2091	25.79	41.05	−15.26
2054	5.06	4.96	0.10	2092	26.55	43.28	−16.72
2055	5.36	5.21	0.15	2093	27.36	45.53	−18.17
2056	5.65	5.53	0.12	2094	28.20	47.81	−19.60
2057	5.97	5.86	0.11	2095	29.09	50.10	−21.00

（二）低、中、高情景下的结余

将低、高情景参数分别代入按精算模型所编程序进行计算,结合中情景,可得低、中、高情景下西藏自治区机关事业单位养老保险各年的结余,如表7.10所示。

表7.10　低、中、高情景下西藏自治区机关事业单位养老保险的结余(百亿元)

年度	低	中	高	年度	低	中	高
2020	0.30	0.13	−0.15	2058	1.80	0.07	−0.97

年度	低	中	高	年度	低	中	高
2021	0.36	0.18	− 0.12	2059	1.92	0.09	− 1.00
2022	0.42	0.22	− 0.10	2060	2.08	0.14	− 0.99
2023	0.47	0.26	− 0.08	2061	2.24	0.19	− 0.99
2024	0.53	0.31	− 0.06	2062	2.42	0.26	− 0.96
2025	0.58	0.35	− 0.04	2063	2.58	0.30	− 0.97
2026	0.63	0.38	− 0.02	2064	2.74	0.34	− 0.98
2027	0.67	0.41	− 0.01	2065	2.90	0.38	− 1.01
2028	0.72	0.44	0.00	2066	3.07	0.41	− 1.04
2029	0.77	0.48	0.02	2067	3.25	0.45	− 1.06
2030	0.81	0.50	0.03	2068	3.42	0.48	− 1.10
2031	0.83	0.50	0.01	2069	3.55	0.45	− 1.20
2032	0.84	0.50	0.00	2070	3.73	0.46	− 1.27
2033	0.83	0.48	− 0.04	2071	3.95	0.52	− 1.28
2034	0.83	0.46	− 0.07	2072	4.18	0.57	− 1.31
2035	0.83	0.44	− 0.10	2073	4.46	0.67	− 1.29
2036	0.83	0.41	− 0.14	2074	4.59	0.59	− 1.47
2037	0.82	0.38	− 0.19	2075	4.62	0.38	− 1.79
2038	0.79	0.32	− 0.25	2076	4.61	0.12	− 2.15
2039	0.79	0.30	− 0.29	2077	4.62	− 0.13	− 2.51
2040	0.78	0.26	− 0.34	2078	4.65	− 0.37	− 2.87
2041	0.74	0.19	− 0.42	2079	4.36	− 1.00	− 3.63
2042	0.74	0.16	− 0.47	2080	3.88	− 1.88	− 4.66
2043	0.76	0.13	− 0.51	2081	3.31	− 2.87	− 5.81
2044	0.80	0.13	− 0.53	2082	2.69	− 3.93	− 7.03
2045	0.85	0.14	− 0.53	2083	2.05	− 5.03	− 8.31
2046	0.89	0.13	− 0.57	2084	1.40	− 6.17	− 9.64
2047	0.97	0.15	− 0.57	2085	0.71	− 7.35	− 11.01

年度	低	中	高	年度	低	中	高
2048	1.03	0.15	-0.59	2086	-0.02	-8.58	-12.44
2049	1.10	0.16	-0.60	2087	-0.76	-9.84	-13.92
2050	1.16	0.15	-0.63	2088	-1.53	-11.14	-15.43
2051	1.20	0.11	-0.69	2089	-2.32	-12.47	-16.99
2052	1.26	0.09	-0.74	2090	-3.13	-13.84	-18.59
2053	1.32	0.07	-0.79	2091	-3.98	-15.26	-20.24
2054	1.43	0.10	-0.80	2092	-4.86	-16.72	-21.96
2055	1.56	0.15	-0.78	2093	-5.71	-18.17	-23.67
2056	1.63	0.12	-0.84	2094	-6.54	-19.60	-25.38
2057	1.73	0.11	-0.89	2095	-7.33	-21.00	-27.06

结余的变动趋势如图7.13所示。结合表7.10可见,西藏自治区机关事业单位养老保险中情景下的结余处于低情景和高情景的结果之间。低情景和高情景

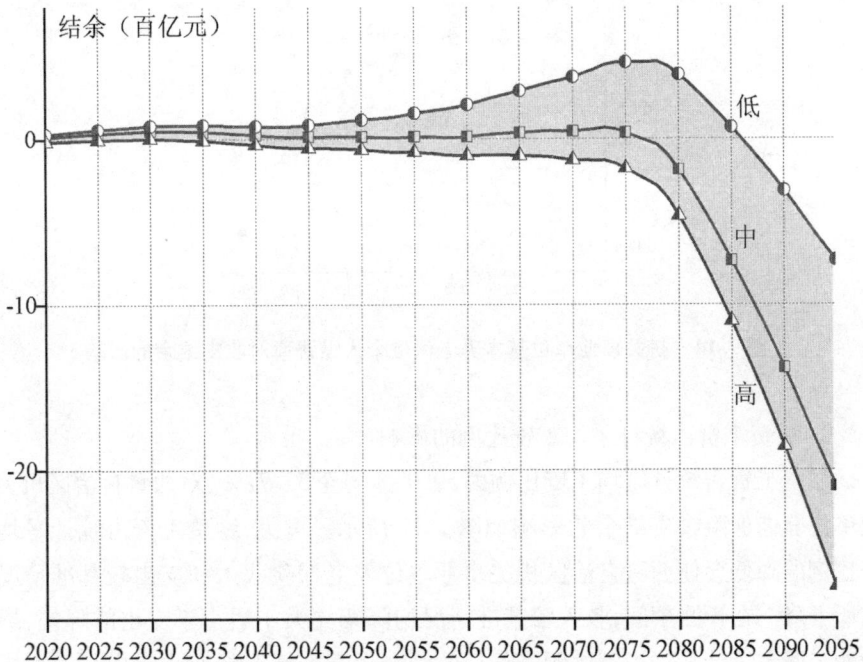

图7.13 低、中、高情景下结余的变动趋势

下的结余出现负数的起始年份较中情景分别推迟了9年和提前了30年。低、中、高情景下结余在预测期间的年均降幅分别为10.2亿元、28.2亿元和35.9亿元。

（三）某些因素对收支结余的影响

1. 机关事业单位基本养老保险个人缴费率的影响

把机关事业单位基本养老保险个人缴费率提高3个百分点，对西藏自治区机关事业单位养老保险收支结余的影响如图7.14所示。可见，机关事业单位基本养老保险个人缴费率的提高会使收入和支出较基准情况都有所增长。在预测期间，收入较基准情况的增幅先大于后小于支出的增幅，导致机关事业单位基本养老保险个人缴费率提高后的结余较基准情况的变化值先大于零后逐渐变为小于零，之后滑向更大的负数。预测期末的结余较基准情况下降21.07%。

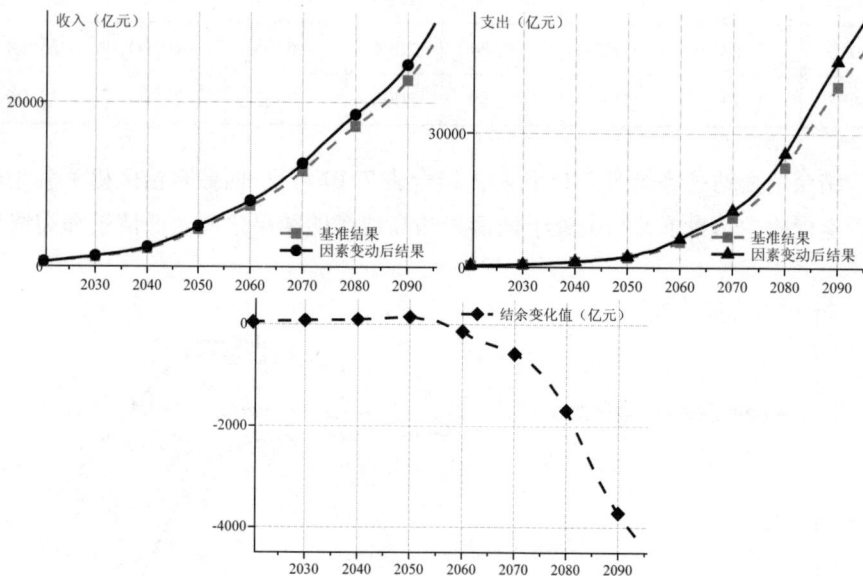

图7.14　机关事业单位基本养老保险个人缴费率对收支结余的影响

2. 缴费工资占统计平均工资比例的影响

缴费工资占统计平均工资比例由59.08%降至53.71%，对西藏自治区机关事业单位养老保险收支结余的影响如图7.15所示。可见，缴费工资占统计平均工资比例的降低会使西藏自治区机关事业单位养老保险收入和支出较基准情况都有所下降。在预测期间，收入较基准情况的降幅先大于后小于支出的降幅，导致缴费工资占统计平均工资比例降低后的结余较基准情况的变化值先小于零后逐渐变为大于零，之后呈逐步上升的趋势。预测期末的结余较基准情况上升 2.84%。

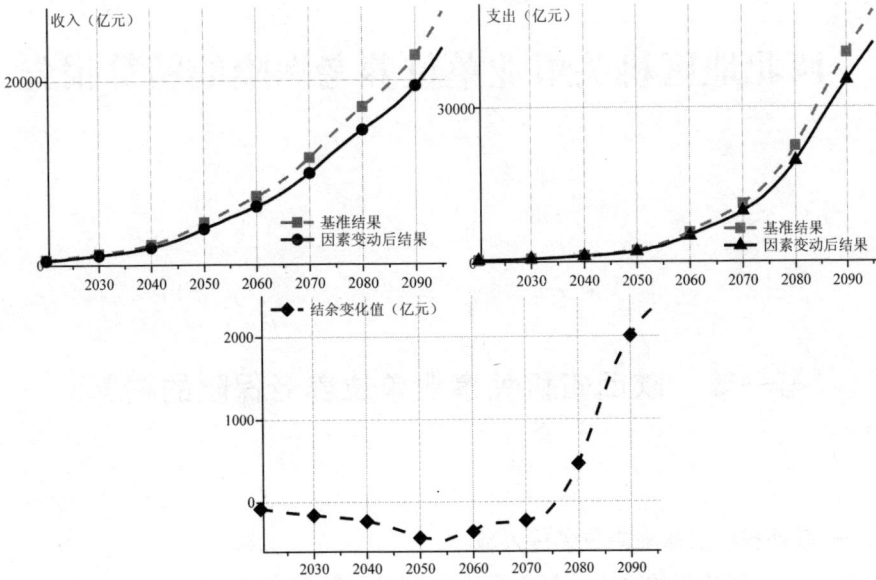

图 7.15　缴费工资占统计平均工资比例对收支结余的影响

第八章

西北地区机关事业单位养老保险的精算报告

第一节　陕西省机关事业单位养老保险的精算

一、陕西省机关事业单位参保人数

陕西省未来各年的城镇分年龄性别人数已由第二章第一节估计得到。在此基础上,进一步可估计出陕西省机关事业单位养老保险分年龄性别参保人数。根据《2018 年陕西省养老、工伤、失业保险情况》可知,2018 年陕西省机关事业单位参保职工人数和退休人数分别为 121.74 万人和 52.18 万人。假设陕西省机关事业单位养老保险参保人员分年龄性别分布与该省城镇分年龄性别人数分布一致,于是估计出陕西省机关事业单位分年龄性别参保人数的起始分布。

二、陕西省经济类参数

（一）缴费工资占统计平均工资的比例

由于陕西省公布的数据不够充分,难以估计该省具体的缴费工资占统计平均工资比例。因此,陕西省的缴费工资占统计平均工资比例同全国水平 59.08%。

（二）新入职者工资

由薪酬网发布的《2018 年陕西省地区毕业生薪酬调查报告》,可知本科学历在国有企业、外商独资企业、外商合资企业和民营企业的起薪分别为 4064、5125、4768 和 3732 元/月,起薪月平均工资为 4422.3 元/月。以此为陕西省机关事业单位新入职者工资。

（三）工资增长率

陕西省 2014—2019 年 GDP 实际增长率分别为 9.70%、8.0%、7.60%、8.0%、

8.30% 和 10.60%。2020—2095 年的 GDP 实际增长率同全国水平的一致,其中 2020—2025 年为 5.7%,2026—2030 年为 4.8%,以后各年保持不变。根据以往经验,一般假设工资增长率高出 GDP 增长率 0 至 1 个百分点,此处取 0.2 个百分点。

(四)劳动参与率

根据《中国人口和就业统计年鉴—2019》表 1－18 可知 2000—2018 年陕西省城镇登记失业率,其平均值为 3.53%。因而陕西省城镇人口劳动参与率约为 96.47%。设其在预测期维持不变。

三、陕西省养老保险类参数

(一)养老保险覆盖率

前面已知 2018 年陕西省机关事业单位参保职工数为 126.57 万人。由《中国人力资源和社会保障年鉴—2019》表 2－2 可知,陕西省 2018 年的机关事业单位在岗职工年末人数为 145.70 万人。因此,机关事业单位职工参保率约为 86.87%。以此为陕西省 2018 年机关事业单位养老保险覆盖率,以后每年增加 1 个百分点,直至达到 100%。

(二)机关事业单位参保职工占城镇参保职工比例

根据《中国人力资源和社会保障年鉴—2019》分地区城镇职工基本养老保险情况表可知,2018 年陕西省的城镇职工基本养老保险参保职工人数为 733.74 万人。那么,陕西省机关事业单位参保职工占城镇参保职工比例为 126.57/733.74,约等于 17.25%。

四、陕西省机关事业单位养老保险收支结余

(一)中档情景下收支结余精算结果

将上述估计的参数基准值代入根据第一章陈述的精算模型所编程序进行计算,得到中档情景下陕西省机关事业单位养老保险各年的收入、支出和结余,如表 8.1 所示。可见,在中档情景下,陕西省机关事业单位养老保险的收入和支出均会随年份推移而逐年增长,但支出的增速快于收入的增速,使得机关事业单位养老保险的结余在 2053 年开始出现负数,以后年份的支付缺口会持续上升,并在预测期末达到最大,为 10740 亿元。

表8.1 中情景下陕西省机关事业单位养老保险 2020—2095 年收支结余(百亿元)

年度	收入	支出	结余	年度	收入	支出	结余
2020	4.79	3.59	1.20	2058	30.45	39.65	−9.20
2021	5.27	3.80	1.47	2059	31.47	42.22	−10.75
2022	5.74	3.98	1.76	2060	32.60	44.62	−12.02
2023	6.15	4.17	1.98	2061	33.98	46.49	−12.51
2024	6.52	4.35	2.17	2062	35.50	48.14	−12.64
2025	6.85	4.57	2.28	2063	37.17	49.61	−12.44
2026	7.11	4.90	2.21	2064	38.87	51.25	−12.38
2027	7.45	5.20	2.25	2065	40.62	53.03	−12.41
2028	7.79	5.53	2.26	2066	42.46	54.88	−12.42
2029	8.16	5.87	2.29	2067	44.36	56.86	−12.49
2030	8.57	6.23	2.34	2068	46.34	59.08	−12.74
2031	8.96	6.64	2.32	2069	48.33	61.58	−13.26
2032	9.32	7.03	2.29	2070	50.30	64.52	−14.22
2033	9.69	7.46	2.23	2071	52.35	67.72	−15.36
2034	10.10	7.91	2.19	2072	54.50	71.08	−16.58
2035	10.55	8.37	2.18	2073	56.96	74.14	−17.17
2036	11.04	8.85	2.18	2074	59.02	78.58	−19.56
2037	11.62	9.33	2.29	2075	60.83	83.96	−23.13
2038	12.31	9.80	2.51	2076	62.70	89.38	−26.67
2039	13.01	10.29	2.72	2077	64.64	94.81	−30.17
2040	13.72	10.82	2.90	2078	66.89	99.50	−32.61
2041	14.35	11.40	2.95	2079	68.68	105.85	−37.17
2042	15.15	12.05	3.11	2080	70.26	113.04	−42.78
2043	16.08	12.70	3.39	2081	71.77	120.61	−48.84
2044	17.07	13.45	3.62	2082	73.27	128.41	−55.14
2045	18.07	14.39	3.68	2083	74.81	136.29	−61.48

续表

年度	收入	支出	结余	年度	收入	支出	结余
2046	19.17	15.29	3.87	2084	76.45	144.08	−67.64
2047	20.26	16.38	3.89	2085	78.21	151.75	−73.54
2048	21.39	17.55	3.84	2086	80.14	159.16	−79.02
2049	22.59	18.70	3.90	2087	82.28	166.29	−84.01
2050	23.80	19.97	3.83	2088	84.65	173.06	−88.41
2051	24.82	21.70	3.12	2089	87.28	179.48	−92.20
2052	25.62	24.02	1.60	2090	90.14	185.60	−95.45
2053	26.01	27.29	−1.28	2091	93.24	191.53	−98.29
2054	26.67	29.91	−3.24	2092	96.56	197.39	−100.83
2055	27.58	32.10	−4.52	2093	100.10	203.25	−103.15
2056	28.49	34.57	−6.07	2094	103.84	209.18	−105.34
2057	29.54	36.81	−7.27	2095	107.82	215.22	−107.40

(二)低、中、高情景下的结余

将低、高情景参数分别代入按精算模型所编程序进行计算,结合中情景,可得低、中、高情景下陕西省机关事业单位养老保险各年的结余,如表8.2所示。

表8.2　低、中、高情景下陕西省机关事业单位养老保险的结余(百亿元)

年度	低	中	高	年度	低	中	高
2020	2.09	1.20	−0.25	2058	1.39	−9.20	−15.06
2021	2.44	1.47	−0.11	2059	0.56	−10.75	−16.85
2022	2.81	1.76	0.05	2060	−0.02	−12.02	−18.34
2023	3.12	1.98	0.14	2061	0.05	−12.51	−19.05
2024	3.38	2.17	0.20	2062	0.44	−12.64	−19.39
2025	3.58	2.28	0.18	2063	1.11	−12.44	−19.42
2026	3.59	2.21	0.02	2064	1.70	−12.38	−19.59
2027	3.71	2.25	−0.05	2065	2.23	−12.41	−19.88
2028	3.80	2.26	−0.13	2066	2.80	−12.42	−20.16
2029	3.92	2.29	−0.20	2067	3.34	−12.49	−20.51

年度	低	中	高	年度	低	中	高
2030	4.07	2.34	-0.26	2068	3.76	-12.74	-21.07
2031	4.14	2.32	-0.36	2069	3.98	-13.26	-21.92
2032	4.19	2.29	-0.48	2070	3.84	-14.22	-23.23
2033	4.23	2.23	-0.61	2071	3.60	-15.36	-24.77
2034	4.29	2.19	-0.72	2072	3.34	-16.58	-26.40
2035	4.38	2.18	-0.81	2073	3.66	-17.17	-27.43
2036	4.50	2.18	-0.89	2074	2.47	-19.56	-30.32
2037	4.73	2.29	-0.85	2075	0.31	-23.13	-34.42
2038	5.08	2.51	-0.72	2076	-1.82	-26.67	-38.52
2039	5.42	2.72	-0.59	2077	-3.90	-30.17	-42.57
2040	5.74	2.90	-0.49	2078	-5.10	-32.61	-45.56
2041	5.95	2.95	-0.52	2079	-8.03	-37.17	-50.75
2042	6.28	3.11	-0.44	2080	-11.82	-42.78	-57.04
2043	6.75	3.39	-0.25	2081	-15.95	-48.84	-63.81
2044	7.20	3.62	-0.11	2082	-20.27	-55.14	-70.85
2045	7.51	3.68	-0.15	2083	-24.59	-61.48	-77.95
2046	7.97	3.87	-0.06	2084	-28.73	-67.64	-84.88
2047	8.29	3.89	-0.16	2085	-32.64	-73.54	-91.58
2048	8.58	3.84	-0.32	2086	-36.18	-79.02	-97.86
2049	8.97	3.90	-0.39	2087	-39.27	-84.01	-103.65
2050	9.28	3.83	-0.58	2088	-41.84	-88.41	-108.87
2051	9.04	3.12	-1.43	2089	-43.87	-92.20	-113.48
2052	8.10	1.60	-3.10	2090	-45.43	-95.45	-117.56
2053	5.98	-1.28	-6.16	2091	-46.59	-98.29	-121.23
2054	4.66	-3.24	-8.30	2092	-47.47	-100.83	-124.63
2055	3.96	-4.52	-9.75	2093	-48.12	-103.15	-127.84
2056	3.09	-6.07	-11.50	2094	-48.62	-105.34	-130.95
2057	2.54	-7.27	-12.90	2095	-48.94	-107.40	-133.98

结余的变动趋势如图 8.1 所示。结合表 8.2 可见,陕西省机关事业单位养老保险中档情景下的结余处于低档情景和高档情景的结果之间。低档情景和高档情景下的结余出现负数的起始年份较中档情景分别推迟了 7 年和提前了 33 年。低、中、高情景下结余在预测期间的年均降幅分别为 68.0 亿元、144.8 亿元和 178.3 亿元。

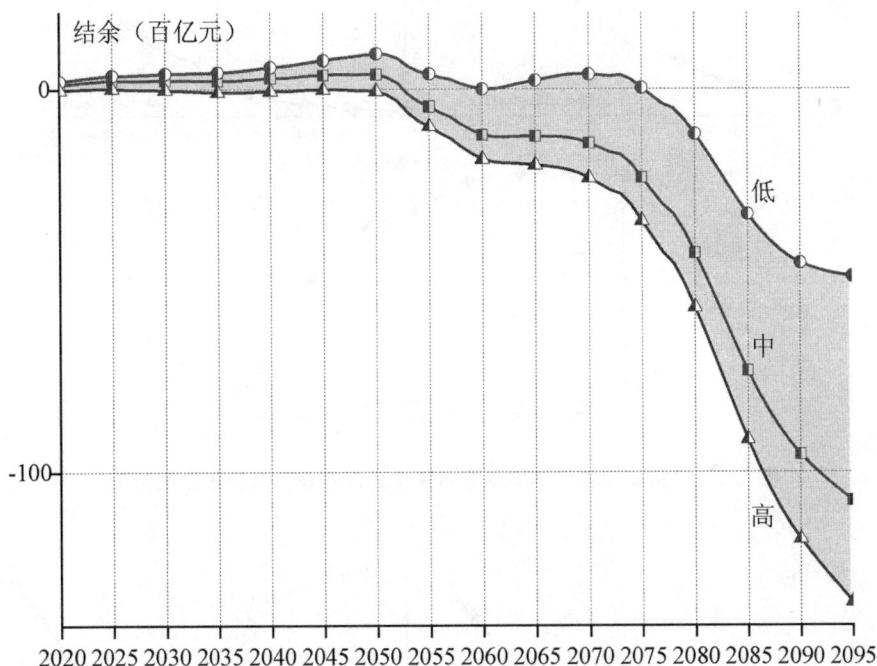

图 8.1 低、中、高情景下结余的变动趋势

(3)某些因素对收支结余的影响

1. 机关事业单位基本养老保险个人缴费率的影响

把机关事业单位基本养老保险个人缴费率提高 3 个百分点,对陕西省机关事业单位养老保险收支结余的影响如图 8.2 所示。可见,机关事业单位基本养老保险个人缴费率的提高会使收入和支出较基准情况都有所增长。在预测期间,收入较基准情况的增幅先大于后小于支出的增幅,导致机关事业单位基本养老保险个人缴费率提高后的结余较基准情况的变化值先大于零后逐渐变为小于零,之后滑向更大的负数。预测期末的结余较基准情况下降 18.62% 。

2. 缴费工资占统计平均工资比例的影响

缴费工资占统计平均工资比例由 59.08% 降至 53.71% ,对陕西省机关事业单位养老保险收支结余的影响如图 8.3 所示。可见,缴费工资占统计平均工资比例的降低会使陕西省机关事业单位养老保险收入和支出较基准情况都有所下降。

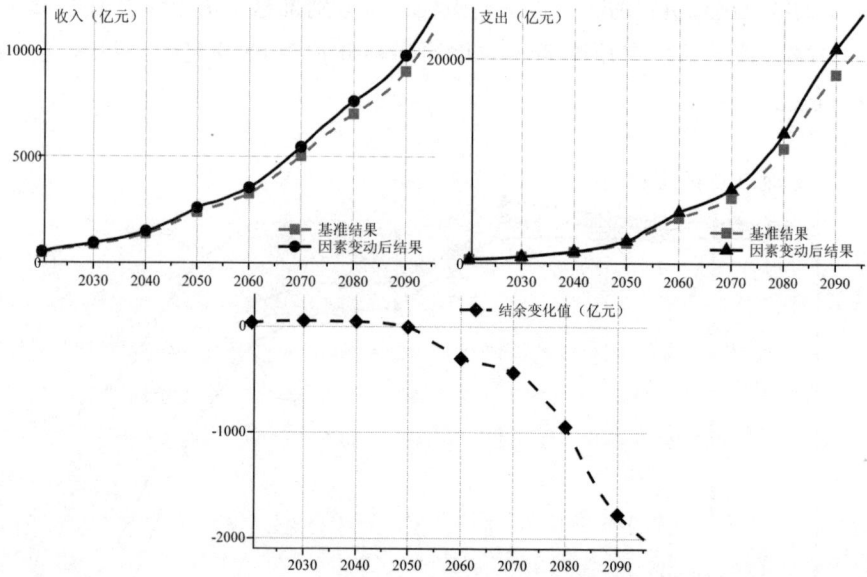

图 8.2　机关事业单位基本养老保险个人缴费率对收支结余的影响

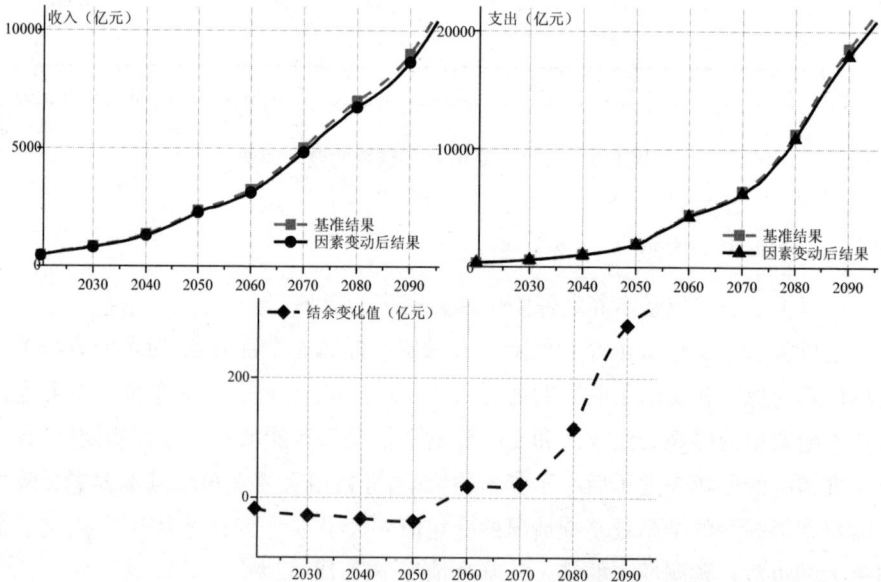

图 8.3　缴费工资占统计平均工资比例对收支结余的影响

在预测期间,收入较基准情况的降幅先大于后小于支出的降幅,导致缴费工资占统计平均工资比例降低后的结余较基准情况的变化值先小于零后逐渐变为大于零,之后呈逐步上升的趋势。预测期末的结余较基准情况上升2.96%。

第二节　甘肃省机关事业单位养老保险的精算

一、甘肃省机关事业单位参保人数

甘肃省未来各年的城镇分年龄性别人数已由第二章第一节估计得到。在此基础上,进一步可估计出甘肃省机关事业单位养老保险分年龄性别参保人数。根据《中国人力资源和社会保障年鉴—2019》可知,2018年甘肃省机关事业单位参保退休人数为27.20万人。2018年末甘肃省机关事业单位参保职工人数已由第三章第一节估算出,约为87.77万人。假设甘肃省机关事业单位养老保险参保人员分年龄性别分布与该省城镇分年龄性别人数分布一致,于是估计出甘肃省机关事业单位分年龄性别参保人数的起始分布。

二、甘肃省经济类参数

(一)缴费工资占统计平均工资的比例

由于甘肃省公布的数据不够充分,难以估计该省具体的缴费工资占统计平均工资比例。因此,甘肃省的缴费工资占统计平均工资比例同全国水平59.08%。

(二)新入职者工资

由薪酬网发布的《2018年甘肃省地区毕业生薪酬调查报告》,可知本科学历在国有企业、外商独资企业、外商合资企业和民营企业的起薪分别为4146、5119、4693和3606元/月,起薪月平均工资为4391元/月。以此为甘肃省机关事业单位新入职者工资。

(三)工资增长率

甘肃省2014—2019年GDP实际增长率分别为8.90%、8.10%、7.60%、3.60%、5.30%和6.20%。2020—2095年的GDP实际增长率同全国水平的一致,其中2020—2025年为5.7%,2026—2030年为4.8%,以后各年保持不变。根据以往经验,一般假设工资增长率高出GDP增长率0至1个百分点,此处取0.2个百分点。

（四）劳动参与率

根据《中国人口和就业统计年鉴—2019》表 1 - 18 可知 2000—2018 年甘肃省城镇登记失业率,其平均值为 2.92%。因而甘肃省城镇人口劳动参与率约为 97.08%。设其在预测期维持不变。

三、甘肃省养老保险类参数

（一）养老保险覆盖率

前面已知 2018 年甘肃省机关事业单位参保职工数为 87.77 万人。由《中国人力资源和社会保障年鉴—2019》表 2 - 2 可知,甘肃省 2018 年的机关事业单位在岗职工年末人数为 104.90 万人。因此,机关事业单位职工参保率约为 83.67%。以此为甘肃省 2018 年机关事业单位养老保险覆盖率,以后每年增加 1 个百分点,直至达到 100%。

（二）机关事业单位参保职工占城镇参保职工比例

根据《中国人力资源和社会保障年鉴—2019》分地区城镇职工基本养老保险情况表可知,2018 年甘肃省的城镇职工基本养老保险参保职工人数为 299.295 万人。那么,甘肃省机关事业单位参保职工占城镇参保职工比例为 87.77/299.295, 约等于 29.33%。

四、甘肃省机关事业单位养老保险收支结余

（一）中情景下收支结余精算结果

将上述估计的参数基准值代入根据第一章陈述的精算模型所编程序进行计算,得到中情景下甘肃省机关事业单位养老保险各年的收入、支出和结余,如表8.3所示。可见,在中情景下,甘肃省机关事业单位养老保险的收入和支出均会随年份推移而逐年增长,但支出的增速快于收入的增速,使得机关事业单位养老保险的结余在 2077 年开始出现负数,以后年份的支付缺口会持续上升,并在预测期末达到最大,为 9526 亿元。

表8.3　中情景下甘肃省机关事业单位养老保险 2020—2095 年收支结余（百亿元）

年度	收入	支出	结余	年度	收入	支出	结余
2020	3.33	1.88	1.45	2058	36.22	26.02	10.20
2021	3.65	2.02	1.62	2059	37.92	28.17	9.75

续表

年度	收入	支出	结余	年度	收入	支出	结余
2022	3.93	2.15	1.78	2060	39.42	31.16	8.26
2023	4.24	2.29	1.95	2061	40.90	34.51	6.39
2024	4.60	2.43	2.17	2062	42.39	38.08	4.31
2025	4.96	2.60	2.35	2063	44.07	41.38	2.68
2026	5.28	2.84	2.43	2064	45.97	44.39	1.58
2027	5.63	3.09	2.54	2065	48.15	47.03	1.12
2028	5.97	3.37	2.60	2066	50.63	49.34	1.29
2029	6.30	3.67	2.62	2067	53.34	51.64	1.69
2030	6.65	3.96	2.69	2068	56.25	54.10	2.15
2031	7.02	4.30	2.72	2069	59.41	56.64	2.78
2032	7.34	4.63	2.71	2070	62.82	59.35	3.47
2033	7.68	4.97	2.71	2071	66.47	62.30	4.17
2034	8.05	5.33	2.73	2072	70.38	65.31	5.07
2035	8.45	5.71	2.74	2073	74.60	68.23	6.38
2036	8.87	6.09	2.78	2074	78.49	72.63	5.86
2037	9.37	6.46	2.91	2075	82.15	78.20	3.94
2038	9.96	6.82	3.14	2076	85.84	84.16	1.67
2039	10.58	7.18	3.40	2077	89.60	90.39	-0.79
2040	11.22	7.58	3.64	2078	93.58	96.49	-2.91
2041	11.85	7.98	3.87	2079	96.93	104.96	-8.03
2042	12.70	8.44	4.26	2080	99.99	114.86	-14.88
2043	13.78	8.86	4.92	2081	102.95	125.50	-22.56
2044	14.96	9.36	5.60	2082	105.91	136.58	-30.67
2045	16.22	9.99	6.23	2083	108.92	147.93	-39.01
2046	17.64	10.53	7.11	2084	111.99	159.54	-47.56
2047	19.12	11.21	7.91	2085	115.30	170.85	-55.54
2048	20.64	11.96	8.68	2086	118.91	181.74	-62.83

续表

年度	收入	支出	结余	年度	收入	支出	结余
2049	22.24	12.65	9.59	2087	122.88	192.18	-69.30
2050	23.87	13.41	10.46	2088	127.24	202.09	-74.84
2051	25.32	14.67	10.65	2089	131.98	211.69	-79.71
2052	26.67	16.28	10.39	2090	137.12	220.99	-83.87
2053	27.82	18.42	9.41	2091	142.70	230.08	-87.37
2054	29.42	19.68	9.74	2092	148.78	239.00	-90.22
2055	31.20	20.68	10.52	2093	155.39	247.80	-92.40
2056	32.84	22.33	10.50	2094	162.55	256.63	-94.08
2057	34.53	24.06	10.47	2095	170.27	265.53	-95.26

（二）低、中、高情景下的结余

将低、高情景参数分别代入按精算模型所编程序进行计算,结合中情景,可得低、中、高情景下甘肃省机关事业单位养老保险各年的结余,如表8.4所示。

表8.4　低、中、高情景下甘肃省机关事业单位养老保险的结余(百亿元)

年度	低	中	高	年度	低	中	高
2020	1.93	1.45	0.69	2058	18.05	10.20	5.38
2021	2.16	1.62	0.79	2059	18.23	9.75	4.70
2022	2.36	1.78	0.86	2060	17.57	8.26	2.93
2023	2.59	1.95	0.96	2061	16.61	6.39	0.76
2024	2.86	2.17	1.08	2062	15.50	4.31	-1.64
2025	3.11	2.35	1.17	2063	14.79	2.68	-3.59
2026	3.25	2.43	1.18	2064	14.55	1.58	-5.01
2027	3.41	2.54	1.21	2065	14.87	1.12	-5.80
2028	3.54	2.60	1.20	2066	15.75	1.29	-5.94
2029	3.64	2.62	1.16	2067	16.87	1.69	-5.88
2030	3.78	2.69	1.15	2068	18.10	2.15	-5.79
2031	3.88	2.72	1.11	2069	19.52	2.78	-5.55
2032	3.95	2.71	1.04	2070	21.06	3.47	-5.28

续表

年度	低	中	高	年度	低	中	高
2033	4.02	2.71	0.97	2071	22.68	4.17	−5.04
2034	4.12	2.73	0.93	2072	24.53	5.07	−4.63
2035	4.22	2.74	0.87	2073	26.79	6.38	−3.84
2036	4.35	2.78	0.84	2074	27.55	5.86	−4.94
2037	4.59	2.91	0.91	2075	27.14	3.94	−7.50
2038	4.92	3.14	1.06	2076	26.47	1.67	−10.45
2039	5.29	3.40	1.24	2077	25.67	−0.79	−13.62
2040	5.64	3.64	1.41	2078	25.18	−2.91	−16.47
2041	6.00	3.87	1.57	2079	22.25	−8.03	−22.44
2042	6.53	4.26	1.86	2080	17.93	−14.88	−30.22
2043	7.35	4.92	2.43	2081	12.98	−22.56	−38.90
2044	8.21	5.60	3.00	2082	7.71	−30.67	−48.06
2045	9.05	6.23	3.51	2083	2.30	−39.01	−57.50
2046	10.14	7.11	4.27	2084	−3.24	−47.56	−67.18
2047	11.18	7.91	4.94	2085	−8.27	−55.54	−76.33
2048	12.22	8.68	5.57	2086	−12.67	−62.83	−84.78
2049	13.40	9.59	6.35	2087	−16.34	−69.30	−92.44
2050	14.55	10.46	7.08	2088	−19.19	−74.84	−99.19
2051	15.13	10.65	7.12	2089	−21.41	−79.71	−105.29
2052	15.32	10.39	6.69	2090	−22.97	−83.87	−110.69
2053	14.88	9.41	5.53	2091	−23.89	−87.37	−115.48
2054	15.60	9.74	5.69	2092	−24.17	−90.22	−119.64
2055	16.74	10.52	6.31	2093	−23.78	−92.40	−123.20
2056	17.24	10.50	6.10	2094	−22.85	−94.08	−126.29
2057	17.73	10.47	5.86	2095	−21.37	−95.26	−128.96

　　结余的变动趋势如图8.4所示。结合表8.4可见,甘肃省机关事业单位养老保险中情景下的结余处于低情景和高情景的结果之间。低情景和高情景下的结

余出现负数的起始年份较中情景分别推迟了 7 年和提前了 15 年。低、中、高情景下结余在预测期间的年均降幅分别为 31.1 亿元、128.9 亿元和 172.9 亿元。

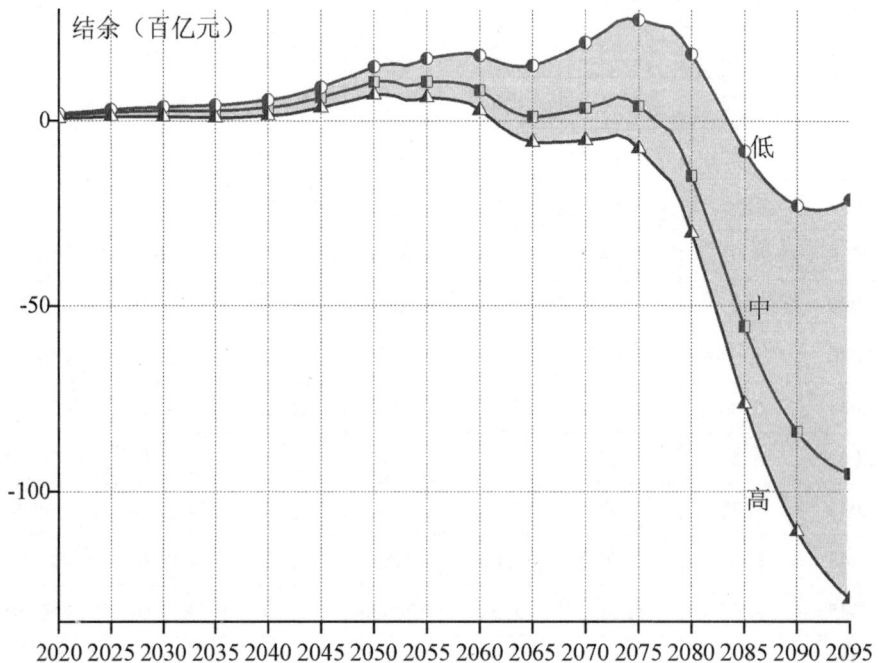

图8.4　低、中、高情景下结余的变动趋势

(三)某些因素对收支结余的影响

1. 机关事业单位基本养老保险个人缴费率的影响

把机关事业单位基本养老保险个人缴费率提高 3 个百分点,对甘肃省机关事业单位养老保险收支结余的影响如图 8.5 所示。可见,机关事业单位基本养老保险个人缴费率的提高会使收入和支出较基准情况都有所增长。在预测期间,收入较基准情况的增幅先大于后小于支出的增幅,导致机关事业单位基本养老保险个人缴费率提高后的结余较基准情况的变化值先大于零后逐渐变为小于零,之后滑向更大的负数。预测期末的结余较基准情况下降 23.08%。

2. 缴费工资占统计平均工资比例的影响

缴费工资占统计平均工资比例由 59.08% 降至 53.71%,对甘肃省机关事业单位养老保险收支结余的影响如图 8.6 所示。可见,缴费工资占统计平均工资比例的降低会使甘肃省机关事业单位养老保险收入和支出较基准情况都有所下降。在预测期间,收入较基准情况的降幅先大于后小于支出的降幅,导致缴费工资占统计平均工资比例降低后的结余较基准情况的变化值先小于零后逐渐变为大于零,之后呈逐步上升的趋势。预测期末的结余较基准情况上升2.66%。

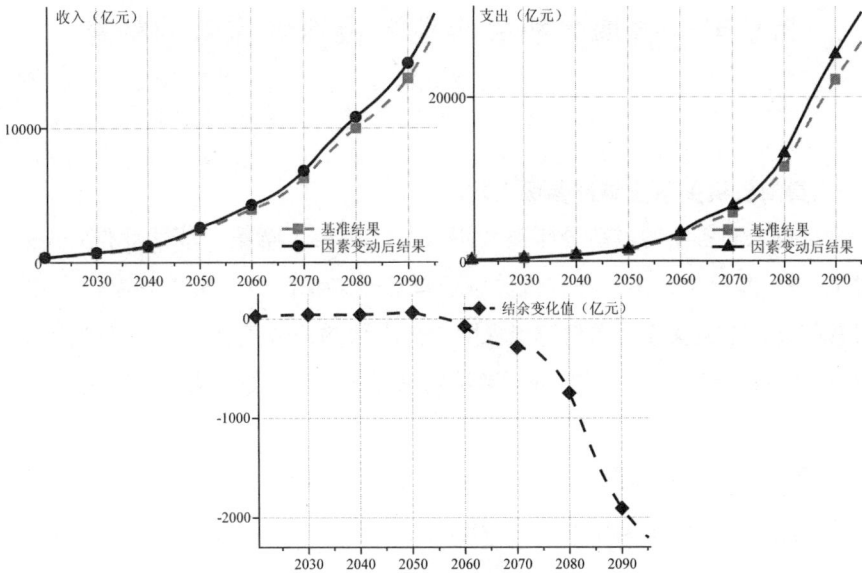

图8.5 机关事业单位基本养老保险个人缴费率对收支结余的影响

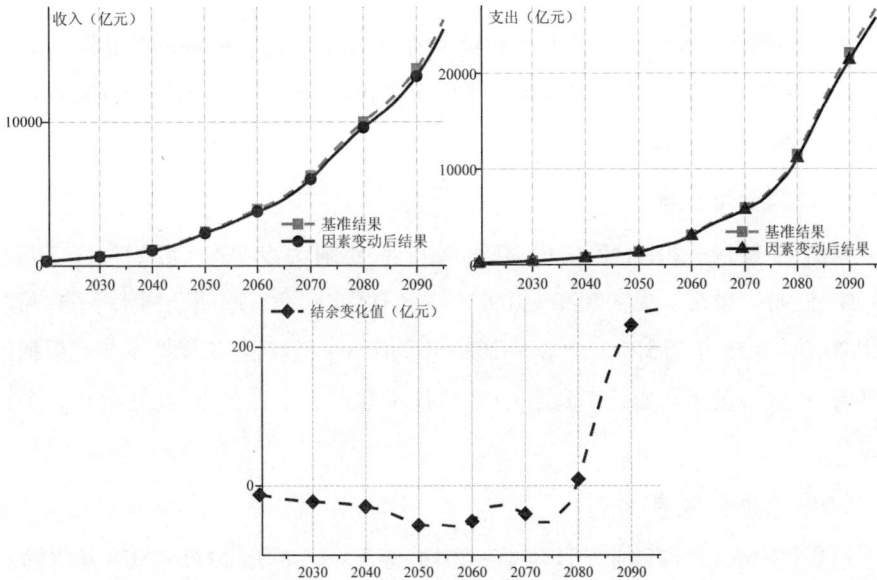

图8.6 缴费工资占统计平均工资比例对收支结余的影响

第三节　青海省机关事业单位养老保险的精算

一、青海省机关事业单位参保人数

青海省未来各年的城镇分年龄性别人数已由第二章第一节估计得到。在此基础上,进一步可估计出青海省机关事业单位养老保险分年龄性别参保人数,估计过程与北京市机关事业单位养老保险参保人数的一致统计过程。其中,青海省2018 年机关事业单位养老保险分年龄性别参保人数为起始分布。

二、青海省经济类参数

（一）缴费工资占统计平均工资的比例

由于青海省公布的数据不够充分,难以估计该省具体的缴费工资占统计平均工资比例。因此,青海省的缴费工资占统计平均工资比例同全国水平 59.08%。

（二）新入职者工资

由于薪酬网没有具体公布《2018 年青海省地区毕业生薪酬调查报告》,故参考全国机关事业单位新入职者月平均工资水平 4857 元/月,以此作为青海省机关事业单位新入职者工资。

（三）工资增长率

青海省 2014—2019 年 GDP 实际增长率分别为 9.20%、8.30%、6.70%、7.30%、5.90% 和 6.30%。2020—2095 年的 GDP 实际增长率同全国水平的一致,其中 2020—2025 年为 5.7%,2026—2030 年为 4.8%,以后各年保持不变。根据以往经验,一般假设工资增长率高出 GDP 增长率 0 至 1 个百分点,此处取 0.2 个百分点。

（四）劳动参与率

根据《中国人口和就业统计年鉴—2019》表 1-18 可知 2000—2018 年青海省城镇登记失业率,其平均值为 3.49%。因而青海省城镇人口劳动参与率约为96.51%。设其在预测期维持不变。

三、青海省养老保险类参数

（一）养老保险覆盖率

第三章第一节已估算出 2018 年青海省机关事业单位参保职工数为 19.73 万人。由《中国人力资源和社会保障年鉴—2019》表 2－2 可知，青海省 2018 年的机关事业单位在岗职工年末人数为 29.20 万人。因此，机关事业单位职工参保率约为 67.56%。以此为青海省 2018 年机关事业单位养老保险覆盖率，以后每年增加 1 个百分点，直至达到 100%。

（二）机关事业单位参保职工占城镇参保职工比例

根据《中国人力资源和社会保障年鉴—2019》分地区城镇职工基本养老保险情况表可知，2018 年青海省的城镇职工基本养老保险参保职工人数为 100.35 万人。那么，青海省机关事业单位参保职工占城镇参保职工比例为 19.73/100.35，约等于 19.66%。

四、青海省机关事业单位养老保险收支结余

（一）中情景下收支结余精算结果

将上述估计的参数基准值代入根据第一章陈述的精算模型所编程序进行计算，得到中情景下青海省机关事业单位养老保险各年的收入、支出和结余，如表 8.5 所示。可见，在中情景下，青海省机关事业单位养老保险的收入和支出均会随年份推移而逐年增长，但支出的增速快于收入的增速，使得机关事业单位养老保险的结余在 2032 年开始出现负数，之后在 2045 年变为正数，又在 2074 年变为负数，以后年份的支付缺口会持续上升，并在预测期末达到最大，为 1486 亿元。

表 8.5　中情景下青海省机关事业单位养老保险 2020—2095 年收支结余（百亿元）

年度	收入	支出	结余	年度	收入	支出	结余
2020	0.79	0.71	0.09	2058	5.37	4.86	0.51
2021	0.84	0.73	0.10	2059	5.65	5.09	0.56
2022	0.88	0.76	0.12	2060	5.93	5.39	0.54
2023	0.93	0.79	0.14	2061	6.24	5.67	0.56
2024	0.98	0.82	0.16	2062	6.57	5.93	0.64
2025	1.02	0.86	0.16	2063	6.93	6.21	0.72

续表

年度	收入	支出	结余	年度	收入	支出	结余
2026	1.05	0.92	0.14	2064	7.28	6.57	0.71
2027	1.10	0.98	0.12	2065	7.65	6.96	0.69
2028	1.15	1.05	0.10	2066	8.06	7.36	0.70
2029	1.20	1.11	0.09	2067	8.48	7.78	0.71
2030	1.25	1.19	0.07	2068	8.94	8.21	0.74
2031	1.31	1.27	0.03	2069	9.41	8.68	0.73
2032	1.35	1.36	-0.01	2070	9.87	9.24	0.63
2033	1.39	1.45	-0.05	2071	10.34	9.83	0.51
2034	1.44	1.53	-0.09	2072	10.82	10.46	0.37
2035	1.50	1.62	-0.12	2073	11.34	11.08	0.26
2036	1.55	1.72	-0.17	2074	11.82	11.86	-0.04
2037	1.63	1.82	-0.19	2075	12.27	12.78	-0.50
2038	1.71	1.91	-0.19	2076	12.73	13.73	-1.00
2039	1.81	2.00	-0.19	2077	13.21	14.70	-1.49
2040	1.91	2.09	-0.19	2078	13.74	15.60	-1.86
2041	2.01	2.19	-0.18	2079	14.21	16.78	-2.57
2042	2.14	2.28	-0.15	2080	14.64	18.15	-3.51
2043	2.29	2.38	-0.09	2081	15.07	19.61	-4.54
2044	2.45	2.48	-0.03	2082	15.52	21.06	-5.54
2045	2.61	2.62	0.00	2083	16.01	22.48	-6.47
2046	2.78	2.75	0.04	2084	16.54	23.87	-7.33
2047	2.95	2.89	0.06	2085	17.14	25.23	-8.10
2048	3.12	3.04	0.07	2086	17.77	26.60	-8.83
2049	3.30	3.20	0.10	2087	18.43	27.97	-9.54
2050	3.49	3.37	0.12	2088	19.14	29.36	-10.22
2051	3.67	3.56	0.11	2089	19.88	30.77	-10.89
2052	3.87	3.76	0.11	2090	20.67	32.19	-11.53

续表

年度	收入	支出	结余	年度	收入	支出	结余
2053	4.07	3.99	0.08	2091	21.49	33.66	-12.17
2054	4.31	4.13	0.17	2092	22.36	35.18	-12.82
2055	4.55	4.29	0.26	2093	23.26	36.76	-13.50
2056	4.81	4.48	0.33	2094	24.23	38.40	-14.17
2057	5.09	4.64	0.44	2095	25.25	40.11	-14.86

(二)低、中、高情景下的结余

将低、高情景参数分别代入按精算模型所编程序进行计算,结合中情景,可得低、中、高情景下青海省机关事业单位养老保险各年的结余,如表8.6所示。

表8.6 低、中、高情景下青海省机关事业单位养老保险的结余(百亿元)

年度	低	中	高	年度	低	中	高
2020	0.25	0.09	-0.18	2058	1.91	0.51	-0.41
2021	0.28	0.10	-0.18	2059	2.04	0.56	-0.38
2022	0.30	0.12	-0.19	2060	2.11	0.54	-0.43
2023	0.34	0.14	-0.19	2061	2.22	0.56	-0.44
2024	0.37	0.16	-0.19	2062	2.37	0.64	-0.40
2025	0.39	0.16	-0.21	2063	2.54	0.72	-0.35
2026	0.37	0.14	-0.25	2064	2.65	0.71	-0.40
2027	0.37	0.12	-0.29	2065	2.75	0.69	-0.46
2028	0.37	0.10	-0.32	2066	2.87	0.70	-0.51
2029	0.37	0.09	-0.35	2067	3.01	0.71	-0.55
2030	0.37	0.07	-0.39	2068	3.17	0.74	-0.57
2031	0.35	0.03	-0.44	2069	3.30	0.73	-0.63
2032	0.32	-0.01	-0.50	2070	3.36	0.63	-0.80
2033	0.30	-0.05	-0.55	2071	3.41	0.51	-0.98
2034	0.28	-0.09	-0.60	2072	3.44	0.37	-1.20
2035	0.26	-0.12	-0.65	2073	3.51	0.26	-1.38

年度	收入	支出	结余	年度	收入	支出	结余
2036	0.24	-0.17	-0.71	2074	3.43	-0.04	-1.76
2037	0.24	-0.19	-0.74	2075	3.21	-0.50	-2.32
2038	0.26	-0.19	-0.76	2076	2.96	-1.00	-2.91
2039	0.28	-0.19	-0.77	2077	2.73	-1.49	-3.50
2040	0.31	-0.19	-0.78	2078	2.60	-1.86	-3.97
2041	0.34	-0.18	-0.79	2079	2.20	-2.57	-4.81
2042	0.41	-0.15	-0.76	2080	1.62	-3.51	-5.87
2043	0.49	-0.09	-0.72	2081	0.97	-4.54	-7.05
2044	0.59	-0.03	-0.68	2082	0.35	-5.54	-8.19
2045	0.65	0.00	-0.67	2083	-0.21	-6.47	-9.27
2046	0.73	0.04	-0.64	2084	-0.69	-7.33	-10.28
2047	0.80	0.06	-0.63	2085	-1.09	-8.10	-11.20
2048	0.86	0.07	-0.63	2086	-1.46	-8.83	-12.10
2049	0.94	0.10	-0.63	2087	-1.79	-9.54	-12.98
2050	1.01	0.12	-0.63	2088	-2.09	-10.22	-13.84
2051	1.06	0.11	-0.65	2089	-2.36	-10.89	-14.69
2052	1.12	0.11	-0.68	2090	-2.61	-11.53	-15.52
2053	1.16	0.08	-0.73	2091	-2.84	-12.17	-16.36
2054	1.31	0.17	-0.65	2092	-3.07	-12.82	-17.22
2055	1.46	0.26	-0.58	2093	-3.30	-13.50	-18.10
2056	1.59	0.33	-0.54	2094	-3.51	-14.17	-19.00
2057	1.77	0.44	-0.45	2095	-3.73	-14.86	-19.93

结余的变动趋势如图8.7所示。结合表8.6可见,青海省机关事业单位养老保险中情景下的结余处于低情景和高情景的结果之间。低情景和高情景下的结余出现负数的起始年份较中情景分别推迟了51年和提前了12年。低、中、高情景下结余在预测期间的年均降幅分别为5.3亿元、19.9亿元和26.3亿元。

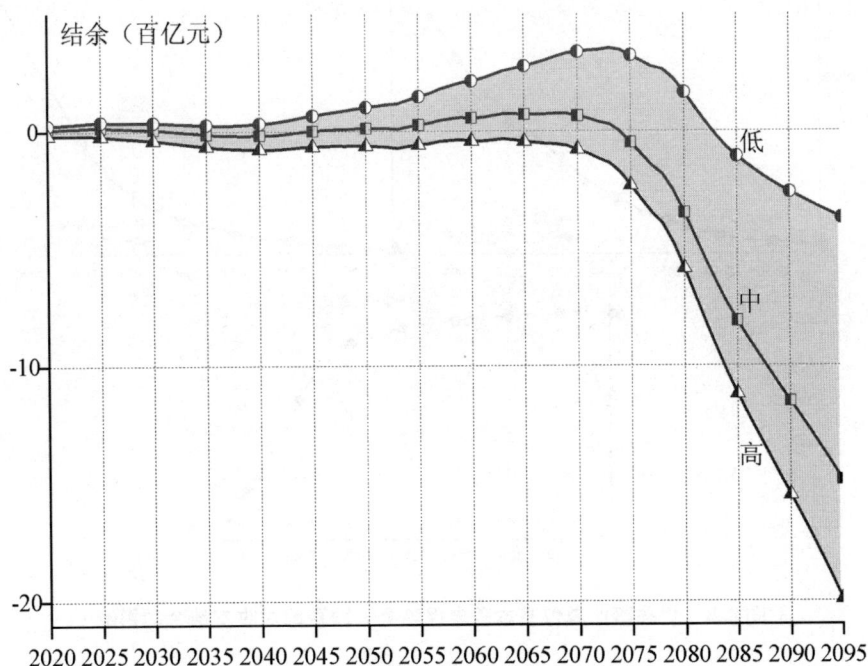

图8.7 低、中、高情景下结余的变动趋势

（三）某些因素对收支结余的影响

1. 机关事业单位基本养老保险个人缴费率的影响

把机关事业单位基本养老保险个人缴费率提高3个百分点，对青海省机关事业单位养老保险收支结余的影响如图8.8所示。可见，机关事业单位基本养老保险个人缴费率的提高会使收入和支出较基准情况都有所增长。在预测期间，收入较基准情况的增幅先大于后小于支出的增幅，导致机关事业单位基本养老保险个人缴费率提高后的结余较基准情况的变化值先大于零后逐渐变为小于零，之后滑向更大的负数。预测期末的结余较基准情况下降22.59%。

2. 缴费工资占统计平均工资比例的影响

缴费工资占统计平均工资比例由59.08%降至53.71%，对青海省机关事业单位养老保险收支结余的影响如图8.9所示。可见，缴费工资占统计平均工资比例的降低会使青海省机关事业单位养老保险收入和支出较基准情况都有所下降。在预测期间，收入较基准情况的降幅先大于后小于支出的降幅，导致缴费工资占统计平均工资比例降低后的结余较基准情况的变化值先小于零后逐渐变为大于零，之后呈逐步上升的趋势。预测期末的结余较基准情况上升2.69%。

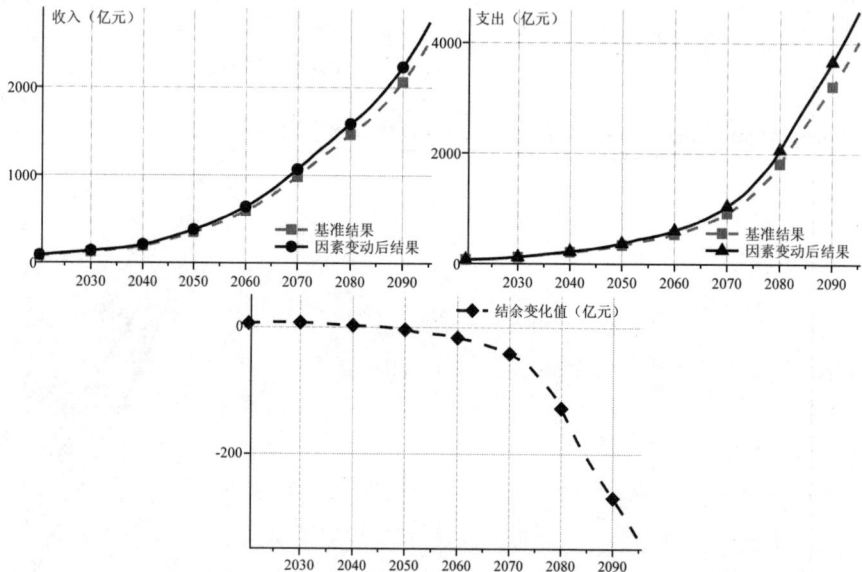

图8.8 机关事业单位基本养老保险个人缴费率对收支结余的影响

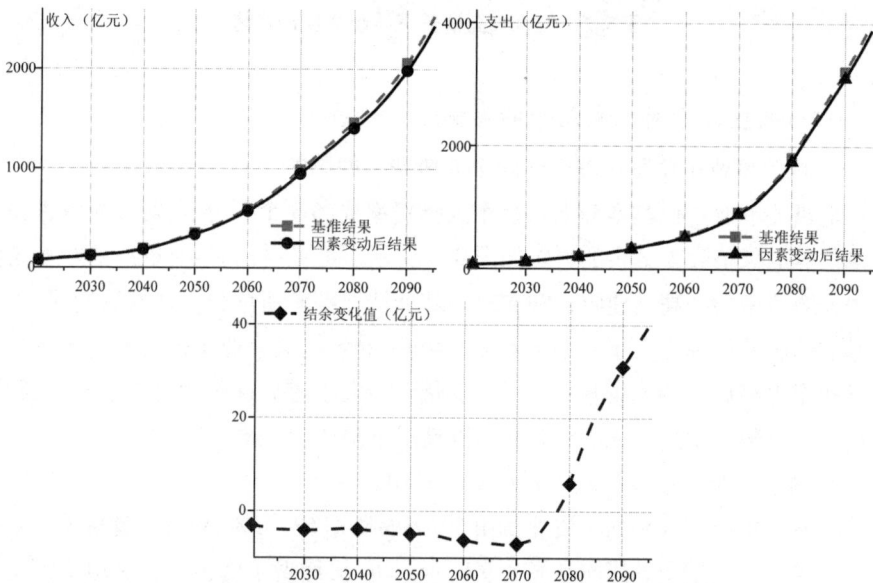

图8.9 缴费工资占统计平均工资比例对收支结余的影响

第四节　宁夏回族自治区机关事业单位养老保险的精算

一、宁夏回族自治区机关事业单位参保人数

宁夏回族自治区未来各年的城镇分年龄性别人数已由第二章第一节估计得到。在此基础上,进一步可估计出宁夏回族自治区机关事业单位养老保险分年龄性别参保人数。根据《中国人力资源和社会保障年鉴—2019》可知,2018 年宁夏回族自治区机关事业单位参保离退休人数为 10.20 万人。2018 年末宁夏回族自治区机关事业单位参保职工人数已由第三章第一节估算出,约为 20.06 万人。假设宁夏回族自治区机关事业单位养老保险参保人员分年龄性别分布与该省城镇分年龄性别人数分布一致,于是估计出宁夏回族自治区机关事业单位分年龄性别参保人数的起始分布。

二、宁夏回族自治区经济类参数

（一）缴费工资占统计平均工资的比例

根据《宁夏社会保险发展年度报告 2018》可知,2018 年宁夏回族自治区城镇职工基本养老保险人均缴费工资为 54564 元。由《中国人力资源和社会保障年鉴—2018》可知,2017 年宁夏回族自治区城镇在岗职工平均工资为 72779 元,用该缴费工资除以在岗职工平均工资,得到 2018 年宁夏回族自治区城镇职工缴费工资占统计平均工资的比例约为 74.97%。假设预测期间宁夏回族自治区机关事业单位工作人员的缴费工资占统计平均工资的比例与此相同。

（二）新入职者工资

由于薪酬网没有具体公布《2018 年宁夏回族自治区地区毕业生薪酬调查报告》,故参考全国机关事业单位新入职者月平均工资水平 4857 元/月,以此作为宁夏回族自治区机关事业单位新入职者工资。

（三）工资增长率

宁夏回族自治区 2014—2019 年 GDP 实际增长率分别为 8.0%、8.0%、8.10%、7.80%、7.0% 和 6.5%。2020—2095 年的 GDP 实际增长率同全国水平的一致,其中 2020—2025 年为 5.7%,2026—2030 年为 4.8%,以后各年保持不变。

根据以往经验,一般假设工资增长率高出 GDP 增长率 0 至 1 个百分点,此处取 0.2 个百分点。

（四）劳动参与率

根据《中国人口和就业统计年鉴—2019》表 1 - 18 可知 2000—2018 年宁夏回族自治区城镇登记失业率,其平均值为 4.26%。因而宁夏回族自治区城镇人口劳动参与率约为 95.74%。设其在预测期维持不变。

三、宁夏回族自治区养老保险类参数

（一）养老保险覆盖率

前面已知 2018 年宁夏回族自治区机关事业单位参保职工数为 20.06 万人。由《中国人力资源和社会保障年鉴—2019》表 2 - 2 可知,宁夏回族自治区 2018 年的机关事业单位在岗职工年末人数为 27.90 万人。因此,机关事业单位职工参保率约为 71.88%。以此为宁夏回族自治区 2018 年机关事业单位养老保险覆盖率,以后每年增加 1 个百分点,直至达到 100%。

（二）机关事业单位参保职工占城镇参保职工比例

根据《中国人力资源和社会保障年鉴—2019》分地区城镇职工基本养老保险情况表可知,2018 年宁夏回族自治区的城镇职工基本养老保险参保职工人数为 152.50 万人。那么,宁夏回族自治区机关事业单位参保职工占城镇参保职工比例为 20.06/152.50,约等于 13.15%。

四、宁夏回族自治区机关事业单位养老保险收支结余

（一）中情景下收支结余精算结果

将上述估计的参数基准值代入根据第一章陈述的精算模型所编程序进行计算,得到中情景下宁夏回族自治区机关事业单位养老保险各年的收入、支出和结余,如表 8.7 所示。可见,在中情景下,宁夏回族自治区机关事业单位养老保险的收入和支出均会随年份推移而逐年增长,但支出的增速快于收入的增速,使得机关事业单位养老保险的结余在 2041 年开始出现负数,以后年份的支付缺口会持续上升,并在预测期末达到最大,为 1542 亿元。

表 8.7　中情景下宁夏回族自治区机关事业单位养老保险 2020—2095 年收支结余（百亿元）

年度	收入	支出	结余	年度	收入	支出	结余
2020	0.90	0.73	0.16	2058	4.59	5.87	−1.27
2021	0.96	0.77	0.19	2059	4.78	6.15	−1.37
2022	1.01	0.79	0.22	2060	4.97	6.44	−1.48
2023	1.07	0.82	0.24	2061	5.16	6.78	−1.62
2024	1.13	0.85	0.28	2062	5.37	7.10	−1.73
2025	1.19	0.89	0.30	2063	5.60	7.39	−1.79
2026	1.23	0.94	0.29	2064	5.83	7.73	−1.90
2027	1.29	1.00	0.28	2065	6.06	8.09	−2.04
2028	1.35	1.07	0.28	2066	6.29	8.48	−2.19
2029	1.41	1.13	0.27	2067	6.52	8.90	−2.38
2030	1.47	1.21	0.27	2068	6.76	9.33	−2.58
2031	1.54	1.29	0.25	2069	6.97	9.83	−2.86
2032	1.59	1.37	0.22	2070	7.18	10.39	−3.22
2033	1.65	1.46	0.18	2071	7.37	11.01	−3.64
2034	1.71	1.56	0.15	2072	7.57	11.62	−4.04
2035	1.78	1.65	0.13	2073	7.83	12.14	−4.31
2036	1.84	1.76	0.08	2074	8.04	12.80	−4.76
2037	1.92	1.86	0.06	2075	8.23	13.58	−5.35
2038	2.01	1.98	0.03	2076	8.41	14.41	−6.00
2039	2.11	2.10	0.02	2077	8.58	15.27	−6.69
2040	2.22	2.22	0.00	2078	8.82	15.96	−7.14
2041	2.31	2.34	−0.02	2079	9.07	16.66	−7.59
2042	2.41	2.47	−0.05	2080	9.32	17.38	−8.06
2043	2.52	2.61	−0.09	2081	9.58	18.12	−8.54
2044	2.63	2.75	−0.12	2082	9.85	18.87	−9.02
2045	2.73	2.92	−0.19	2083	10.13	19.64	−9.51
2046	2.85	3.09	−0.24	2084	10.44	20.41	−9.98

续表

年度	收入	支出	结余	年度	收入	支出	结余
2047	2.97	3.26	-0.29	2085	10.76	21.19	-10.44
2048	3.09	3.46	-0.37	2086	11.09	21.98	-10.89
2049	3.23	3.63	-0.40	2087	11.44	22.78	-11.35
2050	3.37	3.82	-0.45	2088	11.80	23.60	-11.81
2051	3.51	4.03	-0.52	2089	12.17	24.44	-12.27
2052	3.65	4.26	-0.61	2090	12.56	25.29	-12.73
2053	3.77	4.56	-0.79	2091	12.97	26.18	-13.20
2054	3.93	4.76	-0.82	2092	13.40	27.09	-13.70
2055	4.11	4.96	-0.85	2093	13.82	28.05	-14.23
2056	4.27	5.22	-0.94	2094	14.26	29.06	-14.80
2057	4.44	5.52	-1.08	2095	14.69	30.11	-15.42

（二）低、中、高情景下的结余

将低、高情景参数分别代入按精算模型所编程序进行计算，结合中情景，可得低、中、高情景下宁夏回族自治区机关事业单位养老保险各年的结余，如表8.8所示。

表8.8　低、中、高情景下宁夏回族自治区机关事业单位养老保险的结余（百亿元）

年度	低	中	高	年度	低	中	高
2020	0.34	0.16	-0.12	2058	0.30	-1.27	-2.22
2021	0.38	0.19	-0.12	2059	0.29	-1.37	-2.34
2022	0.42	0.22	-0.11	2060	0.27	-1.48	-2.48
2023	0.46	0.24	-0.11	2061	0.23	-1.62	-2.65
2024	0.51	0.28	-0.10	2062	0.21	-1.73	-2.80
2025	0.54	0.30	-0.10	2063	0.23	-1.79	-2.89
2026	0.55	0.29	-0.13	2064	0.22	-1.90	-3.03
2027	0.56	0.28	-0.15	2065	0.20	-2.04	-3.21
2028	0.56	0.28	-0.18	2066	0.15	-2.19	-3.40
2029	0.58	0.27	-0.20	2067	0.08	-2.38	-3.63
2030	0.59	0.27	-0.22	2068	0.01	-2.58	-3.88

续表

年度	低	中	高	年度	低	中	高
2031	0.59	0.25	−0.26	2069	−0.14	−2.86	−4.21
2032	0.58	0.22	−0.30	2070	−0.35	−3.22	−4.62
2033	0.56	0.18	−0.35	2071	−0.61	−3.64	−5.10
2034	0.55	0.15	−0.39	2072	−0.85	−4.04	−5.56
2035	0.54	0.13	−0.44	2073	−0.97	−4.31	−5.88
2036	0.52	0.08	−0.49	2074	−1.24	−4.76	−6.40
2037	0.51	0.06	−0.53	2075	−1.63	−5.35	−7.06
2038	0.51	0.03	−0.57	2076	−2.07	−6.00	−7.79
2039	0.53	0.02	−0.60	2077	−2.53	−6.69	−8.56
2040	0.54	0.00	−0.63	2078	−2.80	−7.14	−9.09
2041	0.54	−0.02	−0.67	2079	−3.06	−7.59	−9.61
2042	0.55	−0.05	−0.71	2080	−3.33	−8.06	−10.16
2043	0.54	−0.09	−0.76	2081	−3.62	−8.54	−10.72
2044	0.55	−0.12	−0.80	2082	−3.90	−9.02	−11.30
2045	0.53	−0.19	−0.88	2083	−4.18	−9.51	−11.87
2046	0.52	−0.24	−0.95	2084	−4.44	−9.98	−12.43
2047	0.52	−0.29	−1.01	2085	−4.68	−10.44	−12.99
2048	0.50	−0.37	−1.10	2086	−4.92	−10.89	−13.54
2049	0.52	−0.40	−1.15	2087	−5.16	−11.35	−14.10
2050	0.52	−0.45	−1.22	2088	−5.40	−11.81	−14.67
2051	0.52	−0.52	−1.30	2089	−5.63	−12.27	−15.24
2052	0.49	−0.61	−1.42	2090	−5.86	−12.73	−15.82
2053	0.39	−0.79	−1.62	2091	−6.08	−13.20	−16.41
2054	0.42	−0.82	−1.67	2092	−6.33	−13.70	−17.03
2055	0.46	−0.85	−1.72	2093	−6.60	−14.23	−17.69
2056	0.44	−0.94	−1.83	2094	−6.90	−14.80	−18.39
2057	0.39	−1.08	−2.00	2095	−7.23	−15.42	−19.14

结余的变动趋势如图8.10所示。结合表8.8可见,宁夏回族自治区机关事业单位养老保险中情景下的结余处于低情景和高情景的结果之间。低情景和高情景

下的结余出现负数的起始年份较中情景分别推迟了 28 年和提前了 21 年。低、中、高情景下结余在预测期间的年均降幅分别为 10.1 亿元、20.8 亿元和 25.4 亿元。

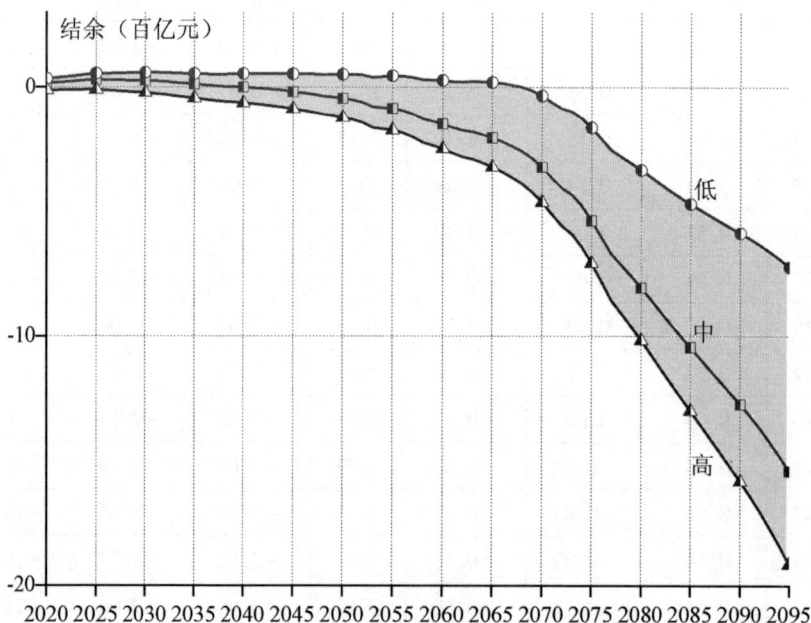

图 8.10 低、中、高情景下结余的变动趋势

（三）某些因素对收支结余的影响

1. 机关事业单位基本养老保险个人缴费率的影响

把机关事业单位基本养老保险个人缴费率提高 3 个百分点,对宁夏回族自治区机关事业单位养老保险收支结余的影响如图 8.11 所示。可见,机关事业单位基本养老保险个人缴费率的提高会使收入和支出较基准情况都有所增长。在预测期间,收入较基准情况的增幅先大于后小于支出的增幅,导致机关事业单位基本养老保险个人缴费率提高后的结余较基准情况的变化值先大于零后逐渐变为小于零,之后滑向更大的负数。预测期末的结余较基准情况下降 18.51%。

2. 缴费工资占统计平均工资比例的影响

缴费工资占统计平均工资的比例由 74.97% 降至全国的该比例变动后的水平 53.71%,分析其对机关事业单位养老保险收支结余的影响,结果如图 8.12 所示。可见,缴费工资占统计平均工资比例的降低会使宁夏回族自治区机关事业单位养老保险收入和支出较基准情况都有所下降。在预测期间,收入较基准情况的降幅先大于后小于支出的降幅,导致缴费工资占统计平均工资比例降低后的结余较基准情况的变化值先小于零后逐渐变为大于零,之后呈逐步上升的趋势。预测期末的结余较基准情况上升 10.85%。

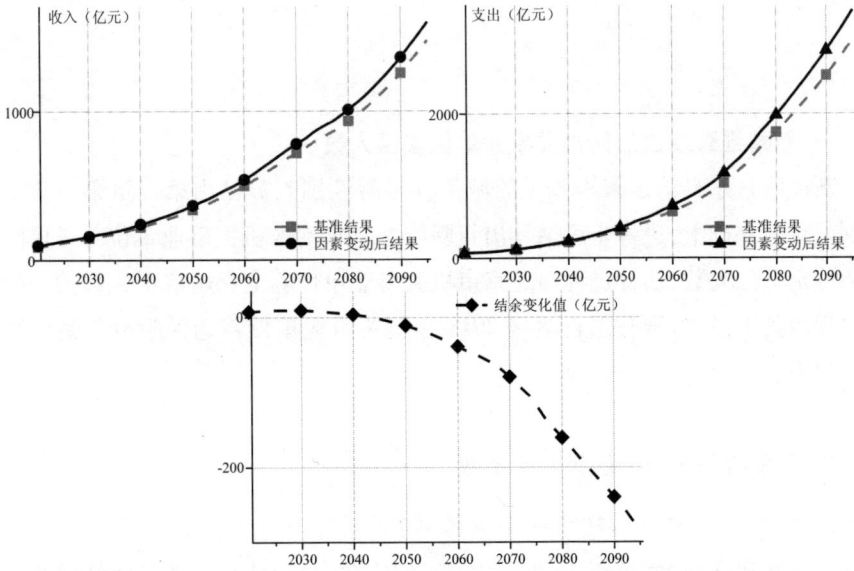

图 8.11　机关事业单位基本养老保险个人缴费率对收支结余的影响

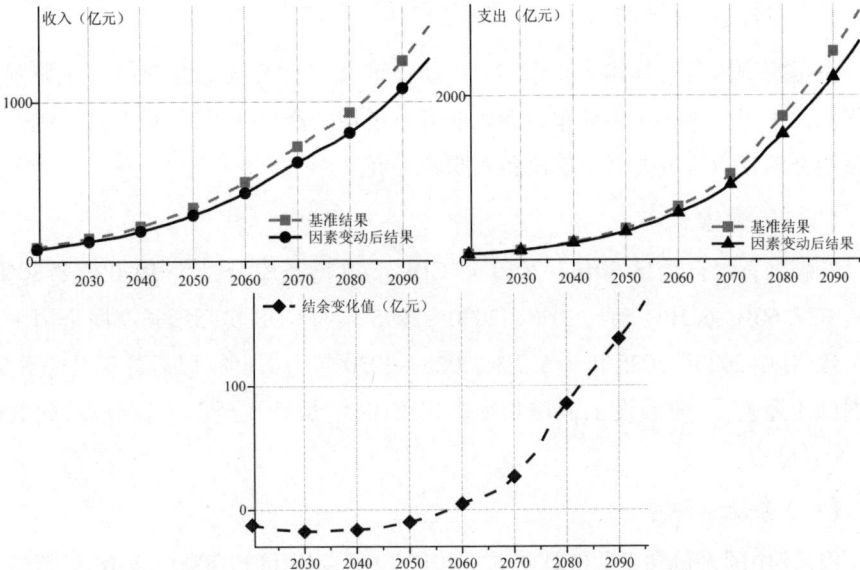

图 8.12　缴费工资占统计平均工资比例对收支结余的影响

235

第五节　新疆维吾尔自治区机关事业单位养老保险的精算

一、新疆维吾尔自治区机关事业单位参保人数

新疆维吾尔自治区未来各年的城镇分年龄性别人数已由第二章第一节估计得到。在此基础上,进一步可估计出新疆维吾尔自治区机关事业单位养老保险分年龄性别参保人数,估计过程与北京市机关事业单位养老保险参保人数的一致统计过程。其中,新疆维吾尔自治区2018年机关事业单位养老保险分年龄性别参保人数为起始分布。

二、新疆维吾尔自治区经济类参数

(一)缴费工资占统计平均工资的比例

由于新疆维吾尔自治区公布的数据不够充分,难以估计该省具体的缴费工资占统计平均工资比例。因此,新疆维吾尔自治区的缴费工资占统计平均工资比例同全国水平59.08%。

(二)新入职者工资

由于薪酬网没有具体公布《2018年新疆维吾尔自治区地区毕业生薪酬调查报告》,故参考全国机关事业单位新入职者月平均工资水平4857元/月,以此作为新疆维吾尔自治区机关事业单位新入职者工资。

(三)工资增长率

新疆维吾尔自治区2014—2019年GDP实际增长率分别为10.0%、8.80%、7.60%、7.60%、6.10%和6.20%。2020—2095年的GDP实际增长率同全国水平的一致,其中2020—2025年为5.7%,2026—2030年为4.8%,以后各年保持不变。根据以往经验,一般假设工资增长率高出GDP增长率0至1个百分点,此处取0.2个百分点。

(四)劳动参与率

根据《中国人口和就业统计年鉴—2019》表1-18可知2000—2018年新疆维吾尔自治区城镇登记失业率,其平均值为3.38%。因而新疆维吾尔自治区城镇人口劳动参与率约为96.62%。设其在预测期维持不变。

三、新疆维吾尔自治区养老保险类参数

（一）养老保险覆盖率

第三章第一节已估算出 2018 年新疆维吾尔自治区机关事业单位参保职工数为 102.72 万人。由《中国人力资源和社会保障年鉴—2019》表 2-2 可知,新疆维吾尔自治区 2018 年的机关事业单位在岗职工年末人数为 147.70 万人。因此,机关事业单位职工参保率约为 69.54%。以此为新疆维吾尔自治区 2018 年机关事业单位养老保险覆盖率,以后每年增加 1 个百分点,直至达到 100%。

（二）机关事业单位参保职工占城镇参保职工比例

根据《中国人力资源和社会保障年鉴—2019》分地区城镇职工基本养老保险情况表可知,2018 年新疆维吾尔自治区的城镇职工基本养老保险参保职工人数为 484.31 万人。那么,新疆维吾尔自治区机关事业单位参保职工占城镇参保职工比例为 102.72/484.31,约等于 21.21%。

四、新疆维吾尔自治区机关事业单位养老保险收支结余

（一）中情景下收支结余精算结果

将上述估计的参数基准值代入根据第一章陈述的精算模型所编程序进行计算,得到中情景下新疆维吾尔自治区机关事业单位养老保险各年的收入、支出和结余,如表 8.9 所示。可见,在中情景下,新疆维吾尔自治区机关事业单位养老保险的收入和支出均会随年份推移而逐年增长,但支出的增速快于收入的增速,使得机关事业单位养老保险的结余在 2032 年开始出现负数,之后在 2053 年变为正数,又在 2085 年转为负数,以后年份的支付缺口会持续上升,并在预测期末达到最大,为 4161 亿元。

表 8.9　中情景下新疆维吾尔自治区机关事业单位养老保险 2020—2095 年收支结余

（百亿元）

年度	收入	支出	结余	年度	收入	支出	结余
2020	4.15	3.63	0.51	2058	24.93	21.95	2.98
2021	4.37	3.73	0.64	2059	26.38	23.11	3.27
2022	4.61	3.83	0.78	2060	27.87	24.39	3.49

续表

年度	收入	支出	结余	年度	收入	支出	结余
2023	4.86	3.94	0.92	2061	29.40	25.79	3.60
2024	5.14	4.06	1.08	2062	30.96	27.30	3.66
2025	5.39	4.23	1.16	2063	32.53	29.06	3.47
2026	5.65	4.49	1.16	2064	34.17	30.87	3.31
2027	5.94	4.74	1.20	2065	35.92	32.70	3.22
2028	6.22	5.05	1.17	2066	37.79	34.58	3.22
2029	6.51	5.39	1.12	2067	39.84	36.39	3.45
2030	6.74	5.83	0.91	2068	42.04	38.27	3.77
2031	6.89	6.44	0.46	2069	44.47	40.11	4.36
2032	7.00	7.03	−0.03	2070	47.13	41.89	5.24
2033	7.07	7.71	−0.65	2071	49.98	43.68	6.31
2034	7.14	8.41	−1.27	2072	53.03	45.52	7.50
2035	7.22	9.12	−1.90	2073	56.33	47.31	9.02
2036	7.27	9.92	−2.65	2074	59.64	49.60	10.03
2037	7.35	10.67	−3.31	2075	63.04	52.27	10.77
2038	7.46	11.41	−3.95	2076	66.59	55.24	11.35
2039	7.62	12.07	−4.46	2077	70.32	58.44	11.87
2040	7.81	12.71	−4.89	2078	74.28	61.75	12.53
2041	8.02	13.32	−5.30	2079	78.15	66.24	11.91
2042	8.38	13.86	−5.47	2080	82.02	71.58	10.45
2043	8.87	14.32	−5.45	2081	85.99	77.48	8.51
2044	9.46	14.72	−5.26	2082	90.08	83.86	6.23
2045	10.14	15.06	−4.93	2083	94.25	90.80	3.45
2046	10.90	15.37	−4.47	2084	98.57	98.12	0.45
2047	11.73	15.66	−3.93	2085	103.02	105.84	−2.82
2048	12.63	15.97	−3.34	2086	107.62	113.95	−6.33

续表

年度	收入	支出	结余	年度	收入	支出	结余
2049	13.58	16.28	-2.69	2087	112.39	122.38	-9.99
2050	14.58	16.66	-2.08	2088	117.31	131.26	-13.96
2051	15.68	17.03	-1.35	2089	122.40	140.54	-18.14
2052	16.86	17.44	-0.58	2090	127.71	150.14	-22.43
2053	18.09	17.93	0.15	2091	133.30	160.02	-26.71
2054	19.39	18.50	0.89	2092	139.25	170.08	-30.84
2055	20.72	19.17	1.55	2093	145.57	180.36	-34.79
2056	22.11	19.93	2.18	2094	152.33	190.77	-38.44
2057	23.53	20.82	2.71	2095	159.59	201.20	-41.61

（二）低、中、高情景下的结余

将低、高情景参数分别代入按精算模型所编程序进行计算,结合中情景,可得低、中、高情景下新疆维吾尔自治区机关事业单位养老保险各年的结余,如表8.10所示。

表8.10 低、中、高情景下新疆维吾尔自治区机关事业单位养老保险的结余（百亿元）

年度	低	中	高	年度	低	中	高
2020	1.35	0.51	-0.88	2058	9.27	2.98	-1.50
2021	1.54	0.64	-0.84	2059	9.95	3.27	-1.35
2022	1.73	0.78	-0.79	2060	10.58	3.49	-1.29
2023	1.93	0.92	-0.75	2061	11.14	3.60	-1.33
2024	2.15	1.08	-0.69	2062	11.67	3.66	-1.43
2025	2.30	1.16	-0.71	2063	12.02	3.47	-1.79
2026	2.36	1.16	-0.79	2064	12.41	3.31	-2.15
2027	2.47	1.20	-0.83	2065	12.88	3.22	-2.43
2028	2.51	1.17	-0.94	2066	13.46	3.22	-2.64
2029	2.54	1.12	-1.07	2067	14.27	3.45	-2.63

年度	低	中	高	年度	低	中	高
2030	2.41	0.91	-1.36	2068	15.19	3.77	-2.54
2031	2.05	0.46	-1.89	2069	16.37	4.36	-2.19
2032	1.65	-0.03	-2.43	2070	17.85	5.24	-1.56
2033	1.13	-0.65	-3.10	2071	19.51	6.31	-0.76
2034	0.61	-1.27	-3.78	2072	21.34	7.50	0.15
2035	0.09	-1.90	-4.47	2073	23.48	9.02	1.36
2036	-0.53	-2.65	-5.27	2074	25.23	10.03	2.04
2037	-1.07	-3.31	-6.00	2075	26.78	10.77	2.41
2038	-1.58	-3.95	-6.70	2076	28.25	11.35	2.59
2039	-1.95	-4.46	-7.26	2077	29.72	11.87	2.69
2040	-2.25	-4.89	-7.76	2078	31.36	12.53	2.88
2041	-2.51	-5.30	-8.22	2079	32.01	11.91	1.73
2042	-2.55	-5.47	-8.46	2080	32.02	10.45	-0.35
2043	-2.39	-5.45	-8.51	2081	31.71	8.51	-2.94
2044	-2.05	-5.26	-8.39	2082	31.16	6.23	-5.94
2045	-1.58	-4.93	-8.13	2083	30.28	3.45	-9.49
2046	-0.98	-4.47	-7.74	2084	29.26	0.45	-13.31
2047	-0.29	-3.93	-7.28	2085	28.08	-2.82	-17.45
2048	0.45	-3.34	-6.77	2086	26.77	-6.33	-21.89
2049	1.26	-2.69	-6.20	2087	25.39	-9.99	-26.53
2050	2.06	-2.08	-5.67	2088	23.83	-13.96	-31.52
2051	2.98	-1.35	-5.03	2089	22.17	-18.14	-36.78
2052	3.95	-0.58	-4.36	2090	20.49	-22.43	-42.21
2053	4.92	0.15	-3.73	2091	18.90	-26.71	-47.68
2054	5.90	0.89	-3.10	2092	17.55	-30.84	-53.05
2055	6.84	1.55	-2.55	2093	16.46	-34.79	-58.30

年度	低	中	高	年度	低	中	高
2056	7.77	2.18	−2.04	2094	15.73	−38.44	−63.30
2057	8.62	2.71	−1.63	2095	15.51	−41.61	−67.88

结余的变动趋势如图 8.13 所示。结合表 8.10 可见,新疆维吾尔自治区机关事业单位养老保险中情景下的结余处于低情景和高情景的结果之间。低情景和高情景下的结余出现负数的起始年份较中情景分别推迟了 4 年和提前了 12 年。中、高情景下结余在预测期间的年均降幅分别为 56.2 亿元和 89.3 亿元,低情景下结余在预测期末反而上升,其年均增幅为 188.8 亿元。

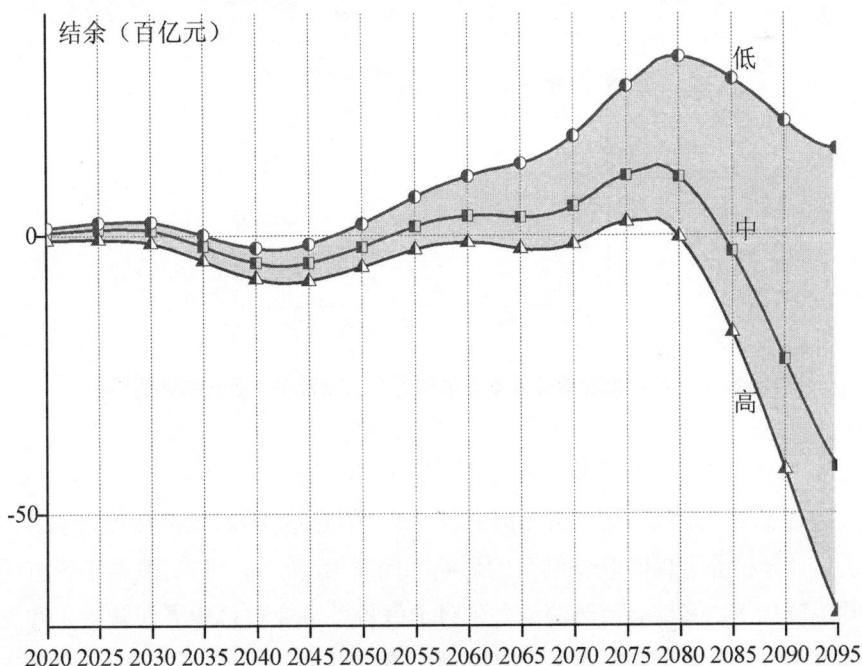

图 8.13 低、中、高情景下结余的变动趋势

(三)某些因素对收支结余的影响

1. 机关事业单位基本养老保险个人缴费率的影响

把机关事业单位基本养老保险个人缴费率提高 3 个百分点,对新疆维吾尔自治区机关事业单位养老保险收支结余的影响如图 8.14 所示。可见,机关事业单位基本养老保险个人缴费率的提高会使收入和支出较基准情况都有所增长。在预测期间,收入较基准情况的增幅先大于后小于支出的增幅,导致机关事业单位基本养老保险个人缴费率提高后的结余较基准情况的变化值先大于零后逐渐变为小于零,之后滑向更大的负数。预测期末的结余较基准情况下降34.59%。

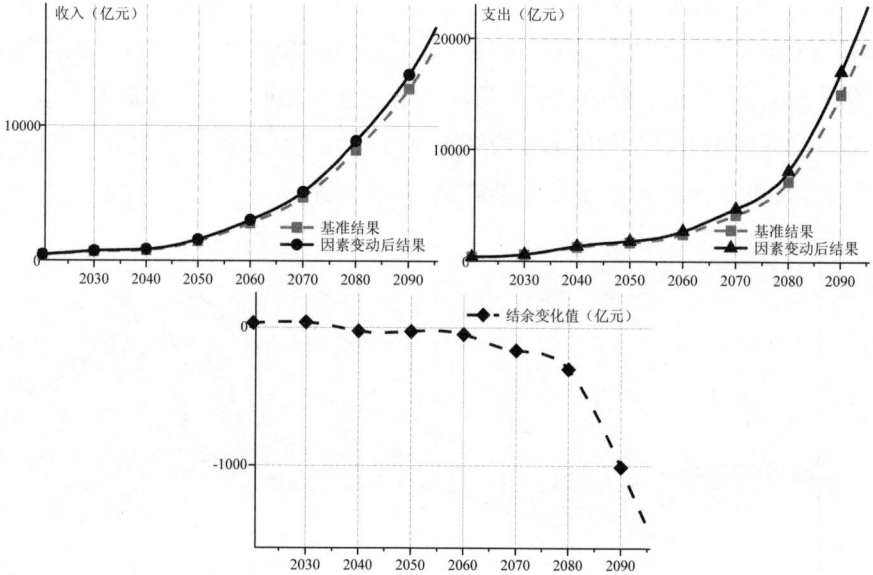

图8.14 机关事业单位基本养老保险个人缴费率对收支结余的影响

2. 缴费工资占统计平均工资比例的影响

缴费工资占统计平均工资比例由59.08%降至53.71%,对新疆维吾尔自治区机关事业单位养老保险收支结余的影响如图8.15所示。可见,缴费工资占统计平均工资比例的降低会使新疆维吾尔自治区机关事业单位养老保险收入和支出较基准情况都有所下降。在预测期间,收入较基准情况的降幅先大于后小于支出的降幅,导致缴费工资占统计平均工资比例降低后的结余较基准情况的变化值先小于零后逐渐变为大于零,之后呈逐步上升的趋势。预测期末的结余较基准情况上升1.85%。

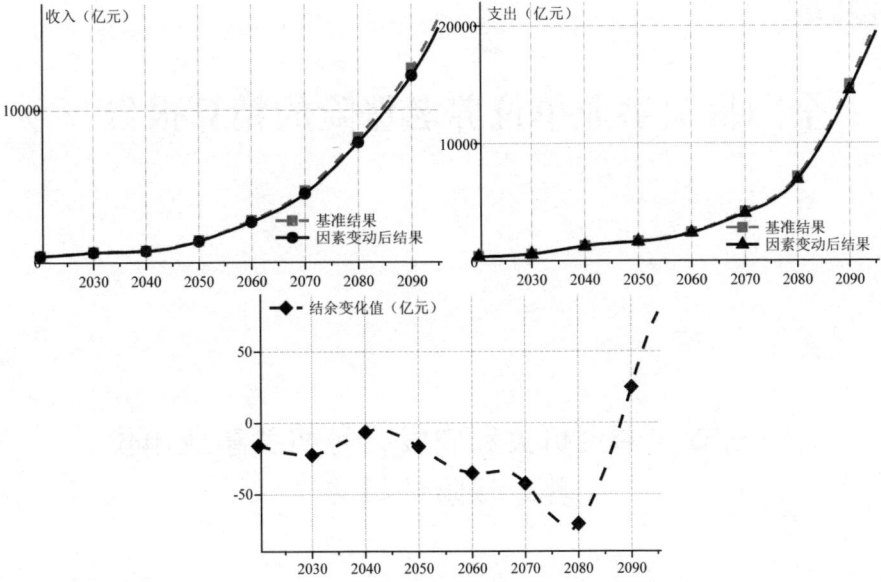

图 8.15 缴费工资占统计平均工资比例对收支结余的影响

第九章

全国机关事业单位养老保险的精算报告

第一节　中央机关和农发行等机关事业单位
养老保险的精算

一、中央机关和农发行等机关事业单位参保人数

《中国人力资源和社会保障年鉴—2019》单列了中央机关、人民银行和农业发展银行等机关事业单位的养老保险情况。为简化名称,后文将其简称为中央机关和农发行等机关事业单位。估计中央机关和农发行等机关事业单位分年龄性别参保人数的方法与全国的相同,其中所要用到的未来各年城镇分年龄性别人数是全国未来各年城镇分年龄性别人数。

由《中国人力资源和社会保障年鉴—2019》表 5 - 6 的分地区城镇职工基本养老保险情况可知,2018 年中央机关、人民银行和农业发展银行的参保职工数分别为 31. 22 万人、11. 82 万人和 5. 29 万人,参保离退休人数分别为 24. 40 万人、6. 76 万人和 2. 09 万人。因此,中央机关和农发行等机关事业单位养老保险参保职工数和参保离退休人数分别为 48. 33 万人和 33. 25 万人。假设中央机关和农发行等机关事业单位养老保险参保职工人数与离退休人数的分年龄性别分布与 2018 年全国城镇分年龄性别人数分布一致,可得 2018 年中央机关和农发行等机关事业单位养老保险参保人员的分年龄性别人数。以此为中央机关和农发行等机关事业单位养老保险参保人员的起始分布。

中央机关和农发行等机关事业单位养老保险各年新入职的参保人数,用中央机关和农发行等机关事业单位参保职工数占全国机关事业单位参保职工数的比例乘以第二章预测的未来各年全国机关事业单位新入职的参保人数得到。

财政全额供款单位参保人数为中央机关与人民银行参保人数之和,其中,参保职工人数为43.04万人,参保离退休人数为31.16万人。非全额(差额)供款单位参保人数为农业发展银行的参保人数,其中,参保职工人数为5.29万人,参保离退休人数为2.09万人。

二、中央机关和农发行等单位的经济类参数与养老保险类参数

中央机关和农发行等机关事业单位的经济类参数,如新入职者工资、缴费工资占统计平均工资的比例、工资增长率、工龄工资增长率等参数取值与全国对应的一致。中央机关和农发行等机关事业单位的缴费率、缴费基数、养老金替代率、养老金增长率、记账利率、过渡系数和养老金随年龄增长率等养老保险类参数的取值也与全国对应的一致。

用上文所述2018年中央机关和农发行等机关事业单位养老保险参保职工数48.33万人,除以第二章第一节所述2018年全国机关事业单位参保职工数3601.4万人,得到中央机关和农发行等单位参保职工数占全国机关事业单位参保职工数比例约为1.342%。设其在预测期间不变。

中央机关和农发行等机关事业单位的低、中、高情景参数设置也与全国的对应相同。

三、中央机关和农发行等机关事业单位养老保险收支结余

(一)中情景下收支结余精算结果

将相关参数基准值代入根据第一章陈述的精算模型所编程序进行计算,得到中情景下中央机关和农发行等机关事业单位养老保险各年的收入、支出和结余,如表9.1所示。可见,在中情景下,中央机关和农发行等机关事业单位养老保险的收入和支出均会随年份推移而逐年增长,并且支出的增速一直快于收入的增速。制度内的结余在2020年已出现负数,以后年份的支付缺口会持续上升,并在预测期末达到最大,为2249亿元。

表9.1　中情景下中央机关和农发行等机关事业单位养老保险2020—2095年收支结余

(百亿元)

年度	收入	支出	结余	年度	收入	支出	结余
2020	0.83	2.44	-1.62	2058	4.33	7.35	-3.02

年度	收入	支出	结余	年度	收入	支出	结余
2021	0.88	2.51	−1.64	2059	4.49	7.65	−3.17
2022	0.92	2.61	−1.69	2060	4.66	7.97	−3.31
2023	0.96	2.73	−1.78	2061	4.83	8.32	−3.49
2024	1.00	2.84	−1.84	2062	5.00	8.68	−3.68
2025	1.04	2.96	−1.92	2063	5.19	9.03	−3.85
2026	1.08	3.05	−1.97	2064	5.38	9.41	−4.03
2027	1.13	3.14	−2.01	2065	5.57	9.82	−4.24
2028	1.18	3.24	−2.06	2066	5.77	10.24	−4.47
2029	1.23	3.34	−2.11	2067	5.97	10.71	−4.74
2030	1.28	3.44	−2.16	2068	6.17	11.23	−5.05
2031	1.35	3.53	−2.18	2069	6.36	11.79	−5.42
2032	1.40	3.60	−2.20	2070	6.55	12.42	−5.87
2033	1.46	3.68	−2.21	2071	6.73	13.07	−6.34
2034	1.52	3.75	−2.23	2072	6.92	13.76	−6.84
2035	1.60	3.82	−2.22	2073	7.13	14.43	−7.30
2036	1.67	3.89	−2.22	2074	7.32	15.21	−7.89
2037	1.76	3.96	−2.21	2075	7.49	16.08	−8.59
2038	1.85	4.03	−2.18	2076	7.66	16.97	−9.31
2039	1.95	4.10	−2.16	2077	7.84	17.85	−10.01
2040	2.05	4.18	−2.13	2078	8.05	18.66	−10.60
2041	2.14	4.27	−2.13	2079	8.26	19.53	−11.27
2042	2.23	4.38	−2.15	2080	8.46	20.44	−11.98
2043	2.34	4.49	−2.15	2081	8.66	21.38	−12.73
2044	2.44	4.60	−2.16	2082	8.86	22.34	−13.48
2045	2.56	4.73	−2.17	2083	9.08	23.31	−14.23
2046	2.68	4.85	−2.17	2084	9.30	24.28	−14.97
2047	2.80	4.99	−2.19	2085	9.54	25.25	−15.71

年度	收入	支出	结余	年度	收入	支出	结余
2048	2.93	5.13	−2.20	2086	9.79	26.22	−16.43
2049	3.06	5.28	−2.22	2087	10.06	27.19	−17.13
2050	3.20	5.44	−2.24	2088	10.34	28.15	−17.81
2051	3.33	5.62	−2.29	2089	10.63	29.11	−18.48
2052	3.47	5.83	−2.36	2090	10.94	30.08	−19.14
2053	3.59	6.06	−2.46	2091	11.27	31.05	−19.79
2054	3.74	6.25	−2.51	2092	11.60	32.05	−20.45
2055	3.90	6.44	−2.54	2093	11.95	33.07	−21.11
2056	4.04	6.72	−2.67	2094	12.32	34.11	−21.79
2057	4.19	7.01	−2.83	2095	12.69	35.18	−22.49

（二）低、中、高情景下的结余

将低、高情景参数分别代入按精算模型所编程序进行计算,结合中情景,可得低、中、高情景下中央机关和农发行等机关事业单位养老保险各年的结余,如表9.2所示。

表9.2　低、中、高情景下中央机关和农发行等机关事业单位养老保险的结余（百亿元）

年度	低	中	高	年度	低	中	高
2020	−1.17	−1.62	−2.42	2058	−0.93	−3.02	−4.53
2021	−1.16	−1.64	−2.50	2059	−0.98	−3.17	−4.68
2022	−1.18	−1.69	−2.62	2060	−1.03	−3.31	−4.84
2023	−1.22	−1.78	−2.77	2061	−1.10	−3.49	−5.03
2024	−1.25	−1.84	−2.91	2062	−1.18	−3.68	−5.23
2025	−1.29	−1.92	−3.06	2063	−1.24	−3.85	−5.40
2026	−1.30	−1.97	−3.16	2064	−1.31	−4.03	−5.60
2027	−1.31	−2.01	−3.24	2065	−1.40	−4.24	−5.84
2028	−1.33	−2.06	−3.35	2066	−1.50	−4.47	−6.09
2029	−1.34	−2.11	−3.44	2067	−1.63	−4.74	−6.40
2030	−1.35	−2.16	−3.53	2068	−1.80	−5.05	−6.76

续表

年度	低	中	高	年度	低	中	高
2031	-1.34	-2.18	-3.59	2069	-2.01	-5.42	-7.17
2032	-1.33	-2.20	-3.64	2070	-2.28	-5.87	-7.67
2033	-1.32	-2.21	-3.68	2071	-2.56	-6.34	-8.19
2034	-1.31	-2.23	-3.71	2072	-2.87	-6.84	-8.76
2035	-1.28	-2.22	-3.73	2073	-3.14	-7.30	-9.29
2036	-1.25	-2.22	-3.75	2074	-3.51	-7.89	-9.96
2037	-1.21	-2.21	-3.75	2075	-3.97	-8.59	-10.75
2038	-1.16	-2.18	-3.74	2076	-4.43	-9.31	-11.56
2039	-1.11	-2.16	-3.73	2077	-4.89	-10.01	-12.35
2040	-1.05	-2.13	-3.71	2078	-5.25	-10.60	-13.04
2041	-1.02	-2.13	-3.71	2079	-5.68	-11.27	-13.80
2042	-1.01	-2.15	-3.74	2080	-6.14	-11.98	-14.62
2043	-0.98	-2.15	-3.74	2081	-6.61	-12.73	-15.48
2044	-0.95	-2.16	-3.75	2082	-7.09	-13.48	-16.34
2045	-0.92	-2.17	-3.76	2083	-7.57	-14.23	-17.21
2046	-0.88	-2.17	-3.76	2084	-8.04	-14.97	-18.07
2047	-0.85	-2.19	-3.77	2085	-8.50	-15.71	-18.93
2048	-0.81	-2.20	-3.77	2086	-8.94	-16.43	-19.78
2049	-0.78	-2.22	-3.79	2087	-9.37	-17.13	-20.61
2050	-0.75	-2.24	-3.80	2088	-9.77	-17.81	-21.43
2051	-0.74	-2.29	-3.84	2089	-10.16	-18.48	-22.24
2052	-0.74	-2.36	-3.90	2090	-10.53	-19.14	-23.03
2053	-0.78	-2.46	-4.00	2091	-10.90	-19.79	-23.83
2054	-0.76	-2.51	-4.04	2092	-11.27	-20.45	-24.64
2055	-0.72	-2.54	-4.05	2093	-11.64	-21.11	-25.47
2056	-0.78	-2.67	-4.19	2094	-12.01	-21.79	-26.31
2057	-0.84	-2.83	-4.34	2095	-12.40	-22.49	-27.17

结余的变动趋势如图 9.1 所示。结合表 9.2 可见,中央机关和农发行等机关

事业单位养老保险中情景下的结余处于低情景和高情景的结果之间。低、中、高情景下结余在预测期间的年均降幅分别为15.0亿元、27.8亿元和33.0亿元。

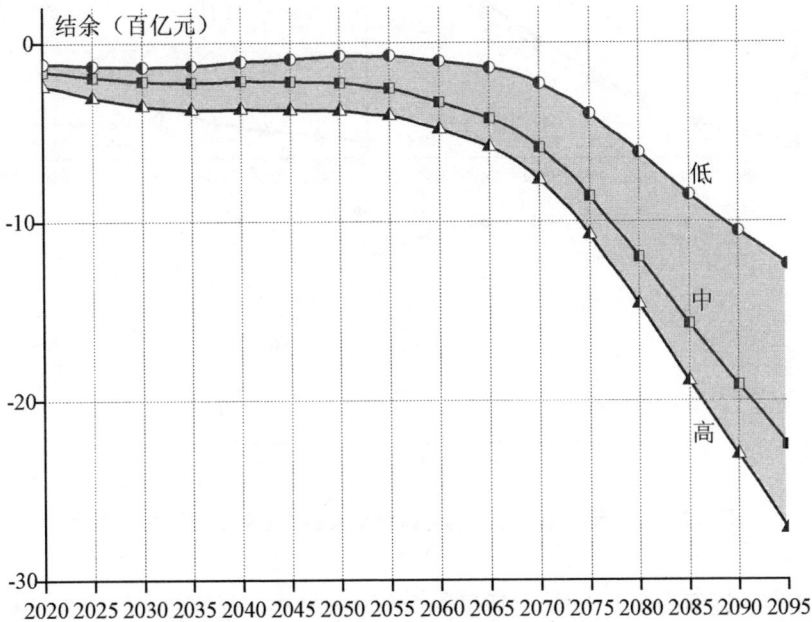

图9.1 低、中、高情景下结余的变动趋势

（三）某些因素对收支结余的影响

1. 机关事业单位基本养老保险个人缴费率的影响

把机关事业单位基本养老保险个人缴费率提高3个百分点，对中央机关和农发行等机关事业单位养老保险收支结余的影响如图9.2所示。可见，机关事业单位基本养老保险个人缴费率的提高会使收入和支出较基准情况都有所增长。在预测期间，收入较基准情况的增幅先大于后小于支出的增幅，导致机关事业单位基本养老保险个人缴费率提高后的结余较基准情况的变化值先大于零后逐渐变为小于零，之后滑向更大的负数。预测期末的结余较基准情况下降12.11%。

2. 缴费工资占统计平均工资比例的影响

缴费工资占统计平均工资比例由59.08%降至53.71%，对中央机关和农发行等机关事业单位养老保险收支结余的影响如图9.3所示。可见，缴费工资占统计平均工资比例的降低会使中央机关和农发行等机关事业单位养老保险收入和支出较基准情况都有所下降。在预测期间，收入较基准情况的降幅先大于后小于支出的降幅，导致缴费工资占统计平均工资比例降低后的结余较基准情况的变化值

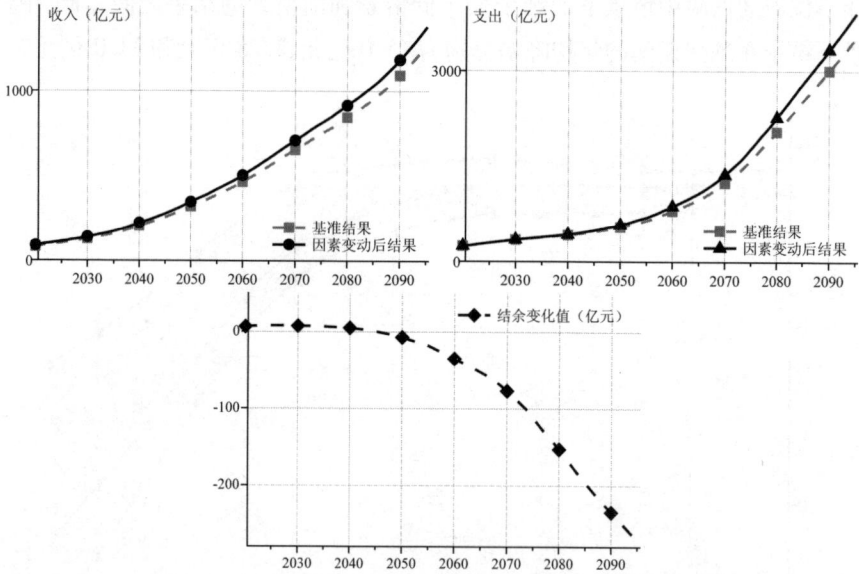

图9.2 机关事业单位基本养老保险个人缴费率对收支结余的影响

先小于零后逐渐变为大于零,之后呈逐步上升的趋势。预测期末的结余较基准情况上升5.90%。

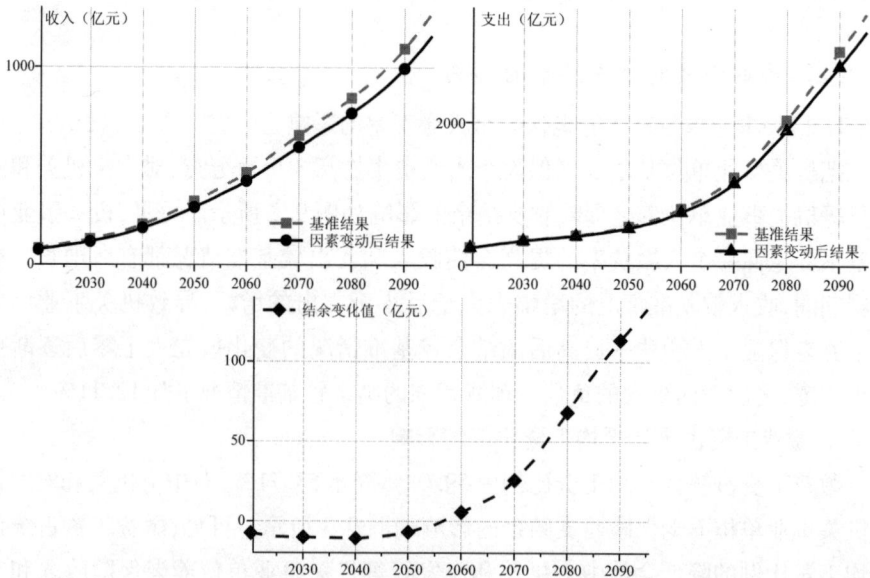

图9.3 缴费工资占统计平均工资比例对收支结余的影响

第二节 全国机关事业单位养老保险的收支结余

一、中情景下收支结余精算结果

将 31 个省份与中央机关和农发行等机关事业单位养老保险在中情景下的收、支、结余分别求和,得到中情景下全国机关事业单位养老保险的收入、支出和结余;再将结余代入累计结余计算式,可得无额外财政补贴等收入情况下的制度内的累计结余,如表 9.3 所示。可见,在中情景下,全国机关事业单位养老保险的收入和支出均会逐年增长,但支出的增速一直快于收入的增速。在无额外财政补贴等收入的情况下,机关事业单位养老保险的结余和累计结余分别会在 2052 年和 2068 年出现负数。以后年份的支付缺口和累计支付缺口都会逐年增加,在预测期末达到最大,分别为 31. 26 万亿元和 487. 07 万亿元。

表9.3 中情景下全国机关事业单位养老保险 2020—2095 年收支结余(万亿元)

年度	收入	支出	结余	累计结余	年度	收入	支出	结余	累计结余
2020	1. 49	1. 32	0. 17	0. 80	2058	8. 97	10. 43	− 1. 46	21. 95
2021	1. 58	1. 38	0. 21	1. 04	2059	9. 31	11. 03	− 1. 71	21. 09
2022	1. 68	1. 44	0. 25	1. 33	2060	9. 67	11. 65	− 1. 99	19. 92
2023	1. 78	1. 49	0. 28	1. 66	2061	10. 03	12. 36	− 2. 33	18. 37
2024	1. 89	1. 55	0. 34	2. 07	2062	10. 39	13. 07	− 2. 68	16. 41
2025	2. 00	1. 62	0. 38	2. 53	2063	10. 78	13. 77	− 2. 99	14. 06
2026	2. 09	1. 72	0. 37	3. 00	2064	11. 18	14. 51	− 3. 32	11. 29
2027	2. 20	1. 81	0. 38	3. 49	2065	11. 60	15. 27	− 3. 67	8. 06
2028	2. 31	1. 92	0. 39	4. 02	2066	12. 03	16. 06	− 4. 02	4. 35
2029	2. 43	2. 03	0. 40	4. 58	2067	12. 47	16. 90	− 4. 43	0. 09
2030	2. 55	2. 14	0. 41	5. 17	2068	12. 91	17. 80	− 4. 89	− 4. 80
2031	2. 67	2. 29	0. 39	5. 76	2069	13. 34	18. 78	− 5. 43	− 10. 23
2032	2. 79	2. 42	0. 37	6. 35	2070	13. 77	19. 85	− 6. 09	− 16. 32
2033	2. 90	2. 57	0. 33	6. 93	2071	14. 20	20. 97	− 6. 78	− 23. 10

年度	收入	支出	结余	累计结余	年度	收入	支出	结余	累计结余
2034	3.03	2.72	0.31	7.51	2072	14.64	22.13	-7.49	-30.59
2035	3.17	2.87	0.30	8.10	2073	15.12	23.25	-8.13	-38.72
2036	3.31	3.04	0.27	8.69	2074	15.56	24.55	-8.99	-47.71
2037	3.46	3.21	0.25	9.28	2075	15.97	26.04	-10.06	-57.77
2038	3.65	3.39	0.26	9.90	2076	16.38	27.53	-11.15	-68.92
2039	3.84	3.57	0.27	10.56	2077	16.81	29.04	-12.23	-81.15
2040	4.03	3.76	0.28	11.25	2078	17.29	30.42	-13.13	-94.28
2041	4.23	3.96	0.27	11.96	2079	17.76	31.92	-14.16	-108.44
2042	4.44	4.16	0.28	12.70	2080	18.22	33.50	-15.28	-123.72
2043	4.67	4.37	0.30	13.50	2081	18.68	35.14	-16.46	-140.18
2044	4.91	4.60	0.31	14.33	2082	19.16	36.81	-17.65	-157.83
2045	5.15	4.87	0.28	15.17	2083	19.65	38.51	-18.86	-176.69
2046	5.41	5.13	0.28	16.05	2084	20.16	40.21	-20.06	-196.75
2047	5.69	5.41	0.28	16.95	2085	20.69	41.92	-21.22	-217.97
2048	5.97	5.70	0.27	17.88	2086	21.26	43.62	-22.35	-240.32
2049	6.28	6.00	0.28	18.86	2087	21.86	45.31	-23.45	-263.77
2050	6.58	6.33	0.25	19.85	2088	22.49	46.99	-24.50	-288.27
2051	6.87	6.74	0.13	20.75	2089	23.15	48.67	-25.52	-313.79
2052	7.14	7.21	-0.07	21.49	2090	23.86	50.36	-26.50	-340.29
2053	7.39	7.76	-0.37	21.96	2091	24.59	52.05	-27.46	-367.75
2054	7.71	8.18	-0.46	22.35	2092	25.36	53.77	-28.41	-396.16
2055	8.05	8.59	-0.54	22.68	2093	26.16	55.51	-29.35	-425.51
2056	8.35	9.17	-0.82	22.75	2094	27.00	57.30	-30.30	-455.81
2057	8.66	9.77	-1.11	22.53	2095	27.87	59.13	-31.26	-487.07

二、低、中、高情景下的结余

将31个省份与中央机关和农发行等机关事业单位养老保险在低情景和高情

景下的结余分别求和,结合中情景,得到低、中、高情景下全国机关事业单位养老保险各年的结余和累计结余,如表9.4所示。

表9.4　低、中、高情景下全国机关事业单位养老保险的结余(万亿元)

年度	结余			累计结余		
	低	中	高	低	中	高
2020	0.47	0.17	−0.33	1.31	0.80	−0.09
2021	0.53	0.21	−0.34	1.89	1.04	−0.43
2022	0.60	0.25	−0.33	2.56	1.33	−0.76
2023	0.66	0.28	−0.34	3.32	1.66	−1.10
2024	0.74	0.34	−0.32	4.19	2.07	−1.42
2025	0.81	0.38	−0.33	5.17	2.53	−1.75
2026	0.82	0.37	−0.37	6.19	3.00	−2.12
2027	0.86	0.38	−0.39	7.29	3.49	−2.51
2028	0.90	0.39	−0.42	8.47	4.02	−2.93
2029	0.94	0.40	−0.44	9.74	4.58	−3.37
2030	0.98	0.41	−0.47	11.10	5.17	−3.84
2031	0.99	0.39	−0.52	12.53	5.76	−4.36
2032	1.00	0.37	−0.57	14.01	6.35	−4.93
2033	1.00	0.33	−0.62	15.56	6.93	−5.55
2034	1.00	0.31	−0.67	17.17	7.51	−6.22
2035	1.03	0.30	−0.70	18.87	8.10	−6.92
2036	1.03	0.27	−0.76	20.63	8.69	−7.68
2037	1.06	0.25	−0.80	22.50	9.28	−8.48
2038	1.11	0.26	−0.82	24.49	9.90	−9.30
2039	1.17	0.27	−0.84	26.61	10.56	−10.14
2040	1.22	0.28	−0.85	28.87	11.25	−10.99
2041	1.27	0.27	−0.88	31.26	11.96	−11.87
2042	1.33	0.28	−0.90	33.81	12.70	−12.77
2043	1.41	0.30	−0.90	36.54	13.50	−13.67
2044	1.48	0.31	−0.92	39.45	14.33	−14.59

续表

年度	结余			累计结余		
	低	中	高	低	中	高
2045	1.52	0.28	−0.98	42.51	15.17	−15.57
2046	1.60	0.28	−1.00	45.76	16.05	−16.57
2047	1.68	0.28	−1.03	49.23	16.95	−17.60
2048	1.75	0.27	−1.07	52.90	17.88	−18.67
2049	1.86	0.28	−1.08	56.82	18.86	−19.75
2050	1.93	0.25	−1.14	60.97	19.85	−20.89
2051	1.92	0.13	−1.30	65.26	20.75	−22.19
2052	1.85	−0.07	−1.53	69.66	21.49	−23.72
2053	1.71	−0.37	−1.87	74.09	21.96	−25.59
2054	1.73	−0.46	−2.00	78.71	22.35	−27.59
2055	1.79	−0.54	−2.11	83.57	22.68	−29.70
2056	1.66	−0.82	−2.44	88.48	22.75	−32.14
2057	1.55	−1.11	−2.77	93.48	22.53	−34.91
2058	1.38	−1.46	−3.17	98.51	21.95	−38.08
2059	1.29	−1.71	−3.48	103.64	21.09	−41.56
2060	1.21	−1.99	−3.81	108.89	19.92	−45.37
2061	1.05	−2.33	−4.22	114.19	18.37	−49.59
2062	0.91	−2.68	−4.63	119.56	16.41	−54.22
2063	0.80	−2.99	−5.01	125.02	14.06	−59.23
2064	0.67	−3.32	−5.41	130.56	11.29	−64.64
2065	0.54	−3.67	−5.84	136.20	8.06	−70.48
2066	0.41	−4.02	−6.27	141.92	4.35	−76.75
2067	0.24	−4.43	−6.76	147.69	0.09	−83.51
2068	0.03	−4.89	−7.32	153.48	−4.80	−90.83
2069	−0.25	−5.43	−7.96	159.22	−10.23	−98.79
2070	−0.63	−6.09	−8.72	164.80	−16.32	−107.51
2071	−1.01	−6.78	−9.52	170.21	−23.10	−117.03

年度	结余			累计结余		
	低	中	高	低	中	高
2072	−1.42	−7.49	−10.35	175.43	−30.59	−127.38
2073	−1.75	−8.13	−11.12	180.52	−38.72	−138.50
2074	−2.27	−8.99	−12.12	185.30	−47.71	−150.62
2075	−2.95	−10.06	−13.33	189.57	−57.77	−163.95
2076	−3.65	−11.15	−14.57	193.31	−68.92	−178.52
2077	−4.33	−12.23	−15.80	196.52	−81.15	−194.32
2078	−4.86	−13.13	−16.85	199.33	−94.28	−211.17
2079	−5.50	−14.16	−18.05	201.60	−108.44	−229.22
2080	−6.21	−15.28	−19.34	203.25	−123.72	−248.56
2081	−6.95	−16.46	−20.70	204.23	−140.18	−269.26
2082	−7.71	−17.65	−22.08	204.49	−157.83	−291.34
2083	−8.46	−18.86	−23.47	204.00	−176.69	−314.81
2084	−9.21	−20.06	−24.87	202.75	−196.75	−339.68
2085	−9.92	−21.22	−26.23	200.74	−217.97	−365.91
2086	−10.59	−22.35	−27.57	197.97	−240.32	−393.48
2087	−11.24	−23.45	−28.88	194.45	−263.77	−422.36
2088	−11.83	−24.50	−30.15	190.21	−288.27	−452.51
2089	−12.39	−25.52	−31.39	185.24	−313.79	−483.90
2090	−12.90	−26.50	−32.59	179.56	−340.29	−516.49
2091	−13.40	−27.46	−33.78	173.16	−367.75	−550.27
2092	−13.88	−28.41	−34.97	166.04	−396.16	−585.24
2093	−14.33	−29.35	−36.16	158.18	−425.51	−621.40
2094	−14.79	−30.30	−37.35	149.56	−455.81	−658.75
2095	−15.24	−31.26	−38.58	140.15	−487.07	−697.33

结余和累计结余的变动趋势如图9.4与图9.5所示,结合表9.4可见,中情景下的结余处于低情景和高情景的结果之间。低、中、高情景下结余在预测期间的

年均降幅①分别为 0.21 万亿元、0.42 万亿元和 0.51 万亿元。类似地,中情景下的累计结余也处于低情景和高情景的结果之间。低情景下汇总所得的全国机关事业单位养老保险累计结余在预测期间都大于零,年均增幅为 1.85 万亿元,中、高情景下的累计结余在预测期间的年均降幅分别为 6.50 万亿元和 9.30 万亿元。

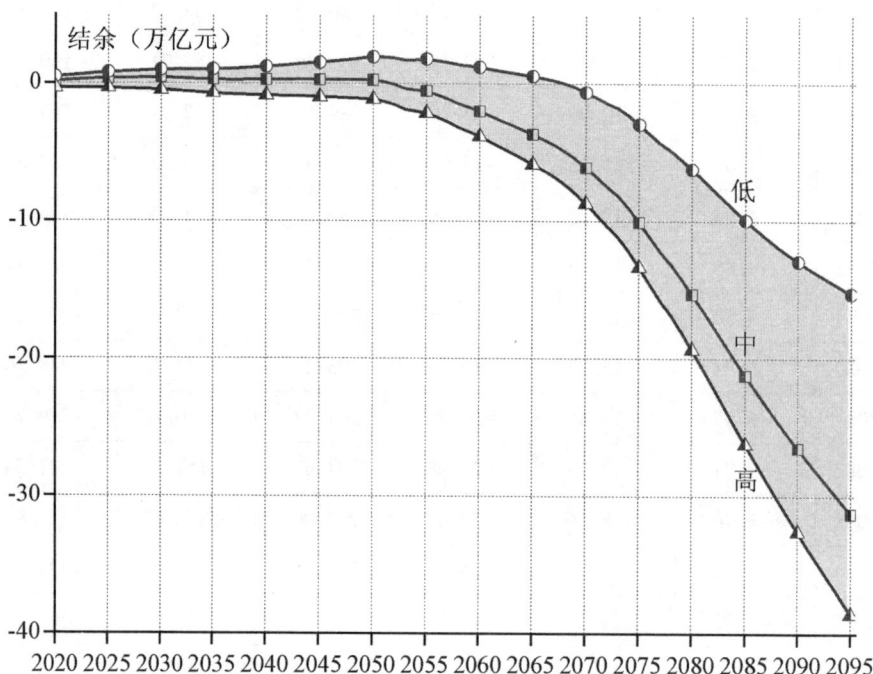

图 9.4　低、中、高情景下结余的变动趋势

三、某些因素对收支结余的影响

(一)机关事业单位基本养老保险个人缴费率的影响

把机关事业单位基本养老保险个人缴费率提高 3 个百分点,得到全国机关事业单位养老保险新的收入、支出、结余和累计结余。对比基准结果可得该因素变动对收支结余的影响,如图 9.6 所示。可见,机关事业单位基本养老保险个人缴费率的提高会使收入和支出都有所增长。在预测期间,收入的增幅先大于后小于支出的增幅,导致机关事业单位基本养老保险个人缴费率提高后的结余较基准情

---

①　年均降幅 = (预测期末值 − 2020 年值)/(预测期末年份 − 2020 年)。

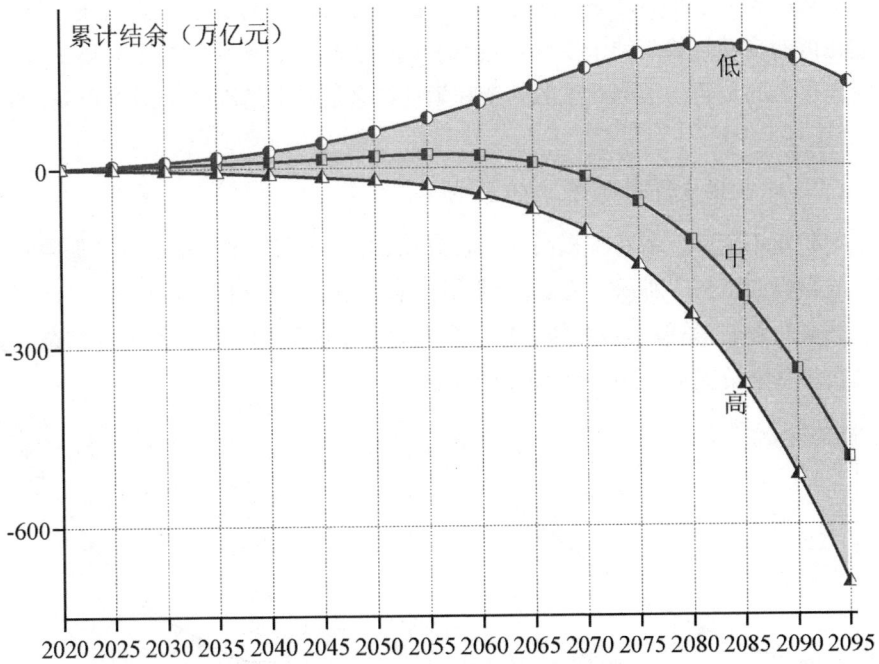

图 9.5　低、中、高情景下累计结余的变动趋势

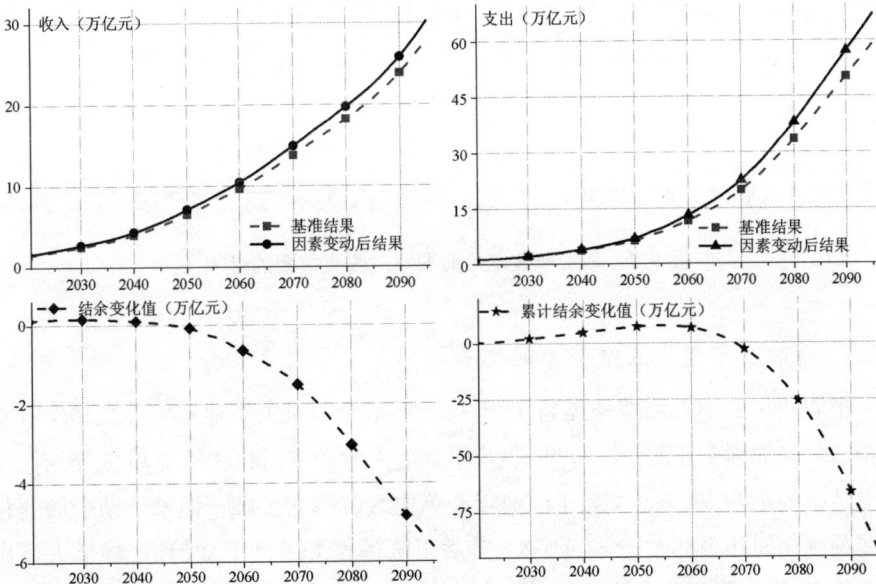

图 9.6　机关事业单位基本养老保险个人缴费率对收支结余的影响

况的变化值先大于零后逐渐变为小于零,之后滑向更大的负数。类似地,累计结余变化值的变动趋势与结余变化值的相似,也是先大于零后逐渐变为小于零,之后滑向更大的负数。预测期末的结余和累计结余较基准情况会分别下降17.98%和19.02%。

(二)职业年金单位缴费率的影响

把职业年金单位缴费率提高3个百分点,对全国机关事业单位养老保险收支结余的影响如图9.7所示。可见,职业年金单位缴费率对机关事业单位养老保险收支结余的影响,类似于基本养老保险个人缴费率的影响。预测期末的结余和累计结余较基准情况会分别下降10.71%和8.14%。

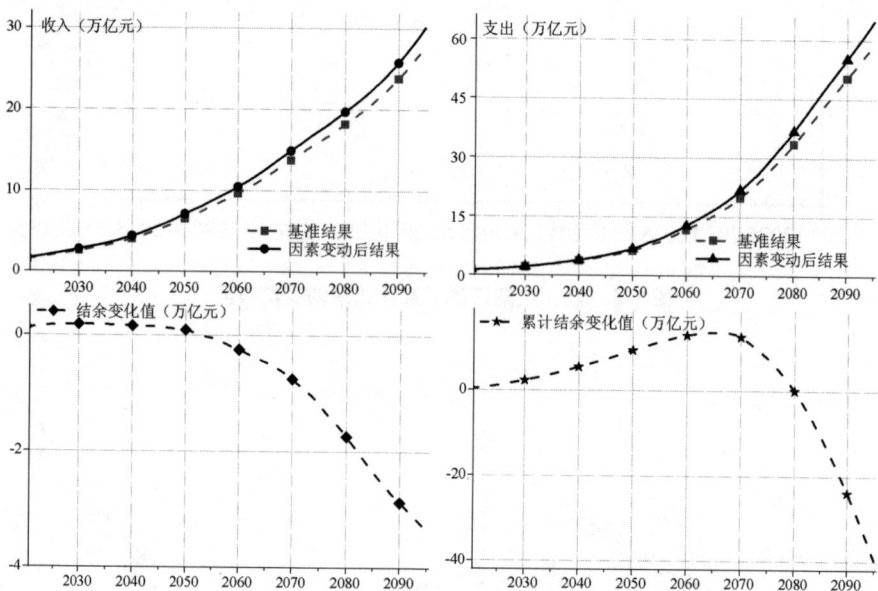

图9.7　职业年金单位缴费率对收支结余的影响

(三)职业年金个人缴费率的影响

把职业年金个人缴费率提高3个百分点,对全国机关事业单位养老保险收支结余的影响如图9.8所示。可见,职业年金个人缴费率对机关事业单位养老保险收支结余的影响,基本上类似于职业年金单位缴费率的影响。但累计结余的变化值在预测期间几乎都大于零,呈先上升后下降的倒"V"型变动趋势,峰值大概出现在2070年。预测期末的结余比基准情况下降5.23%,期末累计结余较基准情况几乎无变化。

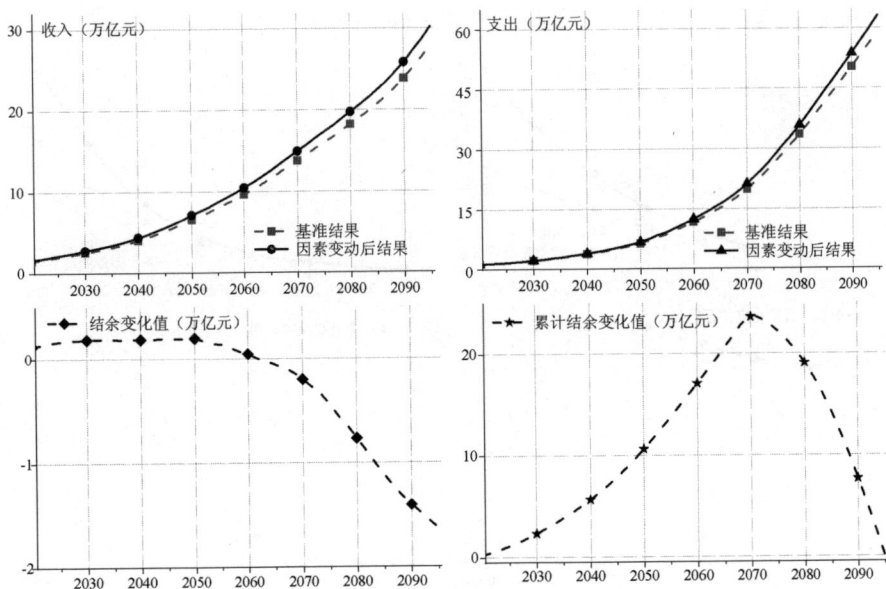

图9.8　职业年金个人缴费率对收支结余的影响

（四）工资增长率的影响

把工资增长率提高1个百分点，对全国机关事业单位养老保险收支结余的影响如图9.9所示。可见，工资增长率的提高会使机关事业单位养老保险收入和支出较基准情况都有所增长。在预测期间，收入较基准情况的增幅先大于后小于支出的增幅，导致工资增长率上升后的结余较基准情况的变化值先大于零，并持续上升一段时期；后逐渐降至零以下，然后快速滑向更大的负数。累计结余变化值在预测期间全部大于零，整体呈先上升后下降的变动趋势，大概在2080年达到峰值。预测期末的结余较基准情况下降27.58%，累计结余上升7.52%。

（五）全额单位参保人数占比的影响

把全额单位参保人数占比提高30个百分点，对全国机关事业单位养老保险收支结余的影响如图9.10所示。可见，全额单位参保人数占比的提高使机关事业单位养老保险收入较基准情况变化不大，但会使支出有一定程度的增加，导致全额单位参保人数占比提高后的结余较基准情况的变化值一直小于零，并在预测期间持续滑向更大的负数。类似地，累计结余变化值的变动趋势与结余变化值的相似，也是一直小于零，并在预测期间持续滑向更大的负数。预测期末的结余和累计结余较基准情况会分别下降10.15%和14.42%。

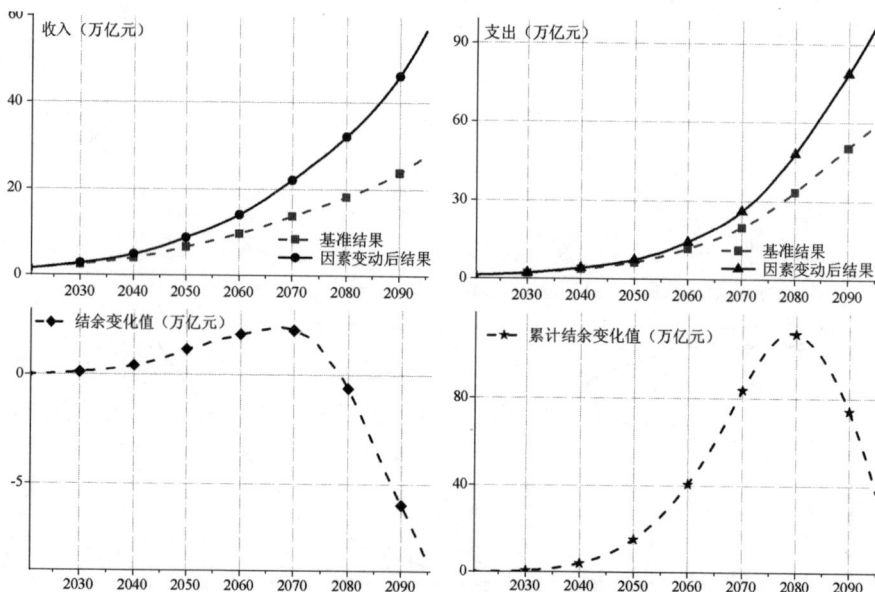

图9.9 工资增长率对收支结余的影响

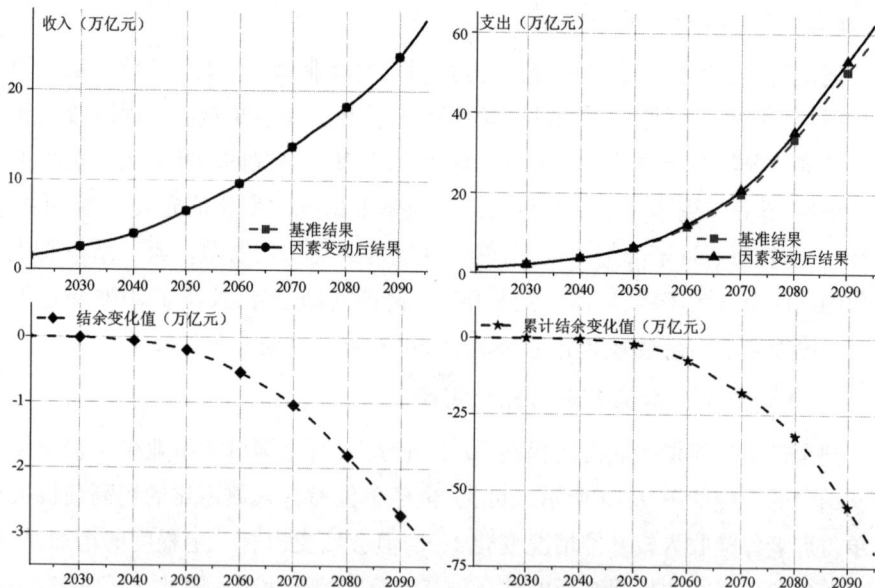

图9.10 全额单位参保人数占比对收支结余的影响

（六）同年度相邻年龄退休人员养老金随年龄增长率的影响

把同年度相邻年龄退休人员养老金随年龄增长率提高 3 个百分点,对全国机关事业单位养老保险收支结余的影响如图 9.11 所示。可见,同年度相邻年龄退休人员养老金随年龄增长率的提高不影响机关事业单位养老保险的收入,但会使支出较基准情况有所增加,只是在图中表现得不明显,导致同年度相邻年龄退休人员养老金随年龄增长率提高后的结余较基准情况的变化值先是小于零,后逐渐向零逼近,直至等于零。而累计结余变化值在预测期间都小于零并持续滑向更大的负数,至 −21.15 万亿元后维持不变。预测期末的结余较基准情况无变化,累计结余会下降 4.34%。

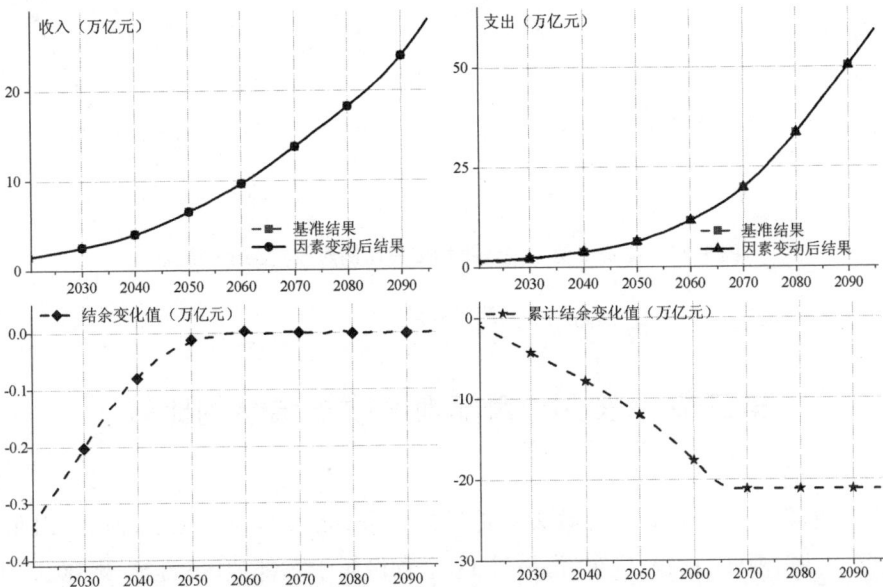

图 9.11 同年度相邻年龄退休人员养老金随年龄增长率对收支结余的影响

（七）缴费工资占统计平均工资比例的影响

把缴费工资占统计平均工资比例降低 10%,即为原来的 90%,对全国机关事业单位养老保险收支结余的影响如图 9.12 所示。可见,缴费工资占统计平均工资比例的下降会使机关事业单位养老保险收入和支出较基准情况都有所下降。在预测期间,收入的降幅先大于后小于支出的降幅,导致缴费工资占统计平均工资比例降低后的结余较基准情况的变化值先小于零后逐渐变为大于零,之后持续上升。类似地,累计结余变化值的变动趋势也是先小于零后逐渐变为大于零,之后持续上升。

预测期末的结余和累计结余较基准情况会分别上升 3.58% 和 1.10%。

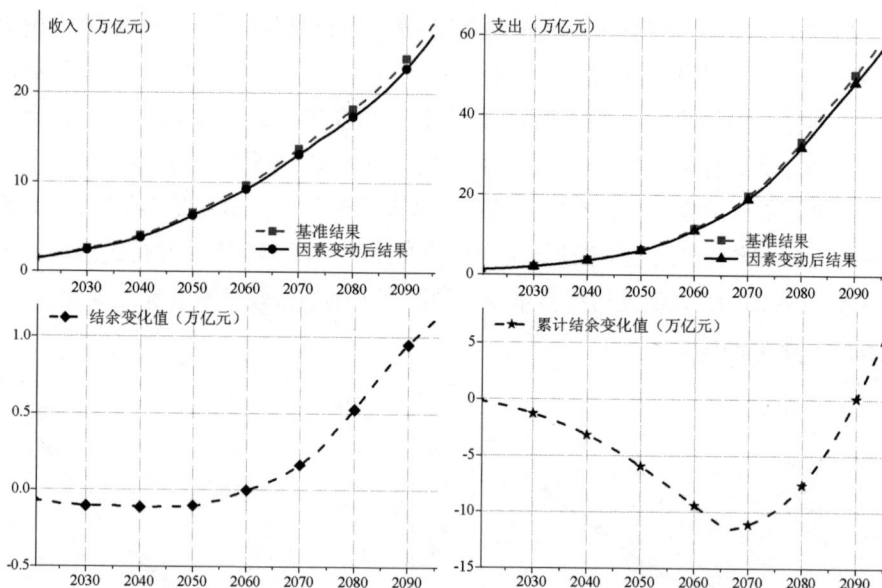

图 9.12　缴费工资占统计平均工资比例对收支结余的影响

第三节　东、中、西部地区收支结余的比较

　　根据我国基本养老保险政策对地区的划分,北京、天津、辽宁、河北、山东、江苏、上海、浙江、福建、广东、海南等 11 个省份属于东部地区;吉林、黑龙江、山西、河南、湖北、湖南、江西、安徽等 8 个省份属于中部地区;重庆、四川、云南、贵州、西藏、陕西、甘肃、青海、宁夏、新疆、内蒙古、广西等 12 个省份属于西部地区。按此划分,将各大地区所有省份的机关事业单位养老保险收入、支出和结余汇总后按省份数求算术平均值,结果如图 9.13 ~ 9.15 所示,平均结果如表 9.5 所示。

　　可见,东、中、西部地区的机关事业单位养老保险省份平均收入在低、中、高情景下的变动趋势基本一致。在 2020—2040 年,东、中、西部的省份平均收入都相差不大。在 2041—2095 年表现出较大差异,中部地区的省份平均收入一直大于东部地区的,西部地区的省份平均收入先小于东部和中部的,后逐渐超过东部和中部地区的省份平均收入。

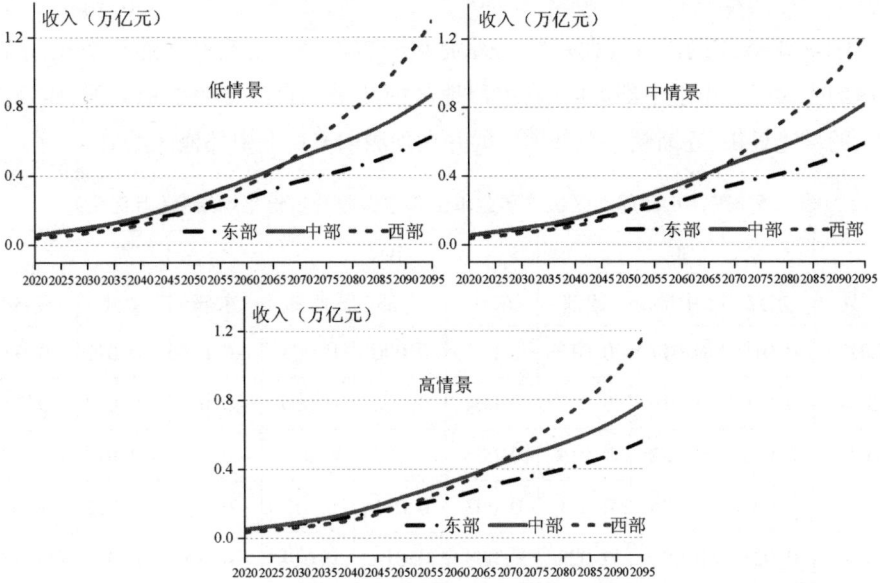

图 9.13　东、中、西部地区机关事业单位养老保险的省份平均收入

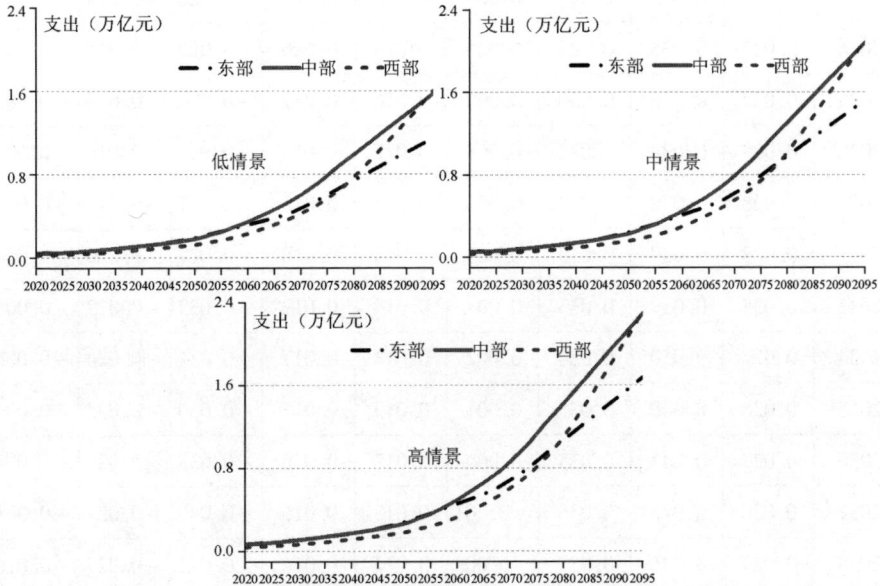

图 9.14　东、中、西部地区机关事业单位养老保险的省份平均支出

东、中、西部地区机关事业单位养老保险的省份平均支出在低、中、高情景下的变动趋势基本一致。在 2020—2040 年,三大地区的省份平均支出相差不大。在 2041—2095 年则出现较大差异,三大地区的省份平均支出都在逐年增长,东部地区的先大于后小于中部地区的,中部地区的几乎一直高于西部地区的,而西部地区的增速最快,逐渐超过东部地区的并在预测期末追上中部地区的值。

表 9.5　东、中、西部地区机关事业单位养老保险的省份平均结余(万亿元)

年度	低			中			高		
	东部	中部	西部	东部	中部	西部	东部	中部	西部
2020	0.015	0.017	0.015	0.003	0.006	0.008	−0.015	−0.012	−0.003
2021	0.016	0.019	0.017	0.004	0.008	0.009	−0.016	−0.012	−0.003
2022	0.019	0.022	0.019	0.006	0.009	0.011	−0.016	−0.012	−0.003
2023	0.021	0.025	0.021	0.007	0.011	0.012	−0.017	−0.012	−0.002
2024	0.023	0.028	0.023	0.008	0.013	0.014	−0.016	−0.011	−0.002
2025	0.025	0.031	0.025	0.009	0.015	0.015	−0.017	−0.012	−0.001
2026	0.025	0.032	0.025	0.008	0.015	0.015	−0.019	−0.013	−0.002
2027	0.026	0.033	0.027	0.009	0.015	0.016	−0.020	−0.014	−0.002
2028	0.027	0.035	0.028	0.008	0.015	0.016	−0.022	−0.015	−0.002
2029	0.027	0.036	0.030	0.008	0.016	0.017	−0.024	−0.015	−0.002
2030	0.029	0.038	0.032	0.008	0.017	0.018	−0.025	−0.016	−0.002
2031	0.028	0.038	0.032	0.006	0.016	0.018	−0.027	−0.018	−0.003
2032	0.028	0.039	0.033	0.005	0.015	0.018	−0.029	−0.020	−0.004
2033	0.028	0.039	0.033	0.004	0.014	0.017	−0.032	−0.022	−0.005
2034	0.027	0.039	0.034	0.002	0.013	0.017	−0.034	−0.024	−0.006
2035	0.028	0.040	0.035	0.001	0.013	0.017	−0.036	−0.025	−0.006
2036	0.027	0.041	0.035	0.000	0.013	0.016	−0.038	−0.026	−0.008
2037	0.028	0.043	0.035	−0.001	0.013	0.016	−0.040	−0.027	−0.009
2038	0.029	0.046	0.037	−0.002	0.014	0.016	−0.042	−0.027	−0.010
2039	0.029	0.050	0.038	−0.003	0.016	0.016	−0.043	−0.026	−0.010
2040	0.030	0.053	0.040	−0.004	0.018	0.017	−0.045	−0.025	−0.010
2041	0.029	0.056	0.042	−0.006	0.019	0.018	−0.048	−0.025	−0.010

年度	低			中			高		
	东部	中部	西部	东部	中部	西部	东部	中部	西部
2042	0.029	0.060	0.045	-0.008	0.021	0.019	-0.051	-0.024	-0.009
2043	0.029	0.064	0.049	-0.010	0.023	0.021	-0.054	-0.022	-0.008
2044	0.028	0.068	0.053	-0.013	0.025	0.023	-0.058	-0.021	-0.006
2045	0.025	0.071	0.057	-0.019	0.025	0.026	-0.064	-0.022	-0.005
2046	0.024	0.075	0.063	-0.023	0.026	0.029	-0.069	-0.022	-0.002
2047	0.022	0.078	0.069	-0.028	0.027	0.033	-0.075	-0.022	0.001
2048	0.020	0.081	0.075	-0.033	0.027	0.037	-0.081	-0.023	0.003
2049	0.018	0.087	0.081	-0.039	0.029	0.041	-0.086	-0.022	0.007
2050	0.014	0.091	0.088	-0.046	0.030	0.045	-0.095	-0.022	0.010
2051	0.009	0.090	0.092	-0.055	0.025	0.047	-0.105	-0.028	0.010
2052	0.002	0.087	0.095	-0.067	0.017	0.046	-0.118	-0.037	0.008
2053	-0.007	0.079	0.096	-0.080	0.004	0.043	-0.133	-0.052	0.004
2054	-0.009	0.078	0.101	-0.087	-0.002	0.045	-0.140	-0.059	0.005
2055	-0.012	0.078	0.108	-0.094	-0.008	0.048	-0.148	-0.066	0.006
2056	-0.019	0.070	0.110	-0.106	-0.023	0.046	-0.161	-0.083	0.003
2057	-0.026	0.061	0.113	-0.118	-0.038	0.044	-0.174	-0.100	-0.001
2058	-0.035	0.051	0.114	-0.133	-0.056	0.040	-0.191	-0.119	-0.006
2059	-0.040	0.044	0.116	-0.143	-0.070	0.037	-0.202	-0.135	-0.011
2060	-0.042	0.036	0.116	-0.150	-0.085	0.031	-0.210	-0.153	-0.019
2061	-0.045	0.023	0.115	-0.157	-0.106	0.024	-0.220	-0.176	-0.029
2062	-0.048	0.011	0.113	-0.165	-0.126	0.016	-0.229	-0.199	-0.038
2063	-0.050	0.002	0.112	-0.172	-0.144	0.009	-0.238	-0.219	-0.048
2064	-0.053	-0.009	0.111	-0.180	-0.163	0.000	-0.247	-0.241	-0.059
2065	-0.057	-0.019	0.111	-0.190	-0.182	-0.007	-0.258	-0.264	-0.069
2066	-0.061	-0.030	0.111	-0.199	-0.202	-0.014	-0.270	-0.287	-0.079
2067	-0.067	-0.044	0.112	-0.211	-0.225	-0.021	-0.284	-0.312	-0.089

年度	低			中			高		
	东部	中部	西部	东部	中部	西部	东部	中部	西部
2068	−0.076	−0.058	0.112	−0.227	−0.249	−0.029	−0.302	−0.340	−0.100
2069	−0.087	−0.076	0.111	−0.246	−0.277	−0.038	−0.324	−0.372	−0.112
2070	−0.103	−0.098	0.109	−0.269	−0.310	−0.049	−0.349	−0.409	−0.127
2071	−0.118	−0.121	0.107	−0.293	−0.345	−0.061	−0.376	−0.448	−0.143
2072	−0.136	−0.145	0.105	−0.318	−0.382	−0.072	−0.405	−0.489	−0.158
2073	−0.150	−0.167	0.106	−0.341	−0.416	−0.082	−0.431	−0.528	−0.172
2074	−0.169	−0.195	0.099	−0.370	−0.457	−0.099	−0.463	−0.574	−0.194
2075	−0.193	−0.228	0.087	−0.404	−0.505	−0.124	−0.501	−0.628	−0.224
2076	−0.217	−0.262	0.074	−0.439	−0.553	−0.151	−0.539	−0.681	−0.256
2077	−0.241	−0.294	0.060	−0.472	−0.600	−0.178	−0.577	−0.734	−0.289
2078	−0.258	−0.321	0.050	−0.498	−0.640	−0.202	−0.607	−0.780	−0.318
2079	−0.276	−0.347	0.031	−0.526	−0.680	−0.235	−0.638	−0.825	−0.358
2080	−0.295	−0.374	0.008	−0.554	−0.720	−0.275	−0.671	−0.871	−0.404
2081	−0.315	−0.401	−0.018	−0.584	−0.761	−0.319	−0.704	−0.918	−0.455
2082	−0.334	−0.427	−0.046	−0.613	−0.801	−0.364	−0.737	−0.965	−0.508
2083	−0.353	−0.454	−0.073	−0.641	−0.842	−0.411	−0.770	−1.012	−0.562
2084	−0.371	−0.479	−0.101	−0.669	−0.881	−0.458	−0.802	−1.058	−0.617
2085	−0.388	−0.504	−0.128	−0.696	−0.920	−0.504	−0.833	−1.104	−0.671
2086	−0.404	−0.529	−0.153	−0.722	−0.959	−0.548	−0.864	−1.149	−0.724
2087	−0.420	−0.552	−0.176	−0.747	−0.996	−0.591	−0.893	−1.193	−0.775
2088	−0.434	−0.574	−0.197	−0.771	−1.032	−0.632	−0.922	−1.236	−0.825
2089	−0.447	−0.595	−0.217	−0.794	−1.067	−0.672	−0.950	−1.278	−0.875
2090	−0.460	−0.614	−0.236	−0.816	−1.100	−0.711	−0.976	−1.318	−0.923
2091	−0.472	−0.633	−0.253	−0.838	−1.133	−0.749	−1.003	−1.358	−0.970
2092	−0.484	−0.652	−0.269	−0.860	−1.165	−0.785	−1.030	−1.398	−1.017
2093	−0.496	−0.670	−0.283	−0.882	−1.198	−0.821	−1.058	−1.438	−1.064

年度	低			中			高		
	东部	中部	西部	东部	中部	西部	东部	中部	西部
2094	-0.509	-0.689	-0.296	-0.905	-1.231	-0.857	-1.086	-1.479	-1.110
2095	-0.523	-0.708	-0.308	-0.929	-1.265	-0.891	-1.116	-1.521	-1.155

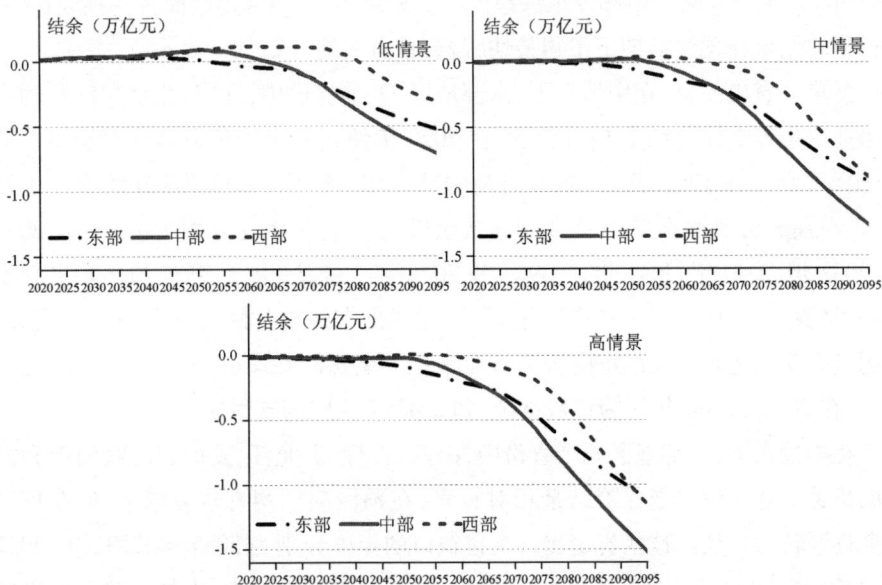

图 9.15　东、中、西部地区机关事业单位养老保险的省份平均结余

可见,在整个预测期间,东、中、西部地区机关事业单位养老保险的省份平均结余在低、中、高情景下都先上升后不断下降,平均结余在变为负数之后都继续滑向更大的负值。在中情景下,东、中、西部地区的省份平均结余变为负数的年份分别为 2037 年、2054 年和 2065 年。在预测后期,三大地区的省份平均结余由高至低依次为西部、东部和中部,这与杨再贵和廖朴(2019)测算中国企业职工基本养老保险所得的情况相似。另外,在低、中、高情景下,三大地区省份平均结余的变动趋势基本一致。在 2020—2040 年,它们相差不大。在 2041—2095 年,它们出现较大差异,中部地区的省份平均结余先大于后小于东部地区的,西部地区的先小于东部和中部的,后逐渐依次大于东部和中部的。这差距来源于三大地区机关事业单位养老保险的省份平均收入差距和省份平均支出差距。

第四节 31 个省份结余的横向比较

通过上述三大地区间机关事业单位养老保险收支结余的比较,可以发现在中情景下,西部地区机关事业单位养老保险的省份平均结余在预测后期(2041—2095 年)几乎一直高于中部及东部地区的。相对于东、西部地区而言,中部地区的省份平均结余在预测后期下滑得最快,需要重点关注。

就单一省份而言,在中情景下,东部地区 11 个省份中,辽宁、北京和江苏的机关事业单位养老保险结余相对较少,在 2020 年便开始出现负数即支付缺口。河北、上海、浙江、福建、山东、广东和海南的结余相对较多,在预测前期均有较多结余,但在预测后期逐渐转为负数。其结余转为负数的年度分别为 2053 年、2031 年、2032 年、2040 年、2041 年、2039 年和 2046 年。可见,上海、浙江和广东出现支付缺口的年份也比较早。在东部地区,河北和山东的支付缺口在预测期末最大,都超过 2.0 万亿元。天津市的机关事业单位养老保险在 2020—2021 年出现支付缺口,在 2022—2044 年转为正数结余,到 2045 年又转为支付缺口。

在中情景下,中部地区 8 个省份中,山西、吉林、黑龙江、安徽、江西、河南和湖南的机关事业单位养老保险结余相对较多,在预测前期均有较多结余,但在预测后期逐渐转为负数。这些省份出现支付缺口的年度分别为 2055 年、2032 年、2027 年、2060 年、2063 年、2053 年和 2056 年。可见,这 8 个省份中,吉林和黑龙江出现支付缺口的年份更早,其养老保险财务状况更严峻些。而在预测期末河南省的支付缺口在中部地区最大,约为 2.51 万亿元。湖北的养老保险结余状况与天津的类似,在 2020 年出现支付缺口,在 2021—2034 年转为正数结余,到 2035 年又转为支付缺口。

在中情景下,西部地区 12 个省份中,内蒙古、广西、重庆、贵州、云南、西藏、陕西、甘肃和宁夏的机关事业单位养老保险在预测前期均有较多结余,在预测后期会逐渐转为负数。这些省份出现支付缺口的年度分别为 2043 年、2074 年、2067 年、2064 年、2074 年、2077 年、2053 年、2077 年和 2042 年。可见,在西部地区各省份中,内蒙古和宁夏出现支付缺口的年份要早些,其养老保险财务状况相对严重些。四川省的机关事业单位养老保险结余在 2020—2039 年为正数,在 2040—2050 年为负数,在 2051—2064 年又转为正数,最后在 2065—2095 年变为负数。青海和新疆也出现类似于四川的变动过程。另外,在预测期末四川省的支付缺口在西部地区最大,约为 1.56 万亿元。

综上所述,大部分省份的机关事业单位养老保险在预测前期具有较多结余,但会逐渐由正转负,并持续滑向更大的负值。这些省市包括东部地区的河北、上海、浙江、福建、山东、广东和海南,中部地区的山西、吉林、黑龙江、安徽、江西、河南和湖南,西部地区的内蒙古、广西、重庆、贵州、云南、西藏、陕西、甘肃和宁夏,共计22个省一个市。在整个预测期间,养老保险结余一直为负的省市有三个,均在东部地区,分别为辽宁、北京和江苏。机关事业单位养老保险结余表现为"负正负"变动过程的省市有两个,分别为东部的天津市和中部的湖北省。结余表现为"正负正负"的震荡式变动过程的省份有三个,均在西部地区,分别为四川、青海和新疆。在预测期末,华东华东地区的河北和山东的支付缺口相对较大,中部地区是河南、西部地区是四川的支付缺口相对较大。31个省份中在预测期间的支付缺口最大的省份为河南省。

大部分省份机关事业单位养老保险结余由正转负的年份在2031—2050年。表9.6展示了2031—2040年31个省份在中情景下的结余,更清晰地反映了各省份机关事业单位养老保险结余的变化情况。

表9.6 中情景下31个省份2031—2040年机关事业单位养老保险的结余(百亿元)

省/市	2031	2032	2033	2034	2035	2036	2037	2038	2039	2040
北京	-2.2	-2.2	-2.3	-2.4	-2.5	-2.6	-2.7	-2.8	-3.0	-3.1
天津	0.5	0.5	0.5	0.5	0.5	0.5	0.4	0.4	0.4	0.3
河北	5.2	5.5	5.7	6.0	6.3	6.7	7.4	8.3	9.0	9.6
山西	1.5	1.5	1.5	1.5	1.5	1.6	1.7	1.9	2.1	2.3
内蒙古	1.4	1.3	1.2	1.1	1.1	0.9	0.8	0.6	0.5	0.4
辽宁	-2.2	-2.4	-2.7	-3.0	-3.2	-3.5	-3.8	-4.1	-4.4	-4.6
吉林	0.1	-0.1	-0.3	-0.4	-0.6	-0.8	-1.0	-1.2	-1.4	-1.5
黑龙江	-0.9	-1.1	-1.3	-1.5	-1.8	-2.0	-2.3	-2.4	-2.5	-2.7
上海	-0.1	-0.2	-0.4	-0.5	-0.7	-0.9	-1.1	-1.3	-1.5	-1.9
江苏	-1.3	-1.5	-1.7	-1.9	-2.0	-2.1	-2.1	-2.0	-2.0	-1.9
浙江	0.2	-0.2	-0.5	-0.9	-1.3	-1.6	-1.9	-2.0	-2.3	-2.6
安徽	3.6	3.5	3.4	3.3	3.4	3.3	3.3	3.3	3.4	3.6
福建	0.8	0.7	0.6	0.4	0.3	0.1	0.0	0.1	0.0	-0.1
江西	1.3	1.2	1.1	1.1	1.1	1.0	1.0	1.1	1.2	1.4

续表

省/市	2031	2032	2033	2034	2035	2036	2037	2038	2039	2040
山东	3.1	2.9	2.4	2.1	2.0	1.7	1.4	0.8	0.3	0.1
河南	3.0	3.0	2.9	3.0	3.2	3.5	3.8	4.5	5.2	6.0
湖北	0.6	0.5	0.2	0.0	−0.1	−0.4	−0.6	−0.8	−1.1	−1.2
湖南	3.3	3.3	3.3	3.4	3.7	3.9	4.2	4.8	5.5	6.1
广东	2.7	2.4	2.1	1.8	1.5	1.1	0.6	0.3	−0.2	−0.7
广西	3.0	3.1	3.2	3.4	3.7	3.9	4.2	4.6	5.2	5.7
海南	0.3	0.3	0.2	0.2	0.2	0.2	0.2	0.2	0.3	0.3
重庆	0.2	0.1	0.0	0.0	0.0	0.1	0.1	0.3	0.4	0.6
四川	2.1	2.3	2.5	2.8	2.9	2.1	1.6	0.8	0.1	−0.5
贵州	2.4	2.3	2.3	2.2	2.2	2.2	2.3	2.4	2.6	2.8
云南	6.2	6.5	6.7	6.9	7.2	7.4	7.9	8.5	9.2	9.9
西藏	0.5	0.5	0.5	0.5	0.4	0.4	0.4	0.3	0.3	0.3
陕西	2.3	2.3	2.2	2.2	2.2	2.2	2.3	2.5	2.7	2.9
甘肃	2.7	2.7	2.7	2.7	2.7	2.8	2.9	3.1	3.4	3.6
青海	0.0	0.0	−0.1	−0.1	−0.1	−0.2	−0.2	−0.2	−0.2	−0.2
宁夏	0.2	0.2	0.2	0.2	0.1	0.1	0.1	0.0	0.0	0.0
新疆	0.5	0.0	−0.6	−1.3	−1.9	−2.6	−3.3	−4.0	−4.5	−4.9

参考文献

［1］安徽省第六次全国人口普查领导小组办公室.安徽省 2010 年人口普查资料［M］.北京：中国统计出版社,2012.

［2］北京市全国 1% 人口抽样调查联席会议办公室,北京市统计局.2015 年北京市 1% 人口抽样调查资料［M］.北京：中国统计出版社,2017.

［3］福建省人力资源和社会保障厅.2018 年福建省社会保险指标完成情况［R/OL］.福建省人力资源和社会保障厅官网,2019 － 04 － 11.

［4］广东省人力资源和社会保障厅.2017 年度广东省社会保险信息披露［R/OL］.广东省人力资源和社会保障厅官网,2018 － 07 － 06.

［5］广西壮族自治区人力资源和社会保障厅.2018 年度广西人力资源和社会保障事业发展统计公报［R/OL］.广西壮族自治区人力资源和社会保障厅官网,2019 － 08 － 06.

［6］贵州省人力资源和社会保障厅.贵州省 2018 年人力资源和社会保障事业统计公报［R/OL］.贵州省人力资源和社会保障厅官网,2019 － 06 － 19.

［7］国家统计局.中国统计年鉴—2018［M］.北京：中国统计出版社,2018.

［8］国家统计局.中国统计年鉴—2019［M］.北京：中国统计出版社,2019.

［9］国家统计局人口和就业统计司.中国人口和就业统计年鉴—2017［M］.北京：中国统计出版社,2018.

［10］国家统计局人口和就业统计司.中国人口和就业统计年鉴—2018［M］.北京：中国统计出版社,2019.

［11］国家统计局人口和就业统计司.中国人口和就业统计年鉴—2019［M］.北京：中国统计出版社,2020.

［12］国家统计局人口和就业统计司,人力资源和社会保障部规划财务司.中国劳动统计年鉴—2019［M］.北京：中国统计出版社,2019.

［13］国务院办公厅.国务院办公厅关于印发机关事业单位职业年金办法的通

知[A/OL].中国政府网,2015 - 04 - 06.

[14]国务院办公厅.国务院办公厅关于印发降低社会保险费率综合方案的通知[A/OL].中国政府网,2019 - 04 - 04..

[15]海南省人力资源和社会保障厅.2018 年海南省社会保险情况[R/OL].海南省人力资源和社会保障厅官网,2019 - 05 - 13.

[16]河北省人力资源和社会保障厅.2018 年河北省人力资源和社会保障事业发展统计年报[R/OL].河北省人力资源和社会保障厅官网,2019 - 07 - 25.

[17]湖南省人力资源和社会保障厅.2018 年度湖南省人力资源和社会保障统计简报[R/OL].湖南省人力资源和社会保障厅官网,2019 - 05 - 09.

[18]胡英.城镇化进程中——农村向城镇转移人口数量分析[J].统计研究,2003(7).

[19]江苏省人力资源和社会保障厅.2018 年度江苏省人力资源和社会保障事业发展统计公报[R/OL].江苏省人力资源和社会保障厅官网,2019 - 04 - 28.

[20]江西省人力资源和社会保障厅,2018 年江西省人力资源和社会保障事业发展统计公报[R/OL].江西省人力资源和社会保障厅官网,2019 - 07 - 01.

[21]刘学良.中国养老保险的收支缺口和可持续性研究[J].中国工业经济,2014(9).

[22]卢向虎,王永刚.中国"乡—城"人口迁移规模的测算与分析(1979 - 2003)[J].西北人口,2006(1):14 - 16.

[23]孟向京,姜凯迪.城镇化和乡城转移对未来中国城乡人口年龄结构的影响[J].人口研究,2018,42(2):39 - 53.

[24]宁夏回族自治区人力资源和社会保障厅.宁夏社会保险发展年度报告2018[M].北京:阳光出版社,2019.

[25]全国社保基金理事会.基本养老保险基金受托运营年度报告2018[R/OL].全国社保基金理事会官网,2019 - 8 - 20.

[26]山西省人力资源和社会保障厅.2018 年度山西省人力资源和社会保障事业发展统计公报[R/OL].山西省人力资源和社会保障厅官网,2019 - 07 - 24.

[27]陕西省人力资源和社会保障厅.2018 年陕西省养老、工伤、失业保险情况[R/OL].陕西省人力资源和社会保障厅官网,2019 - 07 - 04.

[28]上海市财政局.上海市 2018 年社会保险基金收入执行情况表[R/OL].上海市财政局官网,2019 - 02 - 01.

[29]四川省人力资源和社会保障厅.2018年四川省人力资源和社会保障事业发展统计公报[R/OL].四川省人力资源和社会保障厅官网,2019-12-27.

[30]天津市人力资源和社会保障局.2018年天津市社会保险情况[R/OL].天津市人力资源和社会保障局官网,2019-09-02.

[31]王金营,戈艳霞.全面二孩政策实施下的中国人口发展态势[J].人口研究,2016(6).

[32]杨再贵.机关事业单位基本养老保险的精算应计负债[J].经济数学,2016(2).

[33]杨再贵,石晨曦.中国城镇企业职工统筹账户养老金的财政负担[J].经济科学,2016(2).

[34]杨再贵.中国社会养老保险精算分析[M].北京:中国财政经济出版社,2018.

[35]杨再贵,廖朴.中国企业职工基本养老保险精算报告[M].北京:中国劳动社会保障出版社,2019.

[36]杨再贵,许鼎.机关事业单位统筹账户养老金的财政负担[J].武汉大学学报(哲学社会科学版).2017(5).

[37]云南省人力资源和社会保障厅,云南省统计局.2018年云南省人力资源和社会保障事业发展统计公报[R/OL].云南省人力资源和社会保障厅官网,2019-06-26.

[38]翟振武,李龙,陈佳鞠,陈卫.人口预测在PADIS-INT软件中的应用——MORTPAK、Spectrum和PADIS-INT比较分析[J].人口研究,2017(6).

[39]浙江省人力资源和社会保障厅.2018年浙江省人力资源和社会保障事业发展主要数据公报[R/OL].浙江省政府政务网,2019-08-13.

[40]中国人力资源和社会保障部.2017年度人力资源和社会保障事业发展统计公报[R/OL].中国人力资源和社会保障部官网,2018-5-21.

[41]中国人力资源和社会保障年鉴编辑部.中国人力资源和社会保障年鉴——2017[M].北京:中国劳动社会保障出版社,2018.

[42]中国人力资源和社会保障年鉴编辑部.中国人力资源和社会保障年鉴——2018[M].北京:中国劳动社会保障出版社,2019.

[43]中国人力资源和社会保障年鉴编辑部.中国人力资源和社会保障年鉴——2019[M].北京:中国劳动社会保障出版社,2020.

［44］Board of Trustees of OASDI. The 2019 Annual Report of the Board of Trustees of the Federal Old – Age and Survivors Insurance and Disability Insurance Trust Funds［R/OL］. U. S. Social Security Administration website, 2019 – 04 – 25.

［45］World Bank and the Development Research Center of the State Council, P. R. China. China 2030: Building a Modern, Harmonious and Creative Society［J］. Washington, D. C. : World Bank Publications, 2014.

后　记

在 2018 年《中国企业职工基本养老保险精算报告》的撰写完成后，这本《机关事业单位工作人员养老保险精算报告》的撰写就进入了工作程序。历经明确精算目标、梳理精算思路、设计精算方法、构建精算模型、校准精算基础、确定省份精算报告模板等过程。感谢两位博士生陈肖华同学和靳佳明同学的大力协助。陈肖华同学搜集整理了基础数据，参与了精算基础的校准，根据精算模型编程计算并归纳了精算结果等；靳佳明同学搜集了部分基础数据、整理了参考文献和图序表序等。本书结果完全出自科研人员的独立研究，不代表任何出版机构的观点，更不代表任何政府部门的声音，仅供读者参考。

欢迎对社保精算感兴趣的读者关注头条号"养老金精算—杨再贵"；或者关注微信公众号"养老金精算"。